陕西省宏观经济研究院年度报告项目
教育部人文社科重点研究基地——中国西部经济发展研究中心项目
陕西省宏观经济与经济增长质量协同创新中心项目
西北大学"理论经济学"一流学科建设项目

陕西宏观经济发展报告

新时代的"五新"战略与奋力追赶超越

THE FIVE NEW STRATEGY AND TRANSCENDENCE IN THE NEW ERA

任保平 茹少峰 李 辉 等/著

THE REPORT OF SHAANXI
MACROECONOMIC DEVELOPMENT(2018)

中国经济出版社
CHINA ECONOMIC PUBLISHING HOUSE
北京

图书在版编目（CIP）数据

陕西宏观经济发展报告.2018：新时代的"五新"战略与奋力追赶超越／任保平等著．
北京：中国经济出版社，2018.1
ISBN 978-7-5136-5088-5

Ⅰ.①陕… Ⅱ.①任… Ⅲ.①区域经济—宏观经济分析—研究报告—陕西—2018
Ⅳ.①F127.41

中国版本图书馆 CIP 数据核字（2018）第 031926 号

责任编辑	贺　静
责任印制	巢新强
封面设计	华子设计

出版发行	中国经济出版社
印 刷 者	北京柏力行彩印有限公司
经 销 者	各地新华书店
开　　本	710mm×1000mm　1/16
印　　张	18.25
字　　数	262 千字
版　　次	2018 年 1 月第 1 版
印　　次	2018 年 1 月第 1 次
定　　价	69.00 元

广告经营许可证　京西工商广字第 8179 号

中国经济出版社 网址 www.economyph.com 社址 北京市西城区百万庄北街 3 号 邮编 100037
本版图书如有印装质量问题，请与本社发行中心联系调换（联系电话：010-68330607）

版权所有　盗版必究（举报电话：010-68355416　010-68319282）
国家版权局反盗版举报中心（举报电话：12390）　　服务热线：010-88386794

编委会

编委会主任：
卢建军　陕西省发展和改革委员会主任
郭立宏　西北大学校长、教授、博士生导师
杨三省　陕西省人民政府研究室主任

编委会副主任：
刘迎军　陕西省发展和改革委员会副主任
常　江　西北大学副校长

编　　委：
王忠民　陕西省宏观经济研究院院长
李雄斌　陕西省发展和改革委员会规划处处长
何　军　陕西省委宣传部理论处处长
任保平　西北大学经济管理学院院长
　　　　陕西省宏观经济研究院执行院长
　　　　教育部人文社会科学重点研究基地中国西部经济发展研究中心主任
吴振磊　西北大学社科处处长
师　博　西北大学经济管理学院副院长

李　辉　西北大学经济管理学院副院长
　　　　陕西省宏观经济研究院副院长
茹少峰　陕西省宏观经济研究院副院长
　　　　西北大学经济管理学院数理经济学系主任
高　煜　西北大学经济管理学院经济学系主任
田洪志　陕西省宏观经济研究院副院长

序　言

　　刚刚过去的2017年,是极不平凡的一年!这一年,党的十九大顺利召开,习近平总书记在十九大报告中指出中国特色社会主义进入了新时代,我国发展进入新的历史方位。这一年,陕西省第十三次党代会明确提出了"培育新动能、构筑新高地、激发新活力、共建新生活、彰显新形象"的"五新"战略,引领陕西省同步够格全面建成小康社会,奋力谱写追赶超越新篇章。"五新"战略任务全面部署了陕西省未来5年的发展愿景,强调把科教作为陕西省奋力追赶超越、落实"五个扎实"的优势之一,这对陕西省高等教育全面深化改革、服务创新驱动发展提出了新的更高的要求。

　　地方要发展,教育要先行。高等教育是科技第一生产力和人才第一资源的重要结合点,对推动经济社会发展至关重要。陕西省科教实力雄厚、人才资源富集,是国内较早实施"科教强省"战略的省份之一。然而近年来,尽管高等教育规模、结构、质量都有了显著提升,但高教的贡献力与省委提出的建设创新型省份和"科教强省"的要求还有差距,与其他省份相比,面临着进慢则退的局面。日前,教育部公布"双一流"建设计划名单,从入选高校和学科,就能直观感受到陕西省高等教育所面临的严峻态势。历史基础和禀赋红利不断消退,并呈现出了新的结构性失衡问题,这表明原有的高教发展战略、模式和路径已不再适应新形势下高等教育追赶超越的内在需求和陕西经济社会发展的客观需求。

当前,全球经济在深度调整中逐渐复苏,新一轮科技革命和产业变革加速推进,我国经济保持长期向好态势,新的增长动力正在孕育形成,共建"一带一路"倡议深入实施,创新型省份和自贸试验区建设加快推进,这些都为陕西追赶超越积蓄了强大势能。科学把握宏观经济发展趋势,深刻认识陕西发展的阶段性特征,我们认为,实现教育优先发展,转换增长动力,必须坚持扬长补短、提质增效,把优势变为追赶超越的胜势,主动服务和积极推进陕西省经济社会发展,是教育特别是高等教育落实"五新"战略任务、努力为全省追赶超越提供有力支撑的必由之路。

作为我国西北地区历史最为悠久的高等学府,西北大学始终秉承"公诚勤朴"的校训,坚持"发扬民族精神,融合世界思想,肩负建设西北之重任"的办学理念,把服务陕西地方经济社会发展作为首要职责和光荣使命,长期以来,充分发挥自身人才智力和学科综合优势,为陕西经济社会发展做出了重要贡献,同时也实现了自身的快速发展。学校始终把"开放办学"作为重大战略抓手,加强与地方政府在人才培养、科学研究等方面,开展多层次、多渠道的合作与交流,努力为陕西培养高层次人才,为国家和地方经济发展献计出力。陕西省宏观经济研究院作为西北大学"开放办学"的重要窗口之一,依托经济领域研究力量和校友资源,汇聚国内外知名专家,深入研究分析陕西省宏观经济重大问题,研判国内外经济形势,定期举办高层经济论坛,积极为陕西宏观经济发展提出战略性政策建议。

一年多来,陕西省宏观经济研究院紧密围绕"丝绸之路经济带""追赶超越""五新战略""大西安建设"等主题,开展了大量针对性研究工作,出版了丝绸之路经济带建设系列报告、中国经济增长质量系列报告、中国城乡一体化发展系列报告、陕西省宏观经济发展系列报告等多部高层次专著,4份研究报告成果获得省级主要领导的批示。今后,我们将继续发挥好经济管理等相关学科优势,进一步强化相关研究力量和资源的整合力度,努力为陕西经济社会发展培养更多的复合型合格人才和高质量研究成果,为助力陕西追赶超越、落实"五新"战略和"大西安建设"做出应有的贡献。

2017年9月23日上午,第三届陕西发展高层论坛暨《陕西宏观经济发展报告(2017):新常态、新格局》发布会在西北大学成功召开。论坛由陕西省发展和改革委员会、陕西省人民政府研究室、陕西日报传媒集团和西北大学联合主办,西北大学经济管理学院、陕西省宏观经济研究院和西北大学中国西部经济发展研究中心承办。来自省发改委、省人民政府研究室、清华大学、中国社科院和省内的专家学者齐聚西北大学,共商陕西发展大计,对报告进行了深度研讨。中国社会科学网等媒体对活动进行了详细报道,引起了社会各界的广泛关注。

《陕西宏观经济发展报告(2018):新时代的"五新"战略与奋力追赶超越》,是《陕西宏观经济发展报告》系列报告的第二部。全书由13章构成,其中,第1~5章对"培育新动能、构筑新高地、激发新活力、共建新生活、彰显新形象"的"五新"战略进行了全面解读,第6~12章分别从经济增长质量的提高、县域经济的发展、民营经济的发展、现代服务业的发展、产业融合发展、大西安建设、"发展三个经济"等角度分析了新时代扎实推动"五新"战略任务,奋力追赶超越中需要注意的重点问题。全书紧紧围绕"新时代的'五新'战略与奋力追赶超越"的主题展开,提出了系统、全面的对策建议。

"今年花胜去年红,料得明年春更浓。"新时代要有新气象,新时代呼唤新作为!新的一年,我们要更好地调动大家的积极性,继续加大对陕西省宏观经济研究院等研究平台的支持力度,凸显其为西北大学服务陕西地方经济社会发展的窗口作用，使其成为带动西北大学经济管理学院学科发展再上新台阶的"新动能"。

是以为序。

西北大学校长、教授、博士生导师

郭立宏

2018年1月15日于西北大学长安校区

目 录

1 新时代陕西经济发展新动能的培育 …………………………… 1
   1.1 新时代陕西经济发展新动能培育的内涵 …………………… 1
   1.2 新时代陕西经济发展新动能培育的现状与问题 …………… 3
   1.3 新时代陕西经济发展新动能培育的路径 …………………… 11

2 新时代陕西经济发展新高地的构筑 …………………………… 17
   2.1 新时代陕西经济发展新高地的内涵 ………………………… 18
   2.2 新时代陕西经济发展新高地构筑的影响因素 ……………… 25
   2.3 新时代陕西经济发展新高地构筑的路径 …………………… 33
   2.4 新时代陕西经济发展新高地构筑的对策 …………………… 37

3 新时代陕西经济发展新活力的激发 …………………………… 42
   3.1 新时代陕西经济发展新活力激发的内涵 …………………… 43
   3.2 新时代陕西经济发展新活力的评价 ………………………… 44
   3.3 新时代陕西经济发展新活力的影响因素 …………………… 60
   3.4 新时代陕西经济发展新活力激发的对策 …………………… 64

4 新时代陕西经济发展新生活的共建 …………………………… 68
   4.1 新时代陕西经济发展新生活共建的内涵 …………………… 68
   4.2 新时代陕西经济发展新生活共建的现状评价 ……………… 69

4.3　新时代陕西经济发展新生活共建的现存问题 …………… 82
　　4.4　新时代陕西经济发展新生活共建的路径 ………………… 85

5　**新时代陕西经济新形象的彰显** …………………………………… 90
　　5.1　新时代陕西新形象彰显的内涵 …………………………… 90
　　5.2　对新时代陕西新形象的评价 ……………………………… 93
　　5.3　新时代陕西新形象彰显的政策建议 ……………………… 103

6　**新时代陕西奋力追赶超越中经济增长质量的提高** ……………… 107
　　6.1　对新时代陕西经济增长质量的整体评价 ………………… 107
　　6.2　新时代陕西经济增长质量提升对追赶超越的
　　　　 重要作用 ……………………………………………………… 115
　　6.3　新时代提升陕西经济增长质量的对策 …………………… 120

7　**新时代陕西奋力追赶超越中"三新经济"的发展** ……………… 128
　　7.1　新时代"三新经济"的概念界定 ………………………… 128
　　7.2　对新时代陕西"三新经济"发展的评价 ………………… 132
　　7.3　新时代陕西"三新经济"发展的机遇和挑战 …………… 141
　　7.4　新时代陕西"三新经济"发展的作用和对策 …………… 143

8　**新时代陕西奋力追赶超越中县域经济的发展** …………………… 146
　　8.1　对新时代陕西县域经济发展的评价 ……………………… 147
　　8.2　新时代陕西县域经济发展的时空变化及影响因素 ……… 150
　　8.3　新时代陕西县域经济发展的机遇和挑战 ………………… 155
　　8.4　新时代陕西县域经济发展对追赶超越的重要作用 ……… 161
　　8.5　新时代促进陕西县域经济发展的对策建议 ……………… 163

9 新时代陕西奋力追赶超越中民营经济的发展 …………… 169
9.1 对新时代陕西民营经济发展的评价 ………………… 169
9.2 新时代陕西民营经济发展对追赶超越的重要作用 …… 183
9.3 新时代陕西民营经济发展的制约因素分析 …………… 187
9.4 新时代陕西民营经济发展的对策建议 ………………… 190

10 新时代陕西奋力追赶超越中现代服务业的发展 …………… 196
10.1 新时代现代服务业的概念界定及统计范围 …………… 197
10.2 对新时代陕西现代服务业发展的评价 ………………… 197
10.3 新时代陕西现代服务业发展对追赶超越的重要作用 … 211
10.4 新时代陕西现代服务业发展的制约因素分析 ………… 213
10.5 新时代陕西现代服务业发展的模式和对策 …………… 215

11 新时代陕西奋力追赶超越中的产业融合发展 ……………… 217
11.1 新时代陕西产业融合对追赶超越的重要作用 ………… 217
11.2 对新时代陕西产业融合的评价 ………………………… 221
11.3 新时代陕西产业融合发展中面临的问题 ……………… 232
11.4 新时代陕西三次产业融合发展的路径与对策 ………… 234

12 新时代陕西奋力追赶超越中大西安的建设 ………………… 239
12.1 新时代陕西大西安建设对追赶超越的重要作用 ……… 239
12.2 新时代陕西大西安建设的机遇和挑战 ………………… 243
12.3 新时代陕西大西安建设的动力机制 …………………… 251
12.4 新时代陕西大西安建设的对策 ………………………… 254

13 发展"三个经济",开启陕西奋力追赶超越的新时代 …… 259
    13.1 奋力追赶超越和"五个扎实"推动陕西发展进入
           新阶段 ………………………………………………… 259
    13.2 "三个经济"是进一步实现追赶超越、推动陕西高质量
           发展的空间组织形式 ……………………………… 261
    13.3 以"三个经济"开启奋力追赶超越和陕西高质量发展的
           新时代 ………………………………………………… 263

参考文献 ……………………………………………………… 269
后　记 ………………………………………………………… 275

1 新时代陕西经济发展新动能的培育

党的十九大报告指出，我国经济已由高速增长阶段转向高质量发展阶段，处在这样一个转变发展方式、优化经济结构、转换增长动力的攻关期，建设现代化经济体系是当前跨越关口的迫切要求和我国发展的战略目标。站在这样一个新的历史起点，陕西正积极落实"五新"战略任务，着眼于推动经济发展质量变革、效率变革和动力变革，力求谱写追赶超越新篇章。培育经济发展的新动能，是"五新"战略的重要内容之一，已在陕西各个层面、各个领域达成共识。本章首先对陕西经济发展新动能培育的内涵进行了定义，并对陕西经济发展的现状及存在的问题进行了分析评价，在此基础上，对陕西经济发展的新动能培育的路径做出了展望。

1.1 新时代陕西经济发展新动能培育的内涵

随着我国经济发展进入新常态，增速放缓、结构优化、动能转换成为当前经济运行的基本特征，而这样的变化也对我们的经济工作提出了新的要求，在这一背景下，"新动能培育"的概念应运而生。动能本是一个物理学名词，是指物体由于运动而具有能量，与物体的质量和运动速度有关。借用到发展经济学，动能是指驱动经济增长的动力与能量。经济发展必然会有新旧动能的迭代更替，当传统动能由强变弱时，就需要新动能异军突起和传统动能转型，形成新的"双引擎"，只有这样才能推动经济持续增长，跃上新的台阶。陕西省作为"一带一路"项目的排头兵，在新动能培育的问题上也展开了相应的战略部署。新动能这一概念落实到陕西省的经济发展中，其内涵如下：

(1）创新和结构变革是新动能培育的起点。科技创新是提高社会生产力和地区综合实力的战略支撑，也是新动能培育的根本驱动力，必须将其摆在新动能培育的核心位置。创新本身就是新动能，它既是追赶超越的根本引擎，也是培育新动能的动力所在。只有以创新为新动能的起点，破除体制机制障碍，才能最大限度解放和激发科技蕴藏的巨大潜能。习近平总书记曾指出："当前，世界经济复苏艰难曲折，中国经济也面临着一定的下行压力。解决这些问题，关键在于坚持创新驱动发展，开拓发展新境界。"所以我们要以产业创新为抓手，以制度创新为保障，坚定走创新型经济发展的路子，这是陕西在追赶超越战略中实现新动能培育的内在要求和现实要求。而架构变革作为新动能培育的驱动力之一，主要由产业结构变革、城镇化结构变革和消费结构变革引起。产业结构变革是指由工业主导向服务业主导转型从而逐渐形成以服务业为主导的产业结构。而城镇化结构变革是指由规模城镇化向人口城镇化转型，并由此形成新的红利。消费结构变革则是指由物质型消费为主向服务型消费为主转型，从而使消费成为推动经济增长新的"主力军"。

（2）经济发展从高速度转向高质量是新动能培育的过程。新动能培育过程中的经济发展由高速发展向高质量发展是指陕西省经济在经济增速换挡、经济体的量增加的基础上，在经济结构、社会结构、生活质量等质的方面进行进一步的改进或提升。在这一过程中，陕西省的产业结构布局将会更加合理化，人民生活质量也会得到显著提高。经济效益、社会效益和生态效益将会在新动能培育的过程中得到融合。同时，产业上、中、下游之间的协同性将不断增强，要素流入流出自由、顺畅、高效，价值链也会不断攀升。

（3）新产业、新业态、新产品、新技术的形成是新动能培育的结果。新动能培育的最终目的就是为了创造出新产业、新业态、新产品及新技术。新产业要求陕西省在新动能培育中积极打造现代化工、汽车、航空航天与高端装备制造、新一代信息技术、新材料和现代医药等新的支柱产业，从而降低陕西省经济对资源性行业的过度依赖。而新业态是指通过新动能的培育使得不同产业间进行组合,企业内部价值链和外部产业链环节进行分化、融合,行业间通过跨界整合、嫁接信息及互联网技术所形成的一种新型企业、商业,乃至产业的组织形态。新产品则是指在新动能培育的过程中通过创新而诞生的新技术下的产品革新。

1.2 新时代陕西经济发展新动能培育的现状与问题

新动能的培育是与传统动能相对应的,它是新时代的内在要求。培育新动能,做大新亮点,陕西经济就不会因换挡而失速,反而会更加稳健、有力。但培育新动能是一项复杂的系统工程,对此我们不仅需要耐心,更需要勇气和气魄,从战略和全局的高度去综合考量、统筹谋划,从而加快形成陕西省经济稳健增长的新动能。而若想实现这一目标,就要准确把握新动能培育的方向,首先是要对陕西省当前经济发展的现状有方向地进行总结,以此发现陕西省的比较优势与劣势,同时通过现状的分析找到问题,从而在新动能培育中有效地解决它。

1.2.1 陕西省科技创新发展现状

新兴产业的发展主要依靠科技创新的支撑,新动能的培育也离不开高新技术的支持,科技进步对经济发展尤其是新动能培育的影响力不容小觑。2016年陕西省获国家自然科学基金各类项目超过1900项,资助总额突破10亿元,较2015年增长22.6%,居全国前7位;技术合同成交额802.7亿元,专利授权量增幅居全国第1位,总量居全国第7位。

但在突出的科学技术发明水平下,陕西省的地区经济总量却并非名列前茅。由表1-1可以看出,北京市、上海市、江苏省、浙江省、广东省、天津市、陕西省、辽宁省、安徽省、山东省依次为我国2016年发明专利授权量排名前10位的地区,其中有7个也是我国2016年人均地区生产总值的前10名。大部分经济发展较好的省份都有与之相匹配的科研创新能力。而陕西省虽然发明专利授权量位于全国第7,但人均地区生产总值只处于全国第13位。同时从申请人类型来看,陕西省2016年的发明专利中,全省高校共持有有效发明专利13829件,占全省有效发明专利的50.1%,而企业位居第2。

表1-1 2016年部分省份专利授权量与人均地区生产总值及其排名

地区	每万人口发明专利拥有量/件	排名	人均地区生产总值/万元	排名
北京市	76.8	1	12.69	2
上海市	35.2	2	11.93	3
江苏省	18.4	3	9.67	4
浙江省	16.5	4	8.54	5
广东省	15.5	5	7.62	8
天津市	14.7	6	13.82	1
陕西省	7.3	7	5.13	13
辽宁省	6.4	8	5.03	14
安徽省	6.4	9	4.05	25
山东省	6.3	10	6.99	9

资料来源:EPS数据库。

根据以上情况可以看出:

(1)科研创新能力不能很好地转化为带动经济发展的科技生产力是陕西省地区国民生产总值落后的原因之一。陕西省虽然科研创新成果显著,但是地区国民生产总值仍处于全国中游,这与陕西省突出的科研创新成就是不匹配的。而除了其他因素的影响,科研创新能力无法转化为可以投入生产中并提高生产效率的科技生产力是造成这一现象的主要原因。

(2)战略性新兴产业、企业创新能力并不突出,技术创新方面竞争优势较小。相较于高校突出的科研创新能力,陕西省企业的创新能力稍有落后。在今后新动能的培育中,陕西省要继续坚持科技创新,不能一味地沉浸在发明专利总量突出的成就上,而是要朝着掌握核心技术的方向努力,特别是加大R&D研发投入,攻克核心元件技术,切实把技术优势转化为产品优势、市场优势、规模和质量效益优势。这既是一个伴随着阵痛的调整过程,也是一个充满希望的升级过程。只要闯过这个关口,陕西省的经济就能更上一层楼。

1.2.2 陕西省产业结构发展现状

2016年,陕西省规模以上工业企业共5497家(不含军工),累计完成工业总产值同比增长7.4%,位列全国第16位。其中,轻工业增加值比上年增长9.4%,重工业增长6.4%。轻重工业增加值结构由上年的18.8∶81.2调整至19.7∶80.3,轻工业占比提高了0.9个百分点。从能源和非能源工业看,能源工业增加值比上年下降0.7%;非能源工业增加值增长13.1%,增速高于能源工业13.8个百分点,总量占规上工业增加值的59.7%。其中,装备制造工业增长19%;化学原料和化学制品制造业增长16.7%;非金属矿物制品业增长16.3%;医药制造业增长12.5%;计算机、通信和其他电子设备制造业增长43.6%。高技术产业增加值增长27%,高于规上工业20.1个百分点,占规上工业的9.3%。

此外,陕西省新技术、新产业、新业态、新业态在各个领域均发展较好,成为培育壮大产业发展新动能的重要力量,有效地支撑了制造业持续、稳固发展。代表工业发展新方向、技术附加值高、符合消费升级方向的产品生产形势良好。2016年,全省初级形态塑料产量同比增长33.6%,单晶硅增长1.4倍,多晶硅增长1.2倍,工业机器人增长28%,SUV增长6.1倍,新能源汽车增长40.9%,太阳能电池增长45.9%,手机增长58.5%,集成电路圆片增长79.1%,光电子器件增长34.4%。老牌能源企业也加快了转型升级的步伐,力求实现自身突破。2016年,全球首套煤油气资源综合利用、深度转化的大型能源化工项目在延长石油靖边园区项目全面实现达产达效,聚烯烃年产量达到103万吨,成为陕西省首个突破百万吨级的单个能化项目。不仅老企业不断寻找新突破,新企业也在扩能稳产上不断实现增长。2016年,陕汽集团、比亚迪汽车不断开拓新兴市场,SUV、新能源汽车生产形势良好;三星、中兴、美光等企业产能日益扩大,均已设立智能终端制造项目。2017年前7个月,陕西电子信息制造业完成产值453亿元,预计全年可实现产值950亿元,同比增长30%以上。

同时由表1-2可以看出,自2008年以来,陕西省的第二产业一直为发展的主力,第三产业贡献率、拉动率并没有明显上升。2015 年,第二产业贡献率高于全国 6 个百分点,第三产业虽有回升,但依然低于全国 6.1 个百分点,尚未进入第二产业拉动向第三产业拉动转换阶段。而自 2010 年起全国第二产业贡献率呈下降趋势,第三产业贡献率呈上升趋势,最终形成第二产业、第三产业并驾齐驱的态势。

表 1-2 2008 年以来陕西及全国三次产业贡献率变化情况表

年份	地区	第一产业	第二产业	第三产业
2008	陕西	4.4%	57%	38.6%
	全国	5.2%	48.6%	46.2%
2009	陕西	3.1%	52.1%	44.8%
	全国	4.0%	52.3%	43.7%
2010	陕西	3.2%	54.9%	33.4%
	全国	3.6%	57.4%	39.0%
2011	陕西	4.1%	63.2%	32.7%
	全国	4.2%	52.0%	43.8%
2012	陕西	4.2%	63.4%	32.4%
	全国	5.2%	49.9%	44.9%
2013	陕西	3.4%	63.6%	33.0%
	全国	4.3%	48.5%	47.2%
2014	陕西	4.0%	63.3%	32.7%
	全国	4.7%	47.8%	47.5%
2015	陕西	4.8%	47.6%	47.6%
	全国	4.6%	41.6%	53.7%

资料来源:陕西省统计局。

根据以上情况可以看出:

(1) 陕西省产业体系较为完整,但同时传统动能基础稳固。伴随着近些年陕西省经济的不断发展,高附加值的高新技术产业较之过去已经取得了长足的进步。但尽管如此,陕西省的产业发展中仍存在着一些不可忽视的问题。目前陕西省面临着主导产业接续"空当"、传统优势产业支撑力逐步减弱的突出矛盾,整体产业竞争力不强,创新型企业较少,战略性新兴产业发展相对缓慢，转型升级的任务依然很重。传统产业占比大、经济增长质量不高是当前陕西省经济的突出特征。

（2）陕西省第三产业对经济贡献度偏低的情况依然存在，与工业化、城镇化快速发展趋势相背离。第三产业是国民经济的重要组成部分，在三次产业中，第三产业占比如何是衡量一个地区发展水平和发达程度的重要标志。但近年来陕西省的第三产业贡献率并未实现明显的上升。随着经济的发展与转型，拉动经济增长的动力因素正在发生结构性变化，因而加快发展第三产业，既是实现经济平稳较快发展的需要，也是陕西省今后转变经济发展方式的必然。

1.2.3 陕西省人力资源发展现状

党的十九大报告中指出："人才是第一资源。经济发展的创新驱动实质上是人才驱动。人才强、科技强，才能带动产业强、经济强、国家强。"在新动能培育中，主体是企业，支撑是项目，动力是创新，而关键则是人才。我们要想把产业向高精尖的方向发展，就离不开高素质劳动力的支持。随着经济的转型升级，传统的人口红利正在消失，而高素质劳动力的需求日益凸显。而陕西省在这方面就拥有得天独厚的高教资源优势，可为陕西省的经济发展提供高素质劳动力。陕西省共有高等学校 96 所，其中普通高等学校 81 所，另有独立学院 12 所。2016 年，全省普通高校毕业生共有 356286 名，博士研究生 1567 人，硕士研究生 25569 人，本科生 185229 人，高职（专科）生 143921 人，其中本科生占比过半。同时，陕西省共有 12 个博士研究生专业，472 个硕士研究生专业，288 个本科专业，279 个高职（专科）专业，学科类别丰富。高等院校为陕西省的发展源源不断地运送着新鲜血液，为新动能的培育提供了大力支持。

高等院校虽然为陕西省经济的发展输送着高素质劳动力，但近年来陕西省高等人才外流也是不可忽视的一大问题。2016 年，陕西高校毕业生总就业率为 88.78%（见图 1-2），但在陕就业人数占比仅为 67.93%，其中博士、硕士分别为 57.5%、45.96%，高学历人才的外流比较严重，博士

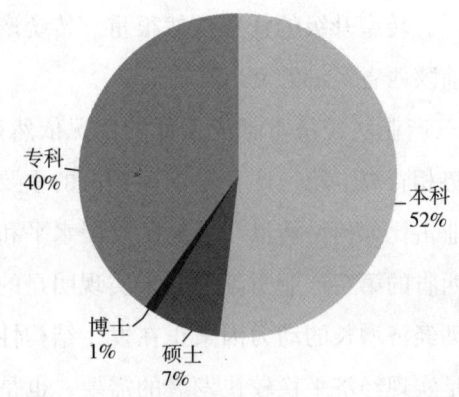

图1-1 2016年陕西省高校毕业生类别统计

资料来源：陕西省统计局。

近五成外流，硕士外流超过一半。可以看出近1/3的高校学生毕业后选择了去外省工作。而留陕毕业生中，大部分为专科院校学生，如果单看博士、硕士、本科等较高级人才，留陕工作比例只有60.9%。同时在留陕毕业生中，陕西籍学生占比87.75%，外省籍毕业生只占到12.25%。在所有外省籍毕业生中，最后留陕工作的比例是32.72%。而外省籍博士、硕士毕业生的留陕工作率仅为26.76%。陕西籍学生中毕业后出陕工作的比例为20.2%。

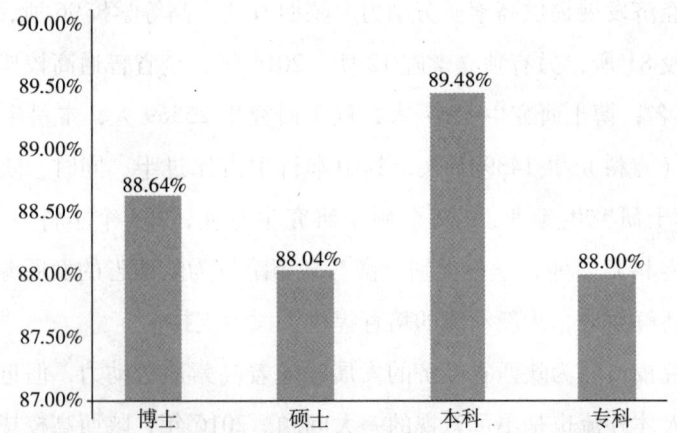

图1-2 2016年陕西省高校毕业生就业率类别统计

资料来源：陕西省统计局。

根据以上情况可以看出：

（1）陕西省丰厚的高教资源为经济发展提供了高素质劳动力。高教资源的优势使得陕西省在人力资源上有着天然的优势。同时，高校毕业生就业情况良好，这些都是陕西省在新动能培育上的优势所在。因而在陕西省今后的发展建设中应当持续挖掘高校资源优势，培养出更多的高素质人才，从而发挥出人力资源在经济建设中的作用。

（2）陕西省近年的高学历人才外流影响了人力资本新动能的培育。虽然高校云集，高素质人才总量可观，但近年人才外流是陕西省发展中不可忽视的一个问题。人才的流失使得本地的相关产业发展滞后。尽管陕西省于2017年推出了陕西省"千人计划"，计划引进200名左右高层次人才，省"特支计划"计划重点遴选300名左右高层次人才，"'三秦学者'创新团队支持计划"计划重点遴选支持60个左右高层次创新团队。但人才的引进并不能从根本上解决问题，只有留住人才，并通过将人才带来新的技术与思想运用到陕西省的经济建设中，才能将人口红利的旧动能向人力资本的新动能进行转换。

1.2.4 陕西省战略性新兴产业发展现状

2016年，国务院审议并通过了《国务院关于加快培育和发展战略性新兴产业的决定》（以下简称《决定》），《决定》中指出，到2020年，战略性新兴产业增加值占国内生产总值的比重力争达到15%左右，节能环保、新一代信息技术、生物、高端装备制造产业成为国民经济的支柱产业，新能源、新材料、新能源汽车产业成为国民经济的先导产业。在这一大背景下，陕西省既要推进传统优势产业转型升级，又要乘着信息化、新技术的春风，努力培育战略性新兴产业。陕西省各市、县现已逐步开始培育新兴产业，宝鸡市打造出了"中国机器人产业自主技术关键零部件基地"，榆林市开始推进锋利和光伏发电项目建设，渭南市建设了新能源汽车电池生产基地，一大批新能源电池和整车制造项目接连落户，全省战略性新兴产业的培育取得了初步的成果。由图1-3所见，2016年陕西省七大战略性新兴产业投资额共计2607.24亿元,占全省固定资产投资总额的10.7%,年均增长17.8%,较全省固定资产投资年均增长高出5.7个百分点。而2017年上半年,陕西省战略新兴产业增加值首次突破千亿元,达到了1006.2亿元,占地区生产总值的10.5%。

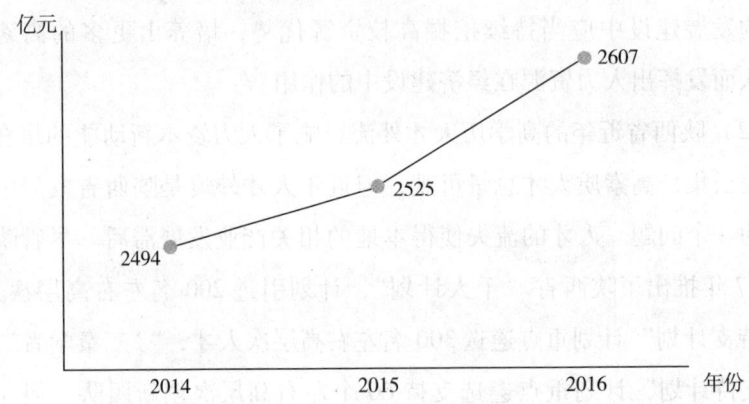

图1-3　2014—2016年陕西省七大战略性新兴产业投资总额
资料来源:陕西省统计局。

同时分产业来看,从图1-4中可以看出,以节能材料和环境保护设备制造为代表的节能环保产业固定资产投资力度最大,2013—2016年共投资2552.95亿元,占战略性新兴产业固定资产投资的29%;其次为高端装备制造业,4年间共投资1742.6亿元,占战略性新兴产业固定资产投资的19.8%;而以比亚迪、陕汽为代表的新能源汽车产业,以风电、光伏产业为代表新能源产业成为后起之秀,固定资产投资高速增长。

(1)陕西省战略性新兴产业初步形成了集群竞争优势。陕西省经过一直以来的发展建设以及西部大开发的支持,其区域科技基础尤其是科技创新能力一直处于全国领先地位,是我国三大科技聚集区(中央科技极、沿海科技带、内陆科技圈)之一——内陆科技圈的主要省域。以高端装备制造业和航空航天产业为代表的新兴产业成为全国发展较快、西部发展最好的地区。以西安、宝鸡、杨凌、渭南等国家级高新开发区(示范区)和西安综合性国家高技术产业基地为代表的关中开发带,已经成为推动科技成果转化、聚集高端人才、培育新兴产业及产业集群化发展的重要载体,战

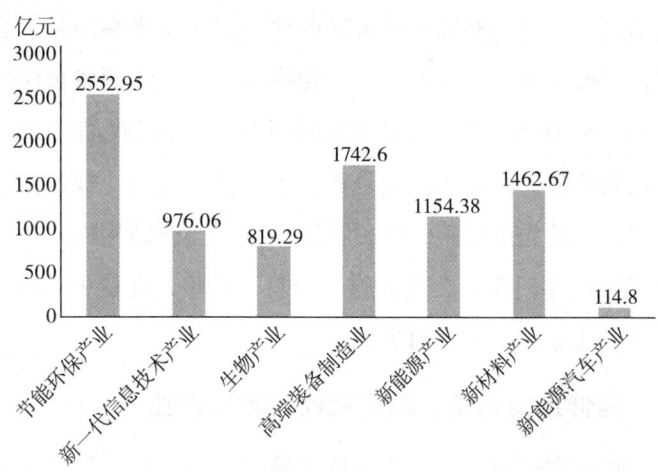

图 1-4 2013—2016 年陕西省七大战略性新兴产业投资额
资料来源：陕西省统计局。

略性新兴产业发展态势良好，未来可期。

（2）陕西省战略性新兴产业内部存在发展不平衡的问题。陕西省七大战略性新兴产业总体发展较好，但产业内存在着不平衡的问题。其中节能环保产业、高端装备制造业及新材料产业发展较好，而投资额最高的节能环保产业与投资额最低的新能源汽车产业相差22倍。因此，在发展战略性新兴产业的过程中如何科学调整产业结构、合理勾画产业布局，是我们不能忽视的问题。

1.3 新时代陕西经济发展新动能培育的路径

对陕西省来说，一方面，传统的增长结构和动力进入了深刻的调整期，而新的增长结构和动力正在加速酝酿中。但由于其体量还不够大，持续快速增长的格局还未最终确立。一些行业深度、持续调整，而另一些行业则如初升的太阳，生机勃勃。经济运行的复杂多变，给陕西省准确地把握经济总体态势增加了难度。如果仅从经济增速入手，容易得到悲观看法。当传统动能由强变弱时，需要新动能异军突起和传统动能转型，从而形成新的"双引擎"，推动陕西省经济跃上新台阶。因此，在今后的发展中，我们应通过结构优化升级和培育新的增长点，实现高质量、高效益的持续平稳增长。另一方面，在新旧动能转换中，虽然陕西省传统经济领域存在下行压力，但总体经济调整是温和可控的，因而我们应化急调为慢调，努力实现软着陆。具体而言就是把握重点精准用力，吸收借鉴上述国内外新旧动能转换的先进经验，取长补短，抓住经济结构性矛盾凸显所带来的"倒逼式"转型时机，全面实施"五新"战略，在变中求进，从而在西部强省的新征途上迈出坚实的步伐。

1.3.1 延伸产业链条，培育战略性新兴产业

近年来，陕西省经济发展虽然保持了平稳较快增长，但经济总量与发达省份之间仍存在较大差距，这既是发展环境所致，也与产业结构不合理、发展动力单一密切相关。因此，强化产业抓手是陕西省本轮新动能培育的主要着力点。若想实现经济的加快转型升级、达到追赶超越，培育打造产业链是其必由之路，也是实现陕西省新动能培育的关键所在。新时期的产业竞争就是产业链的竞争，当前陕西省的一批产业链也正在形成中。当下，只有将新经济与传统产业不断加速融合，推动产业链、供应链与价值链重塑，才能为新动能培育注入强劲动力。首先，陕西省应强化轿车产业链条，吸引其配套企业来陕发展，打造新能源汽车整车集成、动力电池、驱动电机等核心产品。同时，加强电子信息产业链建设，积极发展芯片设计、封装、测试及下游大数据软硬件装备产业链，重点培育大数据存储装备及配套产业、大数据平台服务和分析产业、智慧建筑应用配套信息技术产业，大力发展特种光纤光缆、超大尺寸光纤预制棒及配套材料、大尺寸蓝宝石晶体衬底，氮化铝功能复合陶瓷基板和光电器件等光通信产品，延伸发展集成电路专用电子化学品及电子浆料制备等关键配套材料。其次，应建立智能终端产业链，一方面，发展上游机壳、面板等领域配套产业；另一方面，继续引进知名手机整机企业，扩大产业规模。最后，支线飞机、钛材料、煤制烯烃、机器人、3D打印等一批产业链也应加快发展，从而为陕西工业实现追赶超越奠定坚实的基础。总而言之，我们应推

进产业链"协同创新、智能提升、服务支撑、品牌打造、绿色改造、全球合作",努力走出一条符合陕西省实际、体现跨越赶超的发展道路。

在未来,战略性新兴产业将成为陕西省经济新的增长极,因此,陕西省在新动能培育中也应把握这一趋势,以产业技术创新需求和转型升级为目标,围绕产业技术创新链,组建产学研用联合、技术标准构建和应用推广的各类产业技术创新战略联盟。同时,应实施"互联网+"带动战略,发展分享经济,培育壮大基于互联网的新业态,提升产业创新力和竞争力。推进工业化与信息化深度融合,实施品牌和质量战略,加快向产业链两端延伸、价值链高端攀升,提高产业竞争力和产品附加值。

与此同时,陕西省在新动能培育中要做好顶层设计和规划,防止产业雷同、盲目发展,从而导致出现新的产能过剩。在防止盲目性上,一是要关注核心科技和关键技术的研发和产业化;二是要合理规划,选择优势产业与主导产业,进行差异化发展,避免新一轮的过剩;三是要依托已有工业体系,融合发展;四是要重视生产性服务业。

1.3.2 激励创新机制,重塑发展新动力

新动能培育在充分发挥市场机制作用的同时,必须加强政府的激励和引导。陕西省各级有关部门要进一步转变政府职能,完善政策措施和激励措施,不断优化营商环境,强化要素资源保障,为企业加快新动能培育和发展壮大提供良好的环境,从而激发各类主体的创新活力和动力。陕西省要全面落实国家鼓励自主创新的各项优惠政策,特别是落实好高新技术企业税收优惠、企业研发费加计抵扣、科技企业孵化器税收优惠等政策,只有降低企业创新成本,为企业营造更加宽松的创新环境,才能最大限度地激发企业创新的内在动力,牢固主体地位。通过产业基金、创业基金等新工具,让政策更多地向新产业、新业态倾斜,引导企业和投资者积极转型。

而除了各种优惠政策的激励,对产权的保护也是激励机制的另一重要方面。现今产权保护领域存在各种各样的问题。首先,公权力对产权的保

护不稳定,政府违约和政策不稳定,侵害到了企业特别是民营企业以及个人的合法产权和权益。其次,不同所有制产权保护上存在不平等,对非公有产权的保护弱于对公有特别是国有产权的保护。最后,侵犯知识产权的行为易发多发、侵权违法成本低、维权成本高的问题长期存在。这些都是陕西省在完善新动能培育创新激励机制中需要克服的问题,我们可以学习和借鉴浙江省,打造知识产权交易市场,为陕西省的科技创新开拓新的途径。

1.3.3 创新发展方式,实现绿色发展

传统的经济增长模式导致经济发展与生态文明建设之间存在一定的矛盾。市场是追求利益最大化的,因而会具有短视性,多年来陕西省经济在快速增长的同时,经济发展与生态环境不和谐、不协调的问题也日益凸显。2016年,陕西省13个市(区)可吸入颗粒物(PM10)浓度平均为112微克/立方米,除安康达标外,其他市(区)均有所超标。细颗粒物(PM2.5)浓度平均为62微克/立方米,其中榆林达标,其他市(区)均超标。二氧化氮(NO_2)浓度平均为38微克/立方米,安康、商洛、杨凌、汉中、铜川、榆林、宝鸡达标,西安、咸阳、延安、渭南、西咸、韩城超标。这些环境问题主要是由过去产业结构不合理、重化工业比重过高、对环境污染重视不够、经济发展方式粗放造成的。因而在新动能培育中我们应克服这一缺陷,转变经济的发展方式,改变高消耗、高污染、低效益的传统发展方式,坚持生态优先,积极构建以战略性新兴产业和现代服务为主导、科技进步为主要动力的绿色、低碳、循环的现代产业体系,最终实现绿色发展。

从横向上看,我们一方面需要对传统制造业进行绿色化改造,另一方面则要大力发展绿色制造新兴产业,进行结构调整;从纵向上看,我们要把绿色产业链贯穿产品的全生命周期,包括绿色设计、绿色生产、绿色运行、绿色再生等全体系。具体而言,首先应通过一系列方法来明确绿色发展的代价,将外部成本内部化。其中最有代表性的就是环境收费与污染物

排放权交易。2016年陕西省颁布印发了《陕西省主要污染物排污权有偿使用和交易管理办法》，正式启动初始排污权有偿使用费征收工作，全年开展污染物排污权交易16场，交易总额1.3亿元，这就是有关绿色发展、绿色生产的重大进步。但尽管如此，陕西省企业在绿色发展的道路上依旧任重道远。截至2016年年底，陕西省共出动执法人员16.96万人（次），检查企业4.4万余家，立案查处环境违法企业3518家，处罚金额1.65亿元，公开曝光违法企业354家，挂牌督办环境问题企业184家，约谈政府、企事业单位787家，问责1222人，在今后的新动能培育中仍应坚持对绿色环保的紧抓。此外，我们还可以运用经济手段，激励市场主体治理污染，对积极从事污染治理的企业提供财税和金融政策的支持。同时，我们还应大力发展循环经济，把资源消耗限制在合理的阈值内，要严守环境保护和绿色发展两条底线。

在新动能培育中，陕西省还应加快传统行业绿色改造升级，全面推进钢铁、有色、化工、建材、造纸、印染等传统制造业绿色化改造，用高效绿色生产工业技术装备改造传统制造流程。同时推进资源高效循环利用，全面推行循环生产方式，不断提高绿色低碳能源使用比率，推进资源再生利用产业规范化、规模化发展。此外，还应积极构建绿色制造体系，以重大工程、项目为牵引，推动绿色产品、绿色园区和绿色供应链的全面发展。

1.3.4 把握时代趋势，释放信息化能量

当前孕育兴起的新一轮科技革命和产业变革，正在加速重构全球分工体系和竞争格局。习近平总书记曾强调，世界经济加速向以网络信息技术产业为重要内容的经济活动转变。因此，陕西省在新动能培育中要把握这一趋势，以信息化培育新动能，用新动能推动新发展。

首先，我们要发展数字化、网络化、智能化的制造新模式。加快信息技术与制造业的融合，通过跨领域、协同化、网络化创新平台来重组传统制造业创新体系，推动技术创新和产业应用"无缝衔接"。将创新发展从

过去的单一学科、单一领域走向跨学科、跨领域，从知识创造的理论导向走向产业发展的问题导向。其次，应打造适应互联网时代的企业新型能力。经济发展新动能的培育最终要落实到企业新的新动能培育上来，而培育企业的新型能力是推动信息化和工业化深度融合的出发点和落脚点。在应对新一轮产业变革的竞争中，陕西省企业应把智能装备、工业软件设计、管理变革、流程优化等转化为自身的新型能力。再次，我们要夯实制造业与互联网融合发展"新四基"。支持核心基础零部件（元器件）、先进基础工艺、关键基础材料和产业技术基础的应用和发展，以解决制约制造业转型升级的"卡脖子"问题。对于制造业与互联网融合发展而言，还要解决数据采集、传输、处理、应用等关键技术的自主可控程度低、研发应用水平不高等问题。最后，要构建基于互联网的开放式大企业创新创业平台，从而形成大、中、小企业联合创新创业新局面。只有这样才能释放信息化能量，促进陕西省新动能培育目标的实现。

2 新时代陕西经济发展新高地的构筑

当前,中国经济开始进入增长速度换挡期、结构调整阵痛期和前期刺激政策消化期"三期叠加"的新常态时期。此时,我国国内生产总值增长速度明显下降,2011—2016年,我国国内生产总值增速分别是9.5%、7.9%、7.8%、7.3%、6.9%和6.3%,增长速度逐年下降。新常态背景下,全国经济形势低迷,经济增长乏力,对能源的需求明显下降。而陕西能源资源丰富,以能源产业为主要产业,全国对能源需求的下降将直接影响到陕西能源产业,对陕西的能源产业以及经济发展造成了巨大的冲击,使得陕西经济发展陷入了前所未有的困境,面临极为严峻的挑战。第一,对能源的需求下降导致陕西经济增速明显放缓,由2011年的13.9%迅速降至2016年的7.6%。第二,陕西长期以来以能源产业作为主要产业,形式单一,对外界能源需求依赖度较高,应对风险能力相对较低,且能源产业易引发资源环境问题,直接影响陕西经济持续、稳定增长,亟须进行转型升级,实现绿色可持续发展。

为了直面陕西经济发展的严峻挑战、走出困境,实现陕西经济从资源型走向创新型、从汗水型走向智慧型,陕西提出了"五新"战略,努力推动陕西发展实现新的跨越,促进陕西经济全面、协调、可持续发展。"五新"战略是陕西针对陕西发展问题提出的,它强调陕西在"三期叠加"的追赶超越阶段所需要进行的战略实施。"五新"战略具体包括培育新动能、构筑新高地、激发新活力、共建新生活以及彰显新形象。其中,构筑新高地是"五新"战略的重要组成部分。构筑"新"高地,要求跳出陕西"城墙思维",站在"秦岭之巅"看陕西经济发展,助推陕西经济发展,并实现陕西经济向内陆开放型经济转变。本章正是对陕西经济发展新高地的构筑展开陈述。

本章共分为4个部分：一是阐述陕西经济发展新高地构筑的内涵；二是分析陕西经济发展新高地构筑的影响因素；三是研究陕西经济发展新高地构筑的路径；四是给出陕西经济发展新高地构筑的对策。

2.1 新时代陕西经济发展新高地的内涵

占据高地，才能赢得主动。要促进陕西经济发展，必须构筑陕西经济发展新高地。那么，什么是陕西经济发展新高地构筑的内涵呢？这里提出两个问题——什么是"新高地"，"新高地"与"高地"的区别在哪里。要了解陕西经济发展新高地构筑的内涵，这两个问题是必须要明确的。本节主要从概念界定、具体内涵以及当前陕西经济发展新高地构筑的状况3个角度对陕西经济发展新高地构筑进行阐述。

2.1.1 陕西经济发展新高地的概念界定

"高地"的汉语释义为地势高的地方，在军事上特指地势较高、能够俯视、控制四周的地方。同样的，我们将"高地"引申至经济领域，则可以理解为具有经济优势的、有竞争力的、资源要素集中的，并能够引导、影响、辐射周边，起示范作用的区域。谭志雄（2011）对照"洼地效应"提出了"高地效应"，即通过各种途径把外来生产要素引入一定区域，依据经济区域内不同地区之间的优势来实现资源的最佳配置。简而言之，新高地的构筑目的就在于结合各个地区所具备的优势，实现资源的最佳配置，提高资源利用效率，进而促进陕西经济发展。

"新高地"较于"高地"更侧重在"新"上，即要求在过去的基础上进行创新升级。熊彼特认为，创新是经济发展的本质规定，要实现经济发展，而不仅仅只是达到经济增长，必须进行创新。他的创新理论主要有以下5个角度的创新：产品创新、技术创新、市场创新、资源配置创新以及组织创新，其中组织创新也可解释为制度创新。因此，为构筑经济发展新高地，我们将从这5个创新角度加以考虑，加强陕西在各个角度的创新，并促进陕西经济发展。

"陕西经济发展新高地"的概念显然包含"陕西""经济发展"和"新高地"3个核心词。也就是说，构筑陕西经济发展新高地要求陕西政府、企业和人民在陕西协同组织一系列经济活动，优化资源配置，"以点带面"，以局部经济发展新高地带动整个陕西经济协调发展。同时，陕西必须注重创新，并注意结合陕西自身所具备的优势，如资源及历史文化优势等，发现并解决陕西当前经济发展中存在的问题，实现陕西经济发展增长极的打造和新高地的构筑，"以点带面，以线带片"，激活陕西经济发展的活力，带动整个陕西经济的发展。

2.1.2 陕西经济发展新高地的具体内涵

"构筑陕西经济发展新高地"是根据陕西经济发展任务和目标提出的，因而它的内涵也必须与陕西经济发展所处的条件和阶段相适应，符合陕西省政府在经济发展上的政策方针。

清华大学教授赵可金强调，"新高地重在建设城市群经济圈"。相应的，娄勤俭书记也具体说明了陕西新高地构筑的具体内涵，它主要包括以下几个方面：打造"一带一路"核心区、打造高水平自贸试验区、打造军民深度融合发展示范区、打造全面深化改革先行区以及打造区域特色发展引领区。构筑新高地，打造这5个区，"以点带面"，从新高地的发展引领、辐射至整个陕西，助推陕西经济向内陆开放型经济变革，进而实现经济发展。

第一，打造"一带一路"核心区。陕西作为"一带一路"战略实施的重要区域，"一带一路"战略的实施和陕西的经济发展之间存在着双向的推动作用。陕西历史悠久、地大物博，拥有丰富的自然资源和深厚的历史文化积淀，但陕西的经济发展仍然与中部地区和东部地区存在着较大的差距，原因之一就是陕西的对外开放程度不足，与外界的贸易交流相对较少，不能实现资源的有效配置。因此，陕西要实现经济发展新高地的构筑，首先需要打造"一带一路"核心区，使得陕西站到新一轮对外开放的前沿地带，扩大陕西对外开放程度，加强陕西与外界的贸易及文化交流，进而推动陕西经济发展。

要打造"一带一路"核心区，则需要陕西完善交通枢纽建设，利用多边平台，促进互联互通建设，实现与"一带一路"沿线地区的合作及创新，加强陕西与外界的贸易文化交流，发展高水平、高层次的内陆开放型经济，进而实现经济发展，助推陕西经济发展新高地的构筑。

第二，打造高水平自贸试验区。建好自由贸易试验区，既是中央赋予陕西省的重大任务，更是陕西进行对外开放、实现经济发展的战略机遇。要打造高水平自贸试验区，陕西需以制度创新为核心，借鉴、复制、集成先行区的成功经验，大胆闯、积极试、自主改。同时，陕西还需深化投资领域改革，有序扩大保税物流、融资租赁等领域的深度开放，并推动贸易转型升级，加强外贸竞争新优势，促进陕西经济大力发展。

第三，打造军民深度融合发展示范区。陕西国防科技工业体系完备、基础雄厚，科研能力、技术水平均居全国前列，是全国著名的国防大省。要构筑经济发展新高地，必须有效利用陕西国防科技工业的优势，打造军民深度融合发展示范区。而要打造军民深度融合发展示范区，陕西需在重点项目、工程上，搭建"军工+"平台，实现"军转民、民参军"，形成全要素、高效益的军民融合新格局，增强军民一体化的基础保障和协同应急能力，更好地促进陕西经济发展。

第四，打造全面深化改革先行区。当前陕西经济发展过程中产生了一系列经济和社会问题，亟须得到解决，进行全面深化改革。而要打造全面深化改革先行区，陕西则需深化"放管服"改革，转变政府职能，有效处理市场与政府的关系，合理利用"看不见得手"和"看得见的手"。陕西政府应加强简政放权力度，给予市场一定的自主权，激发市场活力，促进陕西经济发展。同时，陕西还需深化国资国企改革，解决长期以来一直存在的国资国企效率低下的问题，并推进国家新型城镇化综合改革试点，解决城乡不平等问题。

第五,打造区域特色引领区。陕西的三大区域——陕北、关中和陕南各有其发展禀赋和优势资源。因此,要实现三个区域协同发展,必须结合它们自身的发展禀赋和资源优势,坚持"强关中、稳陕北、兴陕南"战略。三大区域利用各自区域特色,各司其职,促进陕西经济发展新高地的建设,推动陕西经济发展。

2.1.3　陕西经济发展新高地构筑的状况分析

根据陕西经济发展新高地的具体内涵,陕西经济发展新高地要侧重打造"一带一路"核心区、高水平自贸试验区、军民深度融合发展示范区、全面深化改革先行区以及区域特色发展引领区,但这5个区存在共性,不可分开进行一一论述。第一,对外开放程度直接反映了陕西经济发展新高地的构筑情况,对外开放能助推陕西经济"走出去",并促进招商引资工作进展,促进陕西经济发展新高地的构筑。第二,产业结构反映了陕西产业发展的质量,影响陕西经济发展新高地的构筑。第三,协调发展能有效解决陕西经济发展过程中出现的社会经济问题,间接影响陕西经济发展新高地的构筑。第四,创新是经济发展的本质要求,陕西经济发展新高地的构筑必须进行创新,创新发展状况直接反映了陕西经济发展新高地的构筑状况。

因此,本章将"陕西经济发展新高地的构筑"作为一个整体来考虑,选用历年《陕西统计年鉴》和《中国统计年鉴》中的数据,从创新发展状况、产业结构状况、对外开放状况以及协调发展状况4个角度分析陕西经济发展新高地构筑的现状。

（1）陕西创新发展状况

创新是构筑陕西经济发展新高地的根本,是陕西实现产业结构升级、扩大对外开放水平、促进协调发展的基础。洪银兴（2013）表示:"创新是驱动经济发展的内在引擎,创新发展不单是解决经济增长效率问题,最主要的是通过知识资本、人力资本和激励创新制度等创新要素实现对现有要素的重新组合,将创新成果运用并扩散在生产和商业上。"

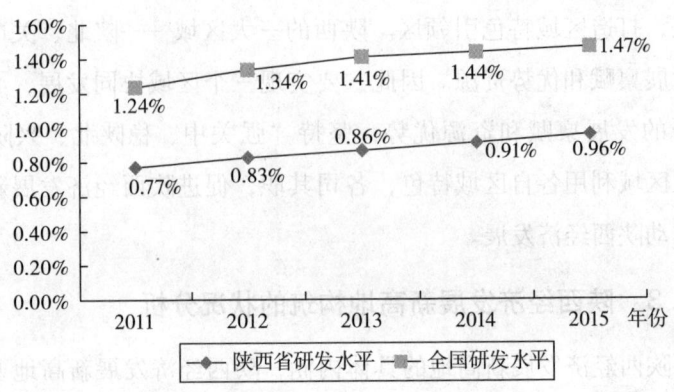

图2-1 陕西与全国研发水平比较情况

陕西创新发展状况则相对较弱。本节使用研发经费占GDP的比重来表明陕西在创新上的投入,进而分析陕西创新发展状况。图2-1展示了2011—2015年陕西以及全国的规模以上工业企业的研发经费占GDP的比重,可以看出陕西规模以上工业企业在研发经费上的投入增长速度高于GDP的增长速度,进而可以判断陕西对创新的投入也在逐年增长。但陕西对研发经费的投入仍处于一个较低水平,与全国研发水平对比,陕西研发水平相对较低,大约相差0.5个百分点,陕西还需加大对创新的投入,营造良好的创新环境,促进陕西进行创新发展。

(2)陕西产业结构状况

陕西在开放条件下通过比较优势与国际展开贸易交流。随着时间的推移,陕西对经济增长的要求随之变化,引发进出口产品结构发生变化,进而影响陕西产业结构。要促进陕西对外开放,打造陕西"一带一路"核心区以及高水平自贸试验区,则需进行产业结构升级。这既是对外开放的要求,也是对外开放的结果。同时,陕西产业结构升级能有效推进陕西军民深度融合发展,促进"军转民""民参军"进程,激发军工产业活力。

从三次产业内部来看,陕西产业结构存在较大的问题。图2-2说明了陕西省的第二产业主要以工业为主,2010—2015年陕西省工业增加值所占比例远高于建筑业增加值所占比例,是其4倍左右。图2-3则说明了第三产业中以非营利性服务业为主,金融和交通运输等产业的发展则相对落后。

2015年，陕西第三产业中非营利性服务业增加值占第三产业增加值的27%，而金融业和交通运输业增加值则分别占第三产业增加值的15%和10%。

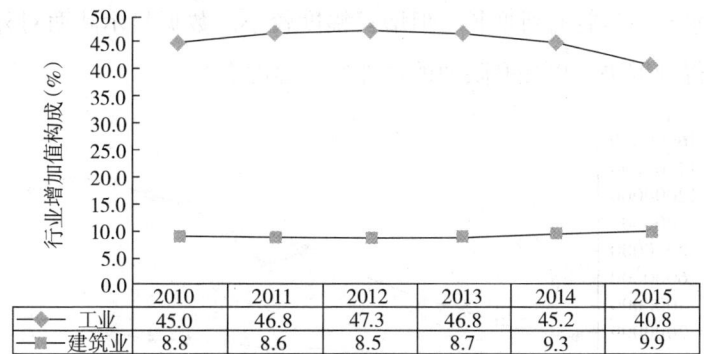

图2-2 陕西第二产业分行业占总增加值的构成

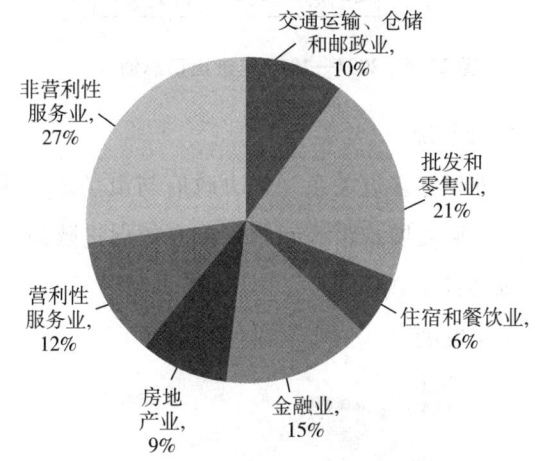

图2-3 2015年陕西第三产业分行业构成

(3) 陕西对外开放状况

经济开放是指通过参与地区间或国际的经济技术合作与竞争，在空间上实现资源的优化配置和经济增长的提质增效。陕西对外开放能有效促进"一带一路"核心区与高水平自贸试验区的打造。陕西不仅需要积极推动陕西企业"走出去"，还需加大力度构造良好的营商环境，实现招商引资，用外资推动陕西经济迅猛发展，促进陕西经济发展新高地的构筑。

而陕西对外开放状况最直观的便是外贸进出口额，它直接反映了陕西的国际贸易交流程度。从图 2-4 中可以看出，陕西的进出口总值远低于全国平均水平，尽管有所增长，但增长幅度较小。数据显示陕西对外开放状况亟须得到解决，以提升陕西的对外开放程度。

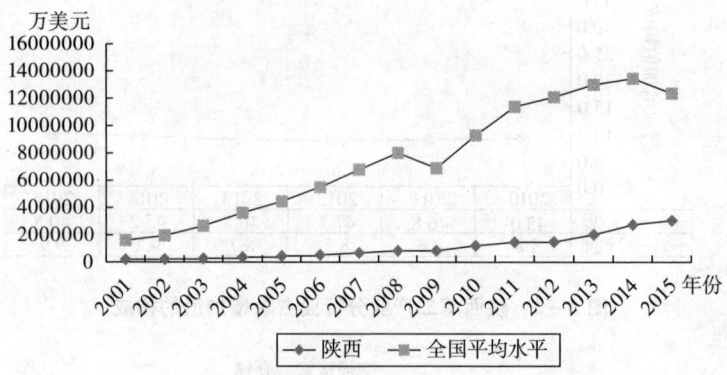

图 2-4　2001—2015 年进出口总值

（4）陕西协调发展状况

注重协调发展，处理好多边关系，解决政府与市场之间的矛盾、城乡之间的差距以及三大区域发展差距等问题，能有效促进陕西打造全面深化改革示范区以及区域特色引领示范区，推动陕西经济发展新高地的构筑，实现陕西经济又好又快发展。

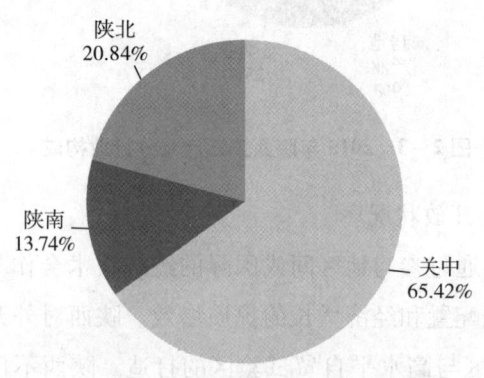

图 2-5　三大区域生产总值占比

三大区域协调发展状况可以用陕西关中、陕南、陕北 3 个区域在生产总值上的占比分析。图 2-5 展示了 2015 年 3 个区域的生产总值占比,可以看出仅关中地区就占了生产总值的 65.42%,将近 2/3;陕南地区的占比则相对较少,仅为 13.74%,与关中地区差距悬殊,亟须进行修正,以加大陕南和陕北地区对陕西经济发展的贡献。

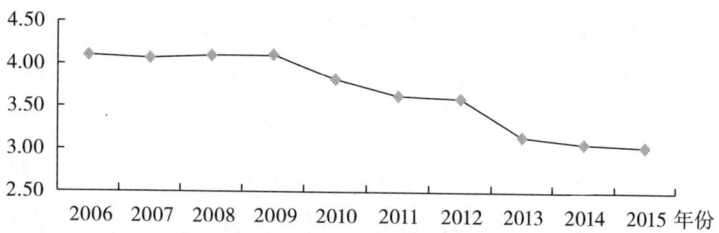

图 2-6　陕西城乡人均可支配收入比

而陕西城乡协调发展状况则可以以城乡人均可支配收入比进行直观的分析。如图 2-6 所示,近年来陕西城乡人均可支配收入比逐渐减小,但仍处于一个较高水平,农村居民人均可支配收入仍然远低于城市居民,亟须进行深化改革,打造全面深化改革先行区,缩小城乡差距。

2.2　新时代陕西经济发展新高地构筑的影响因素

结合陕西经济发展新高地构筑的现状评价,可以看出陕西新高地构筑中存在着许多问题,这些都会成为制约陕西经济发展新高地的影响因素,制约陕西经济发展。

2.2.1　陕西创新投入不足,研发成果转化能力相对较差

创新是驱动经济发展的内在引擎。创新的投入与结果对陕西创新环境的营造产生了一定影响,进而影响陕西经济发展新高地的构筑与经济发展。陕西是著名的教育大省,高校众多,为创新奠定了人才基础。但陕西的创新水平依旧较差,归根结底为创新投入不足以及研发成果转换能力相对较弱,缺乏良好的创新环境。

第一,新技术、新产品的研发需要消耗大量的人力、物力以及财力,创新投入不足极大地制约着陕西进行创新,进而影响陕西经济发展新高地

的构筑。图2-1表明陕西在创新的投入上较全国平均水平低了0.5个百分比,差距相对较大。2015年陕西新产品开发经费支出为1637909万元,与位列第一的江苏相差甚远,不足其5%。创新投入不足制约了企业、政府进行创新,进而制约了陕西经济发展新高地的构筑。

第二,有效的研发成果才能助推陕西经济发展,研发成果转换能力对陕西经济发展新高地的构筑存在影响。本书选用专利授权数与规模以上工业企业新产品销售收入来衡量陕西创新研发成果转换能力。专利授权数衡量了一个地区或企业科技成果的水平,而规模以上工业企业新产品销售收入则衡量了工业企业依靠创新给自身带来的收入增长。图2-7说明陕西专利授权数远低于全国平均水平。2015年,陕西专利授权数仅为333350件,仅为全国平均水平的2/3左右。图2-8又表明陕西规模以上工业企业新产品销售收入增长缓慢,低于全国平均水平,且差距逐渐拉大。图表数据表明陕西研发成果转换能力相对较弱,创新的投入难以转换为成果,这不仅是对创新投入的浪费,也在一定程度上影响着陕西经济发展新高地的构筑,进而制约了陕西经济的发展。

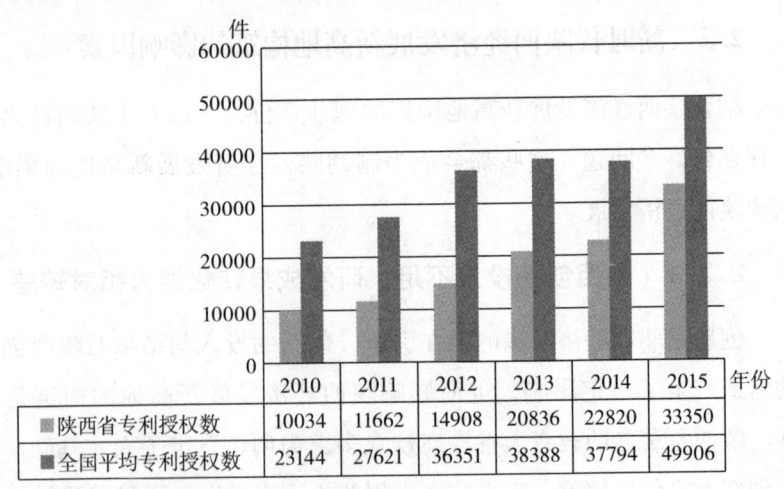

图2-7 陕西与全国专利授权数比较

年份	2010	2011	2012	2013	2014	2015
陕西省专利授权数	10034	11662	14908	20836	22820	33350
全国平均专利授权数	23144	27621	36351	38388	37794	49906

第三,陕西缺乏完善的专利保护机制与良好的创新环境。新产品和新技术极易被抄袭、复制并进行推广,这阻碍了企业进行创新。创新需要大

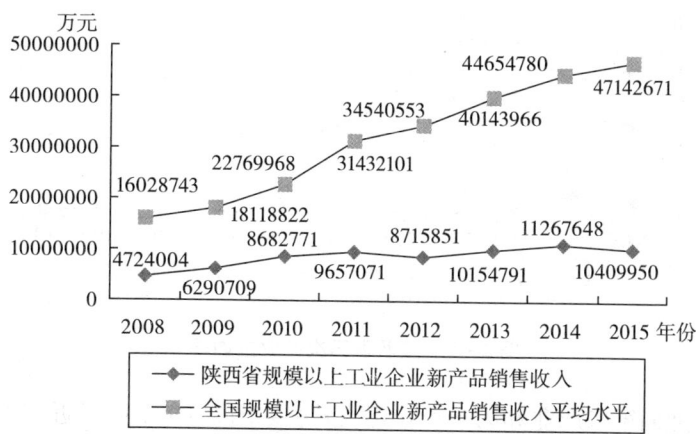

图 2-8 陕西及全国关于规模以上工业企业新产品销售收入比较

量的投入,当专利保护制度不够完善时,企业高投入却并不能得到高收益,抑制了企业对创新的需求。良好的创新环境则能激发万众创新,实现产品、技术及制度创新。产品创新、产业结构创新能提升陕西在国际产业链中的地位,促进"一带一路"核心区和高水平自贸试验区的打造;技术创新能促进"军转民""民参军",利用技术的"两用性"促进军民产业融合,推动军民深度融合发展示范区的构造;而制度创新能有效解决陕西经济发展的根本问题,推动陕西进行全面深化改革、缩小区域差距、实现协调发展。

2.2.2 陕西产业结构不合理

产业结构与陕西经济发展新高地构筑所需打造的 5 个区息息相关,影响着经济发展新高地的构筑,进而影响着经济发展。合理的产业结构能够促进经济可持续发展,提升陕西在国际产业链上的地位,提高产品的附加值,是经济发展新高地构筑及经济稳定增长的必要基础;不合理的产业结构则会导致经济发展失衡、效率低下,高投入而低产出,阻碍经济发展新高地的构筑。显然,在前面的分析中可以看出陕西产业结构不合理。

第一,陕西省三次产业结构为第二产业为主、第三产业次之、第一产业最后。第三产业的加快发展是生产力提高和社会进步的必然结果,是衡量经济发展水平的重要标志。产业结构高级化要求经济发展重点或产业结构重心

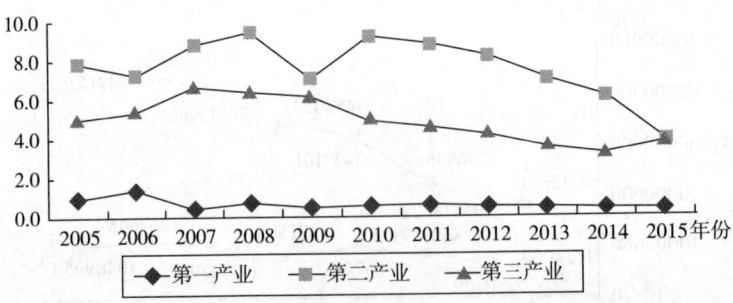

图 2-9　陕西省三次产业拉动率

由第一产业向第二产业和第三产业逐次转移。图 2-9 说明了近年来陕西省三次产业拉动率的变动趋势，尽管第二产业的拉动率正在逐步下降，但第二产业对陕西经济发展的拉动率仍一直高于第三产业，2015 年略有好转。

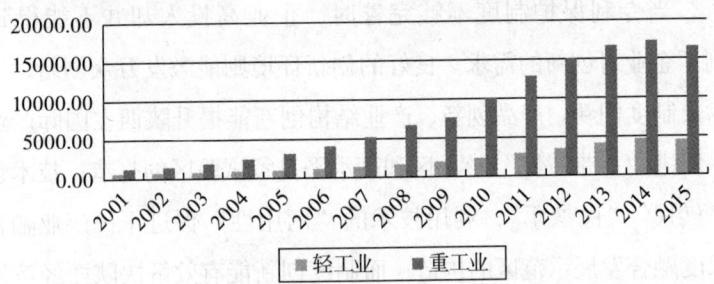

图 2-10　陕西工业中轻工业和重工业生产总值比较

表 2-1　陕西主要工业产品产量

种类	单位	2013 年	2014 年	2015 年
原煤	万吨	50134.28	52008.20	52224.16
天然原油	万吨	3688.04	3767.81	3736.73
天然气	亿立方米	371.65	410.11	415.92
布	万米	57399.20	60967.85	68075.10
服装	万件	1974.20	2218.82	2305.90
原油加工量	万吨	2078.59	2095.79	1967.43
生铁	万吨	882.54	884.02	800.89
粗钢	万吨	980.08	1038.26	1027.27
钢材	万吨	1565.22	1683.92	1655.58

续表

种类	单位	2013 年	2014 年	2015 年
汽车	万辆	42.44	37.47	34.14
#新能源汽车		—	—	3.21
太阳能电池	万千瓦	61.04	68.69	104.02

第二，从三次产业内部来看，产业结构也存在较大的问题。图2-2和图2-3表明陕西省的第二产业主要以工业为主，第三产业中又以非营利性服务业为主，金融和交通运输等发展则相对落后。交通运输的落后发展不仅直接影响着陕西经济发展新高地的构筑，而且阻碍了陕西对外贸易，高额的交通运输成本制约着陕西与外界展开贸易交流，进而间接地制约了陕西经济发展新高地的构筑，制约了陕西经济发展。同时，金融行业产品附加值高，能有效促进经济发展，然而陕西的金融行业则相对落后，制约了陕西经济发展。

图2-10则又说明了陕西工业生产中轻工业和重工业的生产总值，可以明显地看出陕西主要侧重于重工业的发展，而且二者的差距在逐渐拉大；表2-1展示了陕西主要工业产品产量，可以看出陕西工业主要集中在原料生产加工领域，对新兴产业的重视程度不足。二者都说明了陕西产业结构不合理，难以支撑陕西持续、高效的经济发展。

2.2.3 陕西对外开放程度不足、层次较低

对外开放程度与水平对陕西经济发展影响极大，决定着陕西"一带一路"与自贸试验区的发展程度。结合比较优势理论，对外开放能有效促进资源在各个地区之间进行优化配置，实现经济增长的提质增效，进而促进经济发展。然而陕西对外开放程度不足、层次较低，制约了陕西"一带一路"战略与自贸试验区战略的实施，阻碍了陕西经济发展新高地的构筑。

第一，陕西对外开放程度不足。2016年，陕西省进出口总额为3049850万美元，在全国排第18位，与广州及江浙沪一带相差甚远，甚至不足其1/10。图2-4表明陕西进出口总值增长缓慢且远低于平均水平。图2-11则表明陕西国际旅游外汇收入低于全国平均水平。

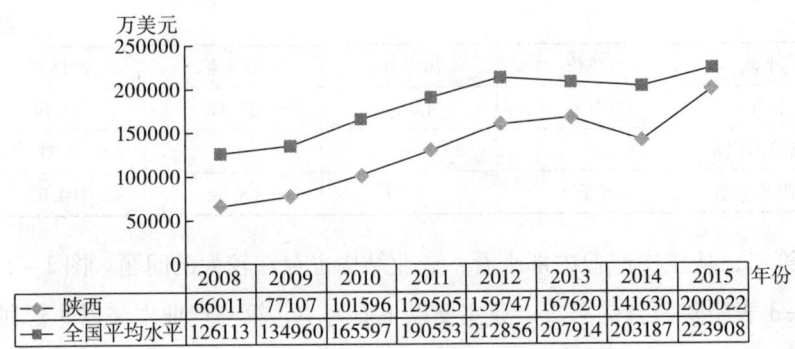

图 2-11　2008—2015 年国际旅游外汇收入

西安作为十三朝古都，拥有丰富的历史文化底蕴。秦王宫、兵马俑、华清池等历史遗产都见证了陕西的历史变迁，成为陕西特有的历史文化积淀。历史悠久、饱经世事的陕西有着丰富的文化遗产，如历史文化遗产、革命文化遗产、民俗文化遗产、宗教文化遗产等。陕西旅游业有着得天独厚、不可复制的先天优势。然而，有着旅游优势的陕西，其国际旅游外汇收入却低于全国平均水平，对外开放程度不足，亟须扩大对外开放程度，促使陕西走入世人眼中。陕西进出口总值及国际旅游外汇收入都表明陕西对外开放程度不足，不能有效促进陕西企业"走出去"，未能实现与国际深度接轨，进而直接影响着陕西的经济发展，并降低陕西进行国际贸易交流的机会，间接抑制了陕西的经济发展。

第二，陕西对外开放层次较低。西安海关统计数据表明，如图 2-12 所示，陕西进出口贸易方式中占主要地位的是进料加工贸易，其次是一般贸易。这表明陕西在国际产业链上仅处于中游水平，缺乏具有核心竞争力的产业，在对外开放中层次相对较低，制约着陕西经济发展新高地的构筑，进而影响了陕西的经济发展。

2.2.4　陕西区域发展不协调

区域的协调发展以"人"为本，区域协调发展有助于人民、社会的和谐相处，进而促进经济发展；而区域发展不协调则会产生一系列的社会问题，制约着全面深化改革的进程，不利于陕西全面深化改革先行区与区域

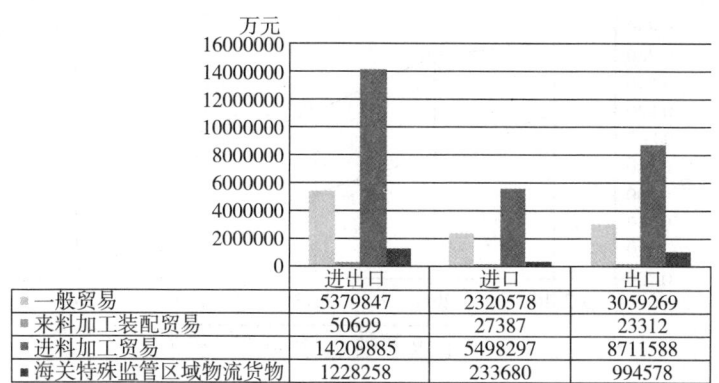

图 2-12　2017 年 1—10 月陕西省进出口贸易按主要贸易方式分类

特色发展引领区的打造，进而影响了陕西经济发展新高地的构筑，制约着陕西的经济发展。

第一，陕西三大地区经济发展不协调。图 2-5 表明关中的生产总值远高于陕南、陕北。长期的地区发展不协调，会促使人才、资本向关中集中，导致陕南、陕北人才稀缺，财力、物力薄弱，进一步加重地区之间发展不平衡、不协调的问题，不能有效发挥各区域各自的资源要素禀赋、实现资源配置最优化，极大地制约陕西的经济发展。

第二，陕西城乡经济发展不协调。图 2-6 表明陕西城乡人均可支配收入之比相对较高，城市居民的人均可支配收入约为农村居民的 3 倍。悬殊的城乡收入差距驱使农民工进城，导致城市有大量的农民工聚集，易引发犯罪等社会问题，进而阻碍了陕西经济社会的发展，抑制了陕西全面深化改革进程，进而制约着陕西经济发展新高地的构筑。

2.2.5　陕西资源浪费、环境破坏问题突出

资源浪费、环境破坏对经济的可持续发展起着制约作用，影响着陕西推进全面深化改革。大量不可再生资源的浪费将会导致后世无资源可用；而环境与人们息息相关，环境问题最终将作用在人类身上。

第一，图 2-13 表明陕西平均每万元国内生产总值能源消费量虽然低于全国平均水平，但也均高于 0.7 吨标准煤/万元，能源利用效率相对较

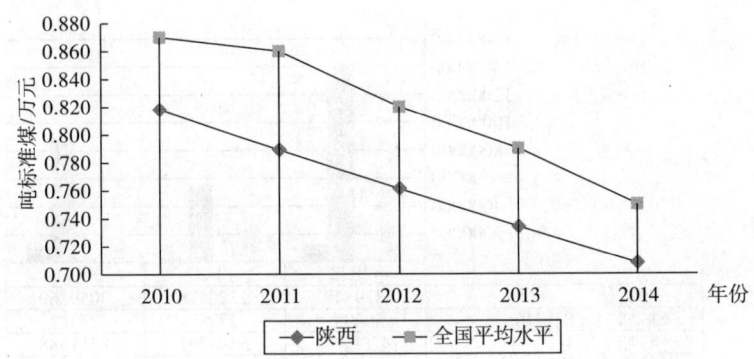

图 2-13 平均每万元国内生产总值能源消费量

低,这会造成大量的资源浪费。然而能源是不可再生的,大量的资源浪费影响着陕西经济的可持续发展。

第二,图 2-14 和图 2-15 分别说明了陕西在废水、废气上的排放量,可以看出陕西的废水排放量是低于全国平均水平的,但陕西的废水排放量自 2013 年开始增长,而全国却是在稳步下降,环境污染程度有所缓解;陕西和全国的主要废气排放量则都有所下降,但陕西的主要废气排放量是高于全国水平的。近几年,陕西冬天雾霾天频现,影响着人民的正常生活,进而制约了陕西经济的绿色发展,阻碍了陕西经济发展新高地的构筑。

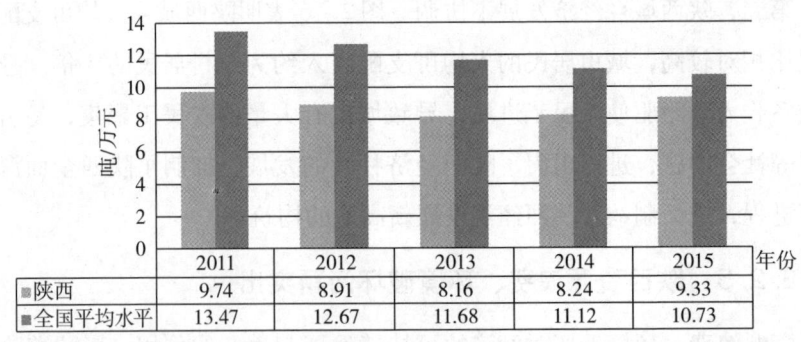

图 2-14 平均每万元国内生产总值废水排放量

2.2.6 陕西制度不完善

制度对经济发展起着关键作用,好的制度能够有效助推陕西经济发

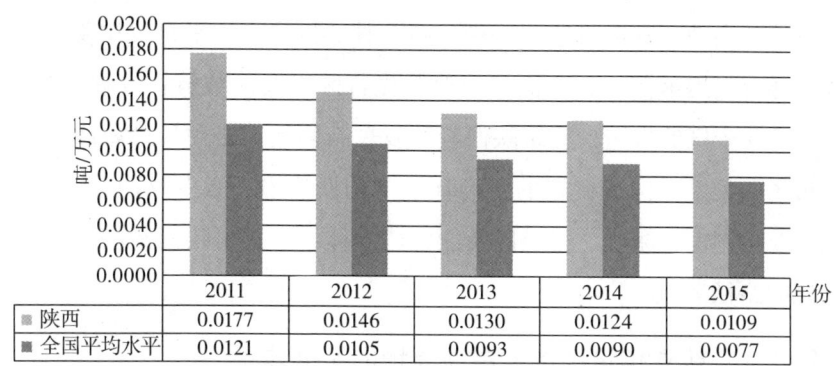

图 2-15 平均每万元国内生产总值主要废气排放量

展，而坏的制度也极大地制约着陕西经济发展。中共十八届三中全会强调，经济体制改革的核心是处理好政府和市场的关系，使市场在资源配置中起决定性作用和更好发挥政府的职能。

第一，陕西市场经济体制不完善。当前陕西政府与市场的矛盾主要是政府权力过于集中、行政审批项目过多，抑制了市场活力，阻碍了良好的营商环境的创建。尽管当前陕西政府已开展"简政放权"改革，但影响陕西经济发展的关键性产业仍掌握在政府手中，如煤炭能源产业、军工产业等，没有实现政企的有效分离，未发挥民营企业的活力。垄断的行政管理模式阻碍了现代化市场经济的发展，导致无法形成统一、开放、有序、共享、竞争的市场体系，抑制了市场活力，未能构建良好的营商环境，不利于陕西展开招商引资战略、借外资推动陕西经济发展。

第二，陕西政府"官本位"观念难以转换。保守、陈旧的"官本位"观念对市场经济产生了较大的冲击，难以适应日新月异的市场，抑制了市场的活力，制约了陕西经济发展，进而抑制了陕西经济发展新高地的构筑。"官本位"观念以政府为主导，大力发展国资国企，抑制民营企业的发展竞争，难以激发企业创新来促进陕西产业升级、迅速发展。

2.3 新时代陕西经济发展新高地构筑的路径

陕西构筑经济发展新高地受到各个因素的制约。基于此，陕西要构筑经济发展新高地，则需打造"一带一路"核心区、高水平自贸试验区、军民深度融合发展示范区、全面深化改革先行区以及区域特色发展引领区。要实现这5个区的打造，构筑陕西经济发展新高地，必须处理好政府、企业与市场的关系，构造良好的营商环境与创新环境，激发陕西经济发展。下面主要从制度、激励、组织以及能力建立体系，提出陕西经济发展新高地构筑的路径选择。

2.3.1 建立构筑经济发展新高地的制度体系

诺思指出："一个效率较高的制度，即使没有先进的设备或技术，也可以刺激劳动者创造出更多的财富；但是再先进的设备和技术，如果存在于低效的制度环境中，也同样无法高效率地贡献于经济增长。"这表明制度对经济发展是至关重要的。制度的完善和创新是实现陕西经济发展新高地构筑的根本路径。要构筑陕西经济发展新高地，陕西需完善市场经济体制，并转变政府落后、保守的"官本位"思想，营造良好的创新与营商环境，提升市场活力，保障经济发展。

第一，建立并完善市场经济体制，转变政府职能，打造良好的营商环境。经济发展是基于市场经济的，良好的市场经济体制有助于产权的确定，避免交易双方矛盾的产生，进行良性竞争，营造良好的营商环境。良性竞争不仅有利于推动陕西与国内、国际进行贸易交流，促进陕西企业"走出去"，进而提升陕西对外开放程度，也能有效促进陕西创新，从而提升陕西在国际上的竞争力，进而促进陕西经济发展，构筑陕西经济发展新高地。

第二，转变陕西"官本位"思想，营造创新发展环境。长期以来，陕西观念保守、"官本位"意识强烈，未能与市场经济体制改革相适应，这不仅抑制了市场经济体制的改革，降低了市场经济体制改革的效率，也极大地抑制了市场活力与创新。创新对构筑陕西经济发展新高地有着决定性作用。要实现陕西经济发展新高地的构筑，必须转变陕西的"官本位"意识，使得陕西非正式制度与正式制度相匹配，给予市场更多的权力，营造创新环境，保证经济发展新高地构筑对创新的要求，加大力度进行创新。

2.3.2 建立适应经济发展新高地构筑的激励机制

激励机制就是要使制度的激励正确，它不仅要求提高制度安排的效率，而且更为重要的是，要使制度安排的方向正确。当前陕西经济发展缓慢，除了缺乏完善的市场经济体制，还缺乏相应的社会激励机制。

第一，刘元春认为，激励相容的动力机制的缺乏是经济持续回落的深层次核心原因。当前陕西经济回落，步入新常态，要实现陕西经济发展新高地的构筑，则需设计"激励相容"的社会激励机制，有效协调个人价值与社会价值，促使市场经济体制完善的效率提升与方向正确。合理的"激励相容"的社会激励机制能有效激发各经济主体的积极性和创造性，促进陕西经济发展。

第二，创新对陕西经济发展的先导作用，要求构筑陕西经济发展新高地，就要设计创新驱动激励机制。创新驱动激励机制以创新作为驱动力，激发各市场主体的创新意识，加强创新，提升市场活力，促进市场经济体制的转变、完善，进而促进陕西经济发展新高地的构筑，推动陕西经济转型为创新型经济。

2.3.3 培养经济发展新高地构筑的组织体系

组织，是指在一定的环境中，为实现某种共同的目标，按照一定的结构形式、活动规律结合起来的，具有特定功能的开放系统，是一个社会经济增长和发展的有效载体。当前，陕西的组织机构主要包括政府与企业两大类组织机构，且政府及国有企业在市场发展中占据绝对的主导地位，民营企业占比较少、限制较多，不利于竞争与市场活力的激发，抑制了经济发展。

第一，培养新型企业家群体。企业家是市场经济发展的"原动者"，也是市场机制的最基本要素之一。因此，要推动陕西经济发展新高地的构筑、促进陕西经济发展新高地，必须培养新型企业家群体，以专业、创新、合作的企业家精神推动陕西市场经济的良性运作，促进陕西经济发展新高地的构筑。

第二，培养民营企业，激发民营企业的能动性。相比于国有企业，民营企业在竞争性、适应性、灵活性和创造性上具有独特的优势，它们既是促进经济增长、创造经济活力的源泉，亦是推动科技创新的重要动力和重要载体，还是扩大就业的主要渠道。陕西要求打造军民深度融合发展示范区，就表明陕西亟须培养大量的民营企业，在军工产业上实现"军转民，民参军"，提升经济活力，激发陕西民营企业的能动性。

第三，提升国有企业效率。陕西经济发展主要产业的参与者主要是国有企业，国有企业的效率对经济发展的影响极大。陕西国防军工产业虽要求提升军民融合，但仍需国有企业与政府进行引导、规范，因此，国有企业的效率也会对军民融合的水平与质量产生较大影响。因此，要构筑陕西经济发展新高地，除了培养民营企业、激发民营企业的能动性，还需提升国有企业的效率。

国有企业与民营企业分别具有其特有的优势，国有企业能促进经济稳定增长，民营企业能激发市场活力。要促进陕西经济发展新高地构筑，陕西需注重组织的培养，协调国有企业与民营企业，共同助推陕西经济发展。

2.3.4 提升经济发展新高地构筑的能力

能力是经济发展过程中不可或缺的关键点。能力不足将影响陕西经济发展，抑制陕西经济发展新高地的构筑。陕西要构筑经济发展新高地，促进陕西长期持续、稳定的经济发展，必须注重培养自我发展能力、创新能力以及政府能力。

第一，自我发展能力能实现地区内生化发展。培养自我发展能力，不仅能促进陕西的发展与繁荣，实现区域协调发展的目的，也能推动整个经济的较快发展。陕西经济发展不能一味地依靠国家补贴，这是难以持久的。要促进陕西经济持续、稳定发展、构筑陕西经济发展新高地，陕西必须注重培养自我发展能力，依靠陕西自身的优势，高效率地发展经济，实现经济又好又快发展。

第二，创新能力是经济发展的本质规定。单纯依靠模仿难以使陕西经济占据绝对优势，对经济发展的效用相对较小，要促进陕西经济发展新高地的构筑、促进陕西经济发展，必须注重培育创新能力。创新能力的培养不仅可以促进新产品的出现，提升陕西在国际产业链上的地位；还能营造良好的创新环境，激发市场活力与竞争，助推市场经济体制的改革，促进陕西经济又好又快发展。

第三，培育政府能力。观念的转变是一项持久、漫长的改革，要促进陕西经济发展新高地的构筑，不仅要求转变政府的"官本位"思想，还需培育政府能力，在短期内提高政府解决措施的能力，促进政府对市场的引导作用，创建服务型政府。

2.4 新时代陕西经济发展新高地构筑的对策

根据陕西经济发展新高地的构筑路径，可以看出陕西要实现经济发展新高地的构筑，需要从制度、激励、组织和能力4个角度构造体系，进行路径选择。因此，下面将基于这四大路径，提出具体的对策，促进路径的顺利实施，推进陕西经济发展新高地的构筑，从而促进陕西经济发展。

2.4.1 进一步深化改革

要促进制度的完善、激励的设计、组织的培养以及能力的培育，必须进一步深化改革，促进陕西经济发展新高地的构筑，实现陕西经济发展。当前陕西政府与市场之间的关系不合理，而改革的核心问题便是处理好市场和政府的关系，发挥市场在资源配置中的决定性作用，营造良好的营商环境，激发市场活力，促进创新。

第一，深化行政体制改革，推进"放管服"改革。陕西行政体制改革的重点就在于推进"放管服"改革。"放"意味着政府需要重新界定政府、市场、社会的边界和相互关系，简政放权，降低准入门槛；"管"意味着要求政府的管理积极适应社会新常态，公正监管，促进公平竞争；"服"

即"服务社会",意味着陕西省政府需建设让人民满意的服务型政府。推进"放管服"改革,就是要简政放权,加快转变政府职能,从发展型政府转型为服务型政府,有效减少政府对经济事务的过度干预,协调发挥"看不见的手"和"看得见的手"的作用,降低制度性交易成本,发挥市场机制的作用,释放经济活力,营造良好的营商环境,使得市场能够自由又规范地运转,促进生产力的提高。而要实现简政放权、深化行政体制改革,具体措施如下:一是减少不必要的行政审批事项与流程;二是向企业放权,尤其是向民营企业放权;三是提高行政审批透明度,加强监督。

第二,深化国资国企改革。深化国有企业改革是提升陕西经济活力的突破口,能有效促进陕西经济高速发展。民营企业能有效提升陕西经济活力并不意味着国有企业就必须废除,相反,国有企业对陕西经济发展起着引领、引导的作用,是不可或缺的。因此,要提升陕西经济活力、促进陕西经济发展,不仅需要发挥民营企业的作用,还需深化国资国企改革,提升国有企业的效率。就具体措施来看:一是完善国企现代企业法人治理结构,构建产权清晰、权责分明、自负盈亏的现代企业制度;二是完善人才激励约束机制,建立市场化的职业经理人选择制度,实现人力资本的最优配置。

深化行政体制改革和国资国有企业的改革,能有效促进市场经济体制的完善,转变市场与政府之间的关系,提升市场活力;而市场活力的提升能促进竞争的生成,激发创新能力的培育,促进创新,进一步提升市场活力。通过深化改革,转变政府职能,有效处理政府与市场的关系,营造良好的营商环境,能助推陕西企业"走出去",并吸引外商在陕西进行投资,加快陕西"一带一路"核心区与高水平自贸试验区的打造,激发企业竞争,而竞争又是创新的原动力,可进一步促进陕西经济发展新高地的构筑,推动陕西经济发展。

2.4.2 优化财税政策

财税政策是政府对市场调控的最直接、最有效的工具;健全的财税体系是维护市场秩序、激发企业活力、促进社会公平、确保社会稳定的关键所在，能有效构造良好的营商环境与创新环境。因此，陕西需优化财税政策，促进市场机制的变革，激发企业创新，提升市场活力，实现陕西市场经济自我发展，促进陕西经济发展新高地的构筑，进而推动陕西经济发展。陕西优化财税政策具体包括以下几个策略。

第一，对民营企业给予财税支持。要培育民营企业，激发民营企业的活力，政府可直接给予其一定的财税支持。创新需要大量的投入，民营企业又是创新的主体，要促进技术进步、经济发展，陕西可对实现创新升级的民营企业给予财政支持，给予其一定的财政补贴，减免一定的税收。

第二，降低税收，营造良好的营商环境。企业以盈利为主要目的，较低的税收能有效促进招商引资进程，促进企业落户陕西，带动陕西经济发展，实现陕西"走出去"。

第三，加大在交通设施建设上的财政支出。扩大市场能有效提升市场活力，加大竞争，实现资源的优化配置。而"一带一路"战略为陕西扩大市场提供了机遇，陕西应积极抓住机遇，实行对外开放。但对外开放程度扩大的基础便在于交通设施的完善。因此，陕西需加大在交通设施上的财政支出，建设国际综合交通枢纽，减少陕西对外贸易运输成本，进而促进陕西对外开放，促进陕西经济发展。

2.4.3 完善金融市场

良性运转的金融市场能促使生产要素、资本要素的完美结合，能有效促进市场经济的健康发展，起着支撑作用。随着时代的变迁，经济发展对金融的需求越发重要，金融成为资源配置和宏观调控的重要工具。因此，陕西需完善金融市场，发挥金融市场的作用，促进市场经济的发展，提升市场活力，实现资源的有效配置，促进陕西经济发展新高地的构筑。

第一，降低融资的准入门槛。民营企业在经济活力的提升与市场竞争的创造上有着极大的促进作用，然而中小型的民营企业融资艰难，难以维持企业创新、提高企业竞争力、促进经济发展。因此,陕西可降低融资的准入门槛,支持中小型企业依托多层次的资本市场融资,扩大中小型企业、各类非金融企业债务融资工具及集合债、私募债的发行。

第二,加大研发新型金融产品力度,增加有效金融供给。研发、创新以及促进对外开放都需要大量的资金投入,而单纯依靠自有资本以及政府财政支出是难以维持陕西经济持续发展的。因此,必须借助金融产品,增加有效金融供给,进行融资,促进陕西经济持续、稳定发展,推动陕西经济发展新高地的构筑。

2.4.4 增强创新意识,提升创新成果转换能力

创新是经济发展的本质要求,创新不仅可以直接促进产业结构转型升级,还能促进经济持续、稳定发展,保持市场活力。陕西要构筑经济发展新高地,必须增强创新意识,提高创新成果转换能力。创新是经济能够持续发展的关键,陕西必须注重创新。

第一,增强创新意识。过去陕西创新相对较少,在创新上的投入也相对较少,更多的是借鉴、复制先进技术与经验。然而,陕西经济要走在前列,必须转变观念,增强创新意识,实现由"陕西制造"向"陕西创造"的转变。创新意识是创新的根本,陕西增强创新意识能有效激励全民创新,促进陕西创新的发展,进而促进陕西经济发展新高地的构筑,推动陕西经济持续、稳定、快速发展。

第二,提升创新成果转换能力。投入的增多并不意味着创新成果也相应增加。陕西应提升创新成果转换能力,促进创新的投入能更好地转变成有效的创新成果。对于创新过程中存在的问题应及时纠正,避免问题持续存在,进而导致时间与资金的耗费,抑制了创新成果的产出。创新产品的持续推出,不仅能够扩大陕西市场规模,还能提升陕西市场发展水平,提升市场活力,有效发挥市场的资源配置作用,实现陕西经济发展新高地的构筑,促进陕西经济发展。

第三,完善专利保护机制,营造良好的创新环境。创新环境不仅取决

于人力资源与财力资源,更多的是保护机制。创新的成本极高,剽窃的成本却很低,缺乏相应的专利保护机制使得创新的损失相对较大,不利于营造良好的创新环境,进而抑制了陕西个人与企业展开创新活动,抑制了陕西经济发展新高地的构筑与陕西经济发展。

3 新时代陕西经济发展新活力的激发

"十二五"时期,陕西省经济建设取得了重大成就,地区生产总值年平均增长率为11.1%,高出全国平均水平3.28个百分点。2016年,陕西地区生产总值突破19000亿元,达到19165.39亿元,位列全国第15位;实际GDP增速为7.6%,高出全国平均水平0.9个百分点,位列全国第16位;并且陕西省2016年产值总量在全国各省的排名比2010年提高了3位,已经由经济欠发达省份转变为中等发达省份;陕西居民人均可支配收入18874元,同比增长8.5%,人民生活水平不断改善。

但是陕西GDP增长速度却逐年下降,从2012年的12.9%一直跌落到2016年的7.6%;陕西省目前的通信、能源和装备制造等八大工业支柱产业,虽然近年来其工业总产值均占到了陕西省的95%以上,但是这些支柱产业多数是能源化工工业等重工业,导致环境污染日趋严重。那么面对生态环境日趋恶化的严峻形势,如何协调经济发展和环境保护,实现陕西追赶超越和可持续发展?基于此,陕西省十三次党代会提出了"五新"发展战略,其中,"激发新活力"尤为重要而又迫切。激发经济发展新活力包括4个方面:增强企业活力、提升县域活力、激发市场活力和调动人才活力。

本章通过构建指标评价体系,对陕西经济发展新活力的现状进行测度,分析存在的问题和陕西经济新活力的影响因素;最后基于以上阐述,提出解决问题的路径和政策建议。

3.1　新时代陕西经济发展新活力激发的内涵

激发经济发展新活力包括以下 4 个方面：

第一，切实增强企业活力。陕西省企业的市场主体地位急需加强，企业活力亟待激发。增强企业活力就是要强化企业的市场主体地位，保证各种所有制企业依法平等使用生产要素、公平参与市场竞争、同等受到法律保护；大力发展非公经济，放宽民间资本进入的行业和领域，用好国家减税降费、住房、社保、引进人才等政策，打造协调服务、综合服务、金融服务、企业孵化、服务支撑五大平台，引导民营企业消除后顾之忧、心无旁骛地发展。

第二，有效提升县域活力。县域经济是新常态下陕西发展势能潜能加速释放的重要主体，是实现追赶超越目标的关键发力点。要把产业作为强县兴县的重要支撑，充分发挥各类园区的集聚功能，立足资源禀赋，突出发展特色；把扩权赋能作为强县兴县的重要抓手，鼓励探索创新；把城镇建设作为强县兴县的重要基础，增强承接产业、聚集人口的能力。

第三，充分激发市场活力。要尊重社会主义市场经济规律，统筹推进商事、投融资、财税、金融、产权等改革，健全主要由市场决定价格的机制，加快形成统一开放、竞争有序的市场体系，真正做到凡是市场能解决的都交给市场；着力规范政府行为，进一步减少政府对市场的直接干预，加快建设服务型政府，用行政权力的"减法"换取市场活力的"加法"；下硬茬整顿和规范市场秩序，用好各项激励措施，最大限度地营造追赶超越的良好环境。

第四，积极调动人才活力。针对陕西人才成果转化率较低的现状，积极调动人才活力，就是坚持党管人才，深入推进人才强省战略，促进人才规模、质量、结构与经济社会发展相适应、相协调，发挥人才对经济增长的促进作用；深化人才管理体制改革，转变政府的人才管理职能，创新人才评价激励机制和服务保障体系，让各类人才都有施展才华的广阔天地！

3.2 新时代陕西经济发展新活力的评价

3.2.1 建立指标体系

为了全面地对陕西现今的经济发展活力进行评价，本节通过上述的企业活力、县域活力、市场活力和人才活力4个方面构建了陕西省经济新活力的评价指标体系（见表3-1），以这4个一级指标分别展开，细化成18个具体指标来测度，最后分析出陕西经济发展存在的问题。

表3-1 陕西经济活力评价指标体系

一级指标	二级指标	三级指标	计量单位
陕西经济新活力			
企业活力	企业规模	企业总量	个
	企业类型	国企数量占比	%
		各类企业吸收就业比重	—
	企业竞争力	A股/新三板企业数	个
		五百强企业数	个
	企业创新力	新产品销售收入与研发支出比值	
县域活力	县域建设状况	县域固定资产投资及增速	亿元、%
	县域实体经济数量	县域中各类企业占全省比重	—
	县域产业结构	三次产业结构比例	—
	农业现代化进程	农业劳力综合生产率	元/人
市场活力	市场的竞争程度	非公有制经济增加值及GDP占比	亿元、%
	市场开放度	进口总额占GDP比值	%
	外资吸纳程度	实际利用外资额及增速	亿元、%
人才活力	人才的成长力	人才学历比例	%
	人才的创新力	每万人从业人员拥有专利申请量	件/万人
	人才的吸引力	综合经济竞争力排名	位
		宜居竞争力排名	位
		可持续竞争力排名	位

3.2.2 指标测度结果及分析

（1）对企业活力的评价

根据表3-1构建的评价指标体系，我们从企业的规模、企业构成类型、企业竞争力以及企业的创新力4个方面出发，对陕西省企业活力进行评价。

1）陕西省企业总量逐步增加，但增幅一直较小

一个地区的企业规模主要体现在企业总量上，这里用企业法人单位数来反映。如图3-1所示，对我国部分省份2012—2016年的企业总数量变化情况分析得出，江苏的企业数量遥遥领先于其他省份，说明其企业的规模最大，接下来依次是北京、湖北、安徽和四川；而陕西省的企业规模是6个省份中最小的，随着近两年的较快增长，其企业规模逐渐赶上了四川的规模水平，但是总量和增长速度均与其他省份有较大差距，可见陕西的企业规模有着很大的开拓空间。

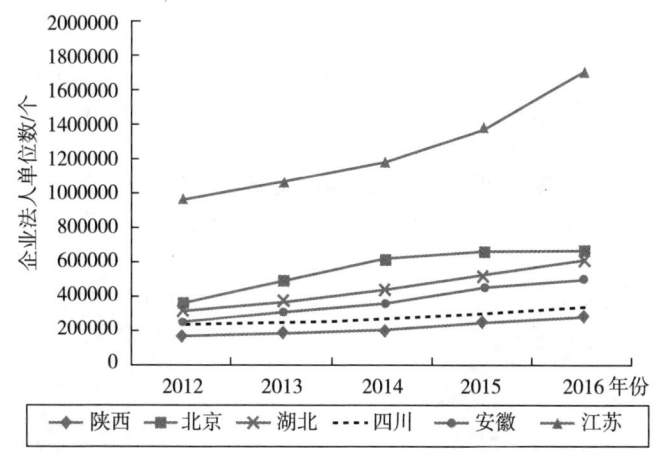

图3-1　我国部分省份2012—2016年企业总数量的变化

资料来源：由2013—2017年《中国统计年鉴》的相关数据整理得到。

2）企业构成类型中民企的重要性不断提升

随着陕西省市场化改革的不断推进，企业构成类型中，国企相对民企而言，无论是在企业数量还是吸收就业方面，国企的重要性都呈现出持续下降的特征。一是陕西国企数量占比明显减少（见图3-2），从2012年的3%下

降至 2016 年的 1.85%，其下降趋势与全国国企数量占比的变化情况基本保持一致，但是陕西的国企数量占比一直高于全国平均水平 1 个百分点左右，说明陕西的国企改革任务更加艰巨。二是国企吸收就业比重下降，个私企业对就业的贡献率大幅提高。如图 3-3 所示，2015 年国有企业吸收的就业人员比重占总从业人员数的 10%，比 2005 年下降了 3 个百分点，国企对就业的贡献率有所下降。而个私企业吸收的就业比重从 2005 年的 10% 增加到 2015 年的 24%，增长了 2 倍多，可见民营企业对就业的贡献率显著增加。

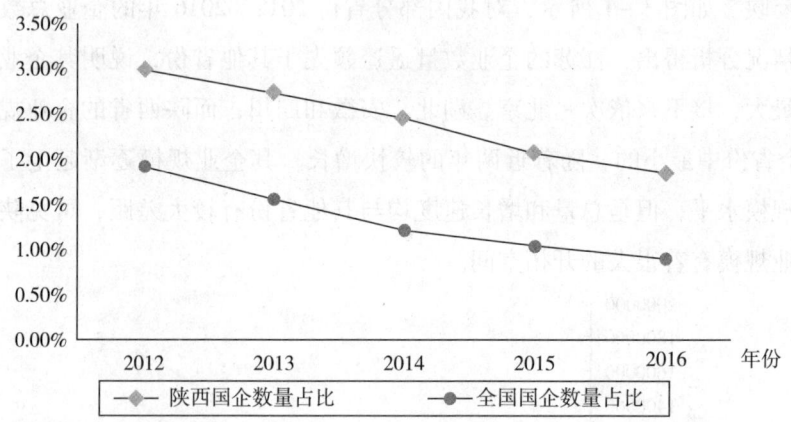

图 3-2　陕西与全国的国企数量占比情况

资料来源：由 2013—2017 年陕西和全国统计年鉴的相关数据计算得出。

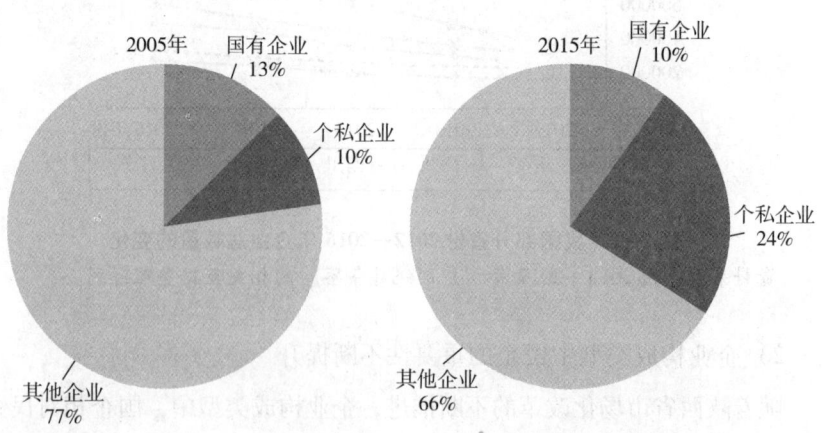

图 3-3　2005 年与 2015 年各类企业吸收的就业比重情况对比

资料来源：由 2006 年、2016 年《陕西统计年鉴》的相关数据计算得出。

3）陕西省企业竞争力不强

地区的企业竞争力可体现为该地区在 A 股上市、新三板挂牌的企业数和全国五百强企业个数的多少，一般来说，A 股/新三板企业、五百强企业都是企业中的优秀代表，这些企业在自身快速发展的同时，能够对地区经济发展起到巨大的推动作用，成为一个地区参与国内外市场竞争的主体。图 3-4 中，我们看到所研究的 6 个省份里，北京和江苏的企业竞争力很强，因为两省拥有的 A 股/新三板企业数和全国五百强企业数很多，处于中等水平的省份有湖北、四川和安徽 3 个省份；而陕西的 A 股/新三板企业数和全国五百强企业数分别为 216 家和 7 家，均是 6 个省份当中的最低水平，所以陕西省的企业竞争力亟待提高。

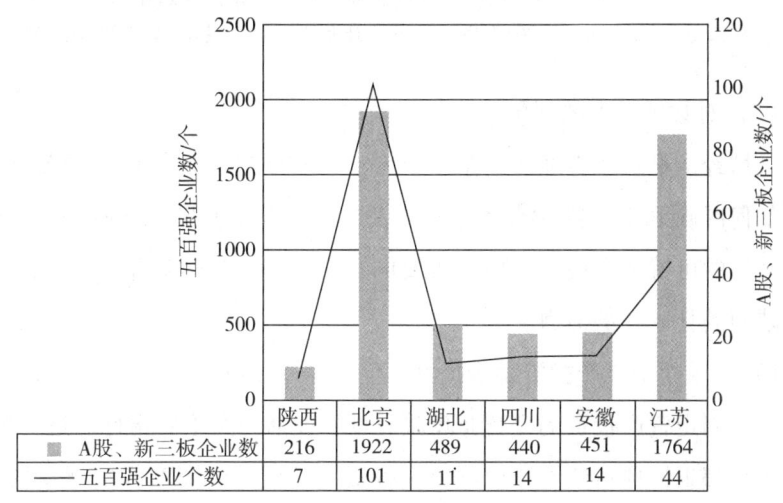

图 3-4　我国部分省份的企业竞争力对比

资料来源：由中商产业研究院数据库的相关信息整理得到。

4）陕西省企业创新能力基本平稳，与其他省份差距较大

企业的创新力用规上工业企业的新产品销售收入与开发新产品经费的比值来度量，其比值越大，代表新产品的单位投入带来的产出越大，企业创新能力就越强。可以从图 3-5 中看出，2012—2016 年，陕西规上工业企业的创新力水平基本平稳，不像四川、北京两个省份的波动幅度较大，另外，江苏、安徽和湖北的企业创新力在逐年提高。

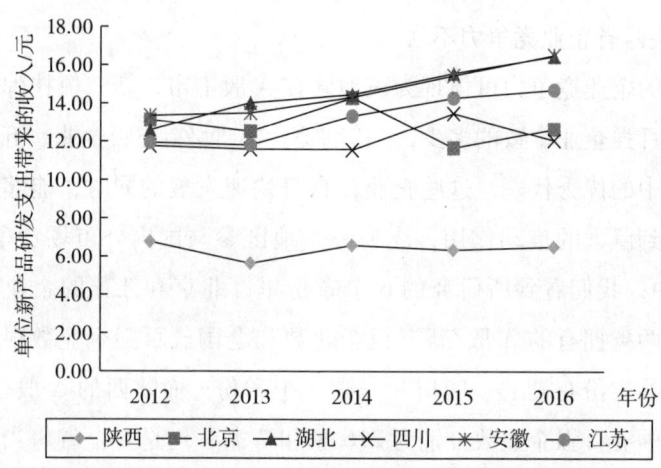

图 3-5 我国部分省份的企业创新力变化情况对比

数据来源：根据 2013—2017 年《中国统计年鉴》的相关数据计算整理得到。

(2) 对县域活力的评价

县域经济是陕西省经济的基本单元，是实现追赶超越目标的关键发力点。如何准确地评价县域的经济发展活力，对于促进我国县域经济，以及区域经济的可持续发展具有极其重要的意义。我们通过以下几个方面分别评价陕西的县域经济活力。

1) 县域固定资产投资稳步提升，但增速逐步放缓

县域固定资产投资的变化是反映县域建设活力的重要指标。近5年来，全省各地都狠抓项目建设，以项目促投资，县域固定资产投资保持快速增长。2016年，全省县域完成固定资产投资 9565.62 亿元，县均 119.57 亿元，是 2011 年的 2.4 倍，年均增长达到 19.1%。有 39 个县全年固定资产投资超过 100 亿元，比 2011 年增加 31 个。具体数据如图 3-6 所示。

2) 县域经济活力主要来源于传统行业

就实体经济资源在县域的分布情况来看，其分布比例在一定程度上代表着县域经济活力和发展潜力，如图 3-7 所示。2013 年第三次经济普查资料显示，实体经济资源在县域大量聚集，表现出不同的数量特征。其中，全省工业企业有 54.7% 集聚在县域，批发零售业企业 34% 集聚在县

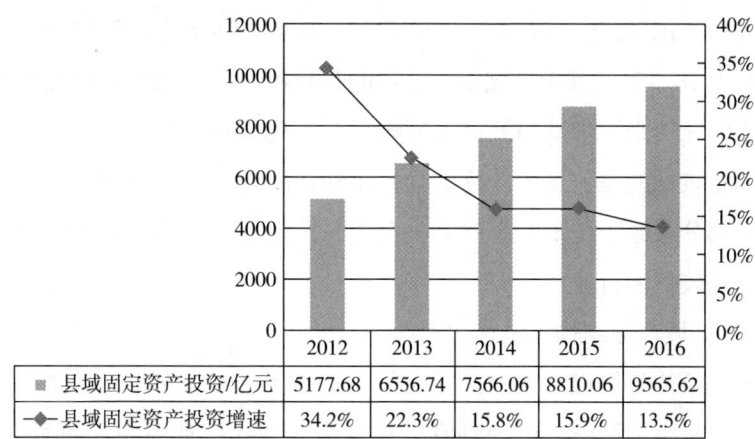

图3-6 陕西省十二次党代会以来县域固定资产投资及增速情况

资料来源：根据陕西省统计局发布的全省信息整理得到。

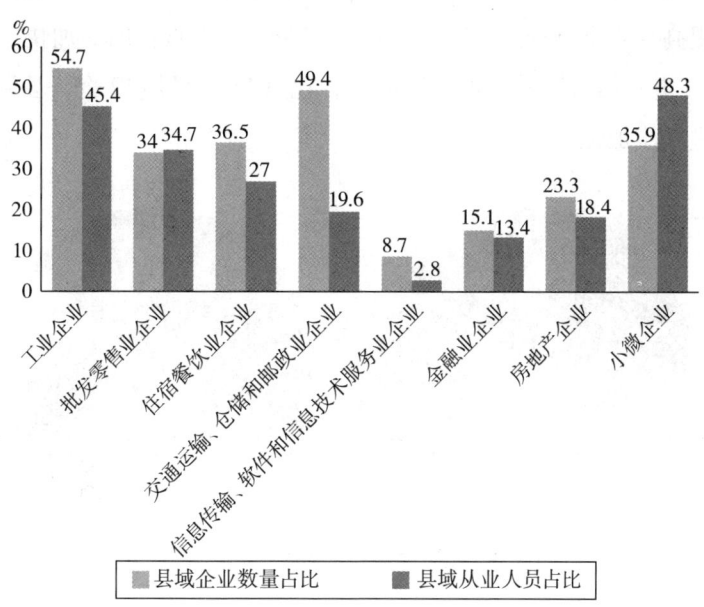

图3-7 2013年县域中各类企业占全省比重

域，住宿餐饮业企业36.5%集聚在县域，交通运输、仓储和邮政业企业49.4%集聚在县域，信息传输、软件和信息技术服务业企业8.7%集聚在县域，金融业企业和房地产业企业分别有15.1%、23.3%集聚在县域，小微企业35.9%集聚在县域。上述八类企业在2013年年末的从业人员占全省的比例依次为：45.4%、34.7%、27%、19.6%、2.8%、13.4%、18.4%和48.3%。其中县域小微企业的数量占比为35.9%，但是其创造就业岗位的能力强，带动的就业人员数量占比达到48.3%；另外，县域企业数量占比较低的是信息软件技术服务业和金融企业，说明陕西省县域经济活力大部分来源于传统农业及工业企业、批发零售业和住宿餐饮业等科技含量水平较低的行业。

3）县域产业结构不断优化

产业结构是体现县域经济活力的一个重要指标。5年来，陕西省各地都加快产业结构调整，因地制宜，积极构建现代产业体系。如图3-8所示，2016年，全省县域产业结构为14.5∶53.9∶31.6，与2011年相比，第一产业占比下降0.3个百分点，第二产业占比下降6.1个百分点，第三产业占比提高6.4个百分点。特别是第三产业，发展步伐明显加快，全省有26个县（市）第三产业比重超过40%，比2011年增加12个，县域经济活力得到进一步加强。

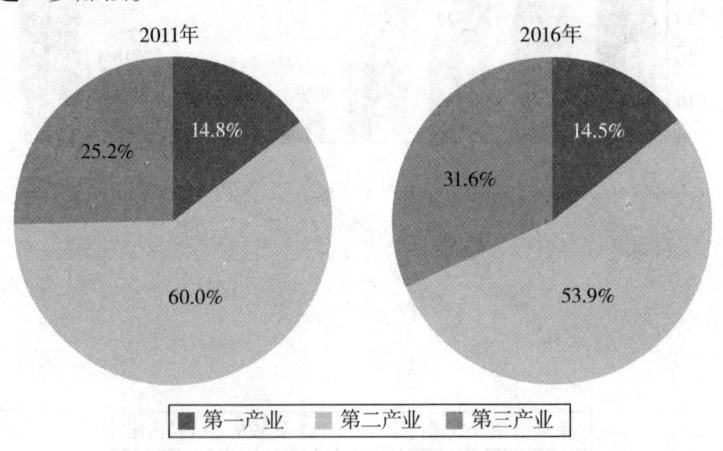

图3-8　2011年和2016年县域产业结构对比

4）县域农业现代化进程较为缓慢

农业现代化进程，也是反映县域活力的一个重要指标，我们在此采用一年内农业劳力综合生产率来测度，其公式为 $\frac{农业劳动力创造的产值}{农业劳动力数量}$，单位是元/人,之所以采用该指标,是因为在传统农业向现代农业转化的过程中,逐渐利用现代工业、现代科学技术和现代经济管理方法进行农业生产的直接体现就是农业劳动力人均产出的增加。可以从图3-9中看到,江苏是所研究的5个省份中农业现代化程度最高,农业劳动力人均产出高于全国水平至少25000元;而陕西、湖北、青海和重庆4个地区的农业生产率均处于全国平均水平之下,其中重庆和湖北从2014年开始生产率迅速提高,2016年已经超过陕西的农业综合生产率;图中陕西和青海两个西北省份的农业劳力综合生产率的年增长率较低,表现出其农业现代化进程进行得比较缓慢,制约了县域活力。

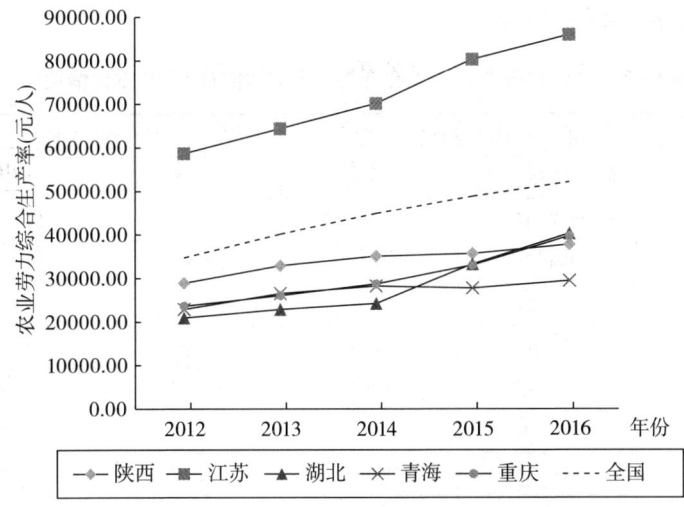

图3-9 2012—2016年我国部分省份的农业劳力综合生产率情况对比
资料来源:根据5个省份及全国2013—2017年的统计年鉴计算整理得出。

(3)对市场活力的评价

市场指的是交易的场所以及在该场所发生的所有交易行为。市场的活力主要体现在市场的竞争程度、市场开放度、对外部资金的吸纳程度3个方面。

1)非公经济不断壮大,市场竞争程度增强

一个市场的竞争程度越强,越显示出这个市场有着蓬勃的发展活力。

而我们可以用市场中非公经济的发展程度来度量竞争强度。

如表3-2所示，2016年陕西省非公经济增加值总量不断攀升，相较于2015年的9630.16亿元，首次突破万亿元，达10430.18亿元。而且非公经济增加值占全省GDP比重稳步提高，达到53.8%，较上年提高0.4个百分点。非公经济对全省经济增长的贡献率达57.9%，拉动GDP增长4.4个百分点。大多数市、区的非公有制经济增加值及GDP占比相较2015年都有所提高，2016年各市、区（除延安市和榆林市外）非公有制经济占比均达到了50%左右。在此基础上，我们要继续壮大非公经济的发展，要为非公经济营造一个更加公平、更加和谐的市场环境，力争使非公经济占生产总值比重超过60%。

表3-2 陕西省各市、区非公有制经济增加值及GDP占比情况

地区	非公有制经济增加值/亿元		占GDP比重	
	2015	2016	2015	2016
全省	9630.16	10430.18	53.4%	53.8%
西安市	3060.38	3314.2	52.8%	52.8%
铜川市	154.25	160.73	50.2%	51.6%
宝鸡市	895.61	974.65	50.1%	50.4%
咸阳市	1121.6	1267	52.1%	53%
渭南市	695.19	736.92	48.6%	49.5%
延安市	280.77	282.99	23.4%	26.1%
汉中市	545.6	595.87	51.5%	51.5%
榆林市	1021.56	1164.48	41%	42%
安康市	408.86	467.37	54.2%	55.5%
商洛市	328.45	375.42	53.1%	54.2%
杨凌示范区	56.78	66.15	53.6%	55.5%

资料来源：由2016年、2017年《陕西省统计年鉴》整理得到。

2）陕西省市场开放度较小，低于全国水平

市场活力的大小重点体现在市场开放程度上，因此采用市场开放度来反映市场活力。市场开放度是某区域在一定时期内进口额与GDP之比，反映了外国的劳动、资本、土地、企业家才能等各种生产资料在本地区范围

内被允许进行的交换活动的开放程度。市场开放度与市场活力成正比，市场开放度低则市场活力也低。如图3-10所示，研究的5个省份中，江苏的进口额占GDP比重水平最高，高于全国水平3个百分点左右；其他省份开放度水平均处于全国水平之下，其中重庆的市场开放度水平位居第3位，但是其波动性较大；青海的开放度水平最低，进口额占GDP比重低于0.6%；陕西和湖北两个省份地理位置相邻，市场开放度水平也都处于较低水平，从2013年开始，陕西进口总额占GDP的比重逐渐超越湖北，且二者差距越来越大。整体而言，近年来各省份的市场开放度水平都有下降的趋势。

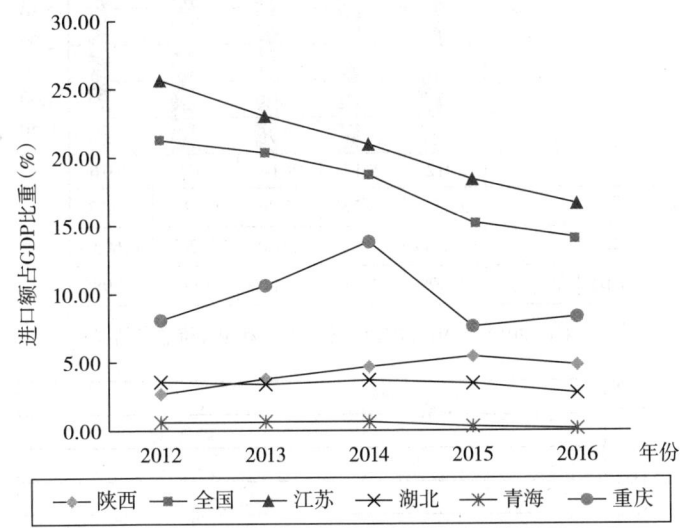

图3-10　2012—2016年我国部分省份市场开放度情况对比

资料来源：根据5个省份及全国2013—2017年的统计年鉴计算整理得出。

3）陕西省外资吸纳程度逐年提升，增速高于全国水平

一个市场对外部资金的吸纳程度越高，注入这个经济体的新活力就越大，从而影响到该市场的资金流向、产业转型、发展潜力等方面。我们采用实际利用外资额来评价市场对外部资金的吸纳程度。如图3-11所示，2012年至今，陕西省实际利用外资总额在逐年上升，2016年的实际利用外资总额是2012年的1.7倍左右；从陕西省占全国实际利用外资总额的

比重来看，2012年占比为2.59%，逐年上升到2016年的3.98%，总体形势向好；从实际利用外资总额的增速来看，随着实际利用外资总额基数的扩大，陕西的增速从2013年开始一直在下降，2016年跌落到了8.5%，但陕西实际利用外资总额的增速一直高于全国水平，说明陕西作为一个西北地区的省份，对外部资金的吸纳能力正在逐年提高，市场活力不断向好。

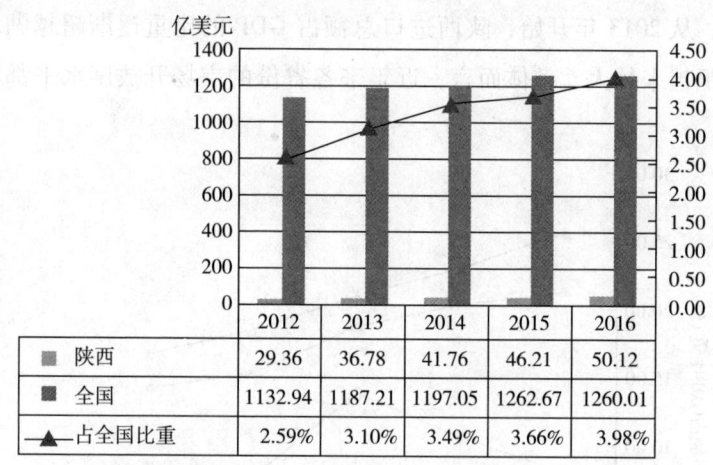

（a）2012—2016年陕西与全国实际利用外资总额情况对比

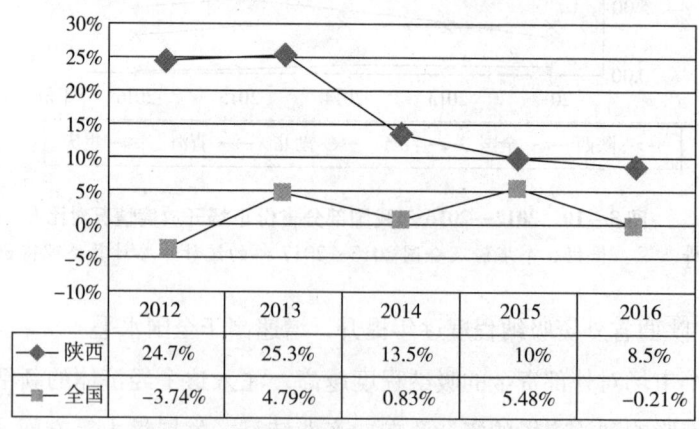

（b）2012—2016年陕西与全国实际利用外资额增速情况对比

图3-11 2012—2016年陕西与全国实际利用外资额情况对比

资料来源：由2017年陕西统计年鉴和全国统计年鉴相关数据整理得到。

(4) 对人才活力的评价

"人才活力"指的是有知识、有能力、能够进行创造性劳动的人的生存、发展,以及抓住机遇更新创造的能力。我们对人才活力进行评价时,借鉴刘军(2006)、黄忠仪(2011)等对城市人才活力评价与实证研究的成果,并考虑到数据的可获得性对评价指标进行筛选,采取以下指标进行测度:

1) 陕西高等人才占比逐年上升

选择人才学历比例来说明地区整体人才的动态成长性大小,是因为它反映了城市人才整体受教育程度的高低,是一个城市人才活力的内在素质体现。人才学历比例为具有本科及以上学历人才占中专学历以上人才(即人才总量)的比例,定义其为正指标。图3-12中描述了陕西省和全国人才学历比例近5年的变化情况,可以看出,陕西省的高等人才占比逐年上升,2016年达到了75.72%,但是5年来一直低于全国平均水平,故陕西省应加大对高学历人才的培养力度,提高人才学历比例,激发内在的区域人才活力。

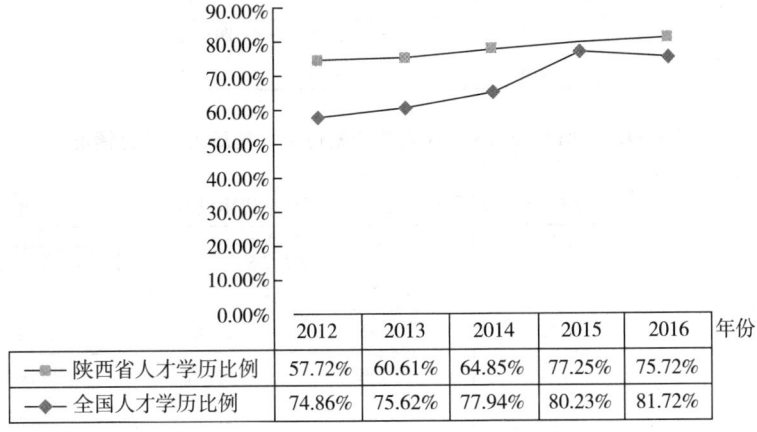

图3-12 2012—2016年陕西与全国人才学历比例变化情况对比

资料来源:由2013—2017年陕西统计年鉴和全国统计年鉴相关数据计算整理得到。

2) 陕西人才创新能力逐年提高

我们采取每万名从业人员拥有专利申请量作为该因素的计算指标,因为它可以反映人才创新的活动成果,其公式为 $\frac{专利申请量}{总从业人员} \times 10000$,是人才活力的正指标。如图3-13和表3-3所示,我国7个省份的人才创新成果变化情况形成了鲜明的对比,创新能力领先的是江苏省,其次是浙江,陕西位居第3位,且陕西的创新能力相较于四川、湖南、河南等几个内陆省份来看,是占有比较优势的。

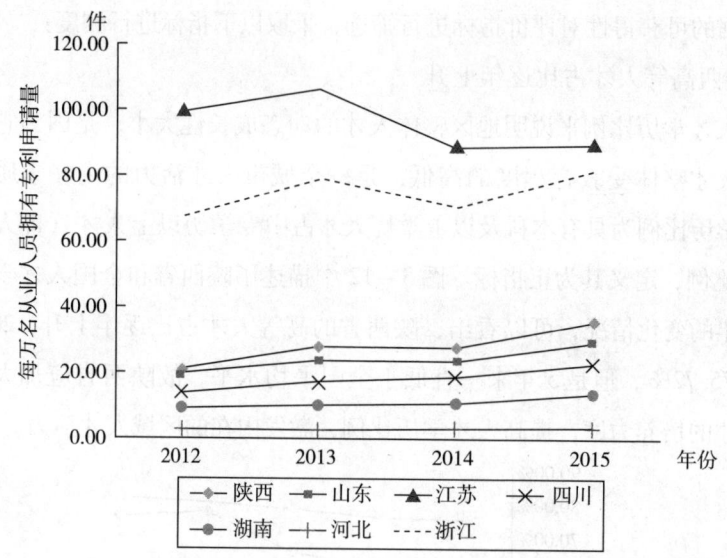

图3-13 2012—2015年我国7个省份人才创新成果变化情况

表3-3 每万名从业人员拥有专利申请量   单位:件

省份	2012	2013	2014	2015
陕西	21.16	27.84	27.82	36.17
山东	19.62	23.58	24.01	29.13
江苏	99.31	105.99	88.62	90.02
四川	13.82	17.12	18.86	22.85
湖南	8.88	10.24	10.93	13.69
河南	2.51	2.83	3.32	3.58
浙江	67.56	79.28	70.39	82.30

资料来源:由2013—2016年7个省的统计年鉴计算整理得出。

3)陕西省各区、市的人才吸引力不均衡

一个地区的人才吸引力包含着丰富的内涵,是城市人才活力的一个重要外化,人才吸引力的大小显然是影响人才活力的基础因素,人才吸引力的不断提升，给城市带来的是大批活力人才的集聚和人才更多的发展与更多的活力提升机会。此处选用《中国城市竞争力报告2017》中的城市竞争力排名为指标，来度量陕西的人才吸引力。

表3-4 陕西各城市竞争力排名

城市	全国排名		
	综合经济竞争力	宜居竞争力	可持续竞争力
西安	29	13	17
咸阳	87	191	77
榆林	108	132	196
宝鸡	134	66	124
渭南	136	230	244
汉中	211	162	161
延安	216	125	86
安康	240	194	250
商洛	250	263	270
铜川	273	155	251

资料来源：中国社会科学院城市与竞争力指数数据库、陕西城市竞争力区域报告。

从表3-4中可以看出，省会城市西安一枝独秀特征明显，关中城市群其他城市竞争力不强。西安宜居城市竞争力和可持续竞争力分别排名第13位和第17位，均在全国前20强内，特别是西安可持续竞争力相比2016年上升了10个位次。整体来看，西安在省内所有城市中独占鳌头，其他城市排名状况堪忧。

3.2.3 陕西经济发展活力中存在的问题

上述部分我们用了18个具体的三级指标对陕西经济活力进行了较为全面、具体的评价，通过指标测度和省份对比，总结出陕西经济发展活力中存在的问题，以便准确地判断出症结所在，并有针对性地做出改善。

（1）企业规模小，且竞争力和创新力不强

陕西省企业基数小，且增长速度低。2016年陕西省的企业个数为287034家，相比上年增加了3万家左右，企业数量近4年的年平均增长率约为12.8%，但是和北京、江苏、湖北以及安徽的企业数量增长率相比，要低4~6个百分点，而且由图3-1可知，陕西近5年来企业规模也一直是5个省份当中最小的。

陕西企业的竞争力和创新力较差。如图3-14所示，无论是其拥有的A股/新三板企业数，还是全国五百强企业数，陕西省占全国的比重都很低，依次为1.43%和1.4%，落后于企业竞争力处于中等水平的湖北、四川、安徽三省，和北京、江苏相比更是相差甚远。可见陕西的企业竞争力水平是6个省份中最差的；另外，我们由图2-5可知，在考察的6个省份当中，陕西省的企业创新力即单位新产品研发支出带来的销售收入变化尽管平稳，但是一直处在最低水平，是其他5个省份的1/2左右。

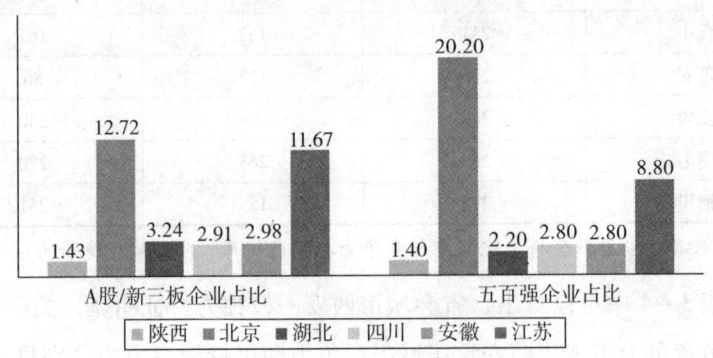

图3-14 我省部分省市企业竞争力的对比情况
资料来源：由中商产业研究院数据库的相关数据计算整理得到。

（2）县域农业现代化程度低，产业结构不够均衡

通过前文的分析，发现陕西的农业生产率不但处于全国平均水平之下，而且其农业现代化的进程也要落后于全国，农业现代化程度低直接导致了陕西省较低的农业劳力综合生产率。我们知道，农业现代化水平越高，越有利于降低作业成本，减轻劳动强度并提高农业生产效率，故陕西较低的农业现代化水平制约了其县域经济活力。

由图3-8可知，2016年县域产业结构中第二产业占比高达53.9%，而第三产业占比只有30%左右，相比2016年全国的第二、第三产业结构

比39.8:51.6来讲，陕西省县域产业结构不够均衡，尤其是信息传输、软件和信息技术服务业、金融业等现代服务业发展不起来，成为陕西县域经济发展的"短腿"，也是产业结构不优的主要症结所在。

（3）市场竞争程度和开放度均低于全国平均水平

非公经济对经济社会发展的贡献越大，意味着其发展程度越高，越能体现出市场的活力。2016年陕西省非公经济对全省经济增长的贡献率达到57.9%，吸收就业率占比为25%左右。但是非公有制经济对全国的国民生产总值贡献超过60%，城镇就业超过80%，对新增就业贡献达到90%，可以看出陕西的非公经济发展与全国水平差距还是很大的，尤其在就业贡献方面。所以陕西的市场环境还需进一步公平化、透明化，以进一步壮大非公经济，做强整体规模。

另外，陕西省的市场开放度较小，即进口额占GDP的比重较低。由图3-10可知，陕西市场开放度从2012年到2015年逐步提高，但2016年又呈下降趋势，并且整体水平低于江苏、重庆和全国平均水平，和全国平均水平相差了10个百分点左右，故陕西市场开放度提升的空间很大。另外，虽然陕西省近年来在吸引外资能力方面提升较快，但外资利用的绝对量太小，整体开放程度仍较低，导致其市场新活力不足。

（4）人才创新能力较低且全省各地区的人才吸引力分布失衡

我们以每万名从业人员拥有专利申请量来反映人才创新力，其值越大表示人才创新的活动成果越多。如图3-13所示，陕西的人才创新力虽然在江苏、浙江之后，位居第3，但是每万名从业人员拥有的专利申请量却是浙江的1/2左右，2012—2015年4年的年平均每万名从业人员拥有的专利申请量是江苏省平均水平的1/3左右，可以看出陕西和这两个沿海省份的差距是巨大的；整体来看，内陆地区的人才创新力远不如沿海地区，需要在人才引进及培养、创新能力激发等方面下大功夫。

2016年，陕西省综合经济竞争力指数为0.074，为全国第18位，相比上年上升了3位，但方差和2015年相比并无显著变化，位于全国第16，说明陕西省各城市在综合经济竞争力方面差距依然存在，即省内各地区的人才吸引力分布失衡。关中城市群除西安之外，其他城市在可持续竞争力方面表现差强人意，仅咸阳位于第77，其他城市如宝鸡、渭南、铜川等都在百名之外。各项竞争力指标排名在200名以外的城市对人才的吸引以及利用状况更是让人担忧。

3.3 新时代陕西经济发展新活力的影响因素

前面通过多个指标对陕西省经济发展新活力进行了多维度、全方位的评价，并相应地总结了存在的问题。下面将借鉴前人的研究，并从事实经验出发，分别从企业活力、县域活力、市场活力和人才活力4个方面来阐述其各自的影响因素，以便找到激发新活力的高效路径和对策。

3.3.1 企业活力增强的影响因素

第一，国企改革的程度。随着中国经济受国际环境变化和国内经济结构调整、动能转换等因素的影响，国企生产经营遇到了诸多困难与挑战，在高速增长时期积累的矛盾和问题逐渐显现。当前情势下，国企改革的意义就是优化资源配置、提高管理效率、调整供给结构、加快转型升级、减轻企业负担。

虽然陕西国有企业的数量少，但是对经济做出的贡献不容小觑。党的十八大以来，陕西省坚定不移深化国企改革，各项工作取得了明显成效，企业各项经营指标持续向好。2017年上半年省属企业有效投资实现显著增长，1—6月，省国资委监管企业完成固定资产投资457.5亿元，同比增长21.5%。在全国地方国资委排名中，陕西省监管企业资产总额和所有者权益居第5位，利润总额居第9位，营业收入居第6位，净资产收益率居第12位。目前，全省国有企业紧盯"三个一"目标：经济规模继续处于第一方阵，经营绩效平均每年上升一个位次，培育和发展一批大企业、大集团，围绕落实"五新"战略任务，深化国企改革，释放发展活力，为全省追赶超越增添强劲动力。

第二，企业活力的增强离不开减税降负等财政支持。实践证明，企业税负更多是制度层面的问题。制度性成本也称体制性成本,主要是指企业因遵循政府制定的各种制度、规章、政策而需要付出的成本。这是企业自身努力无法降低的成本,只有依靠政府深化改革、调整制度、政策,才有可能为企业减负。

减税降负实质是用政府收入的"减法",换取企业效益的"加法"和市场活力的"乘法"。如图3-15所示,经调查,2017年第一季度在526家受益优惠政策的企业中,受益于创新支持和减税降费政策的企业比例最高,分别为29.7%和30.4%,明显高于其他选项;与上年第四季度相比,创新支持政策惠及面提高2.9个百分点,减税降费下降2个百分点。受益简政放权政策的企业比例居第3位,为16.6%,比上年第四季度提高了0.4个百分点。

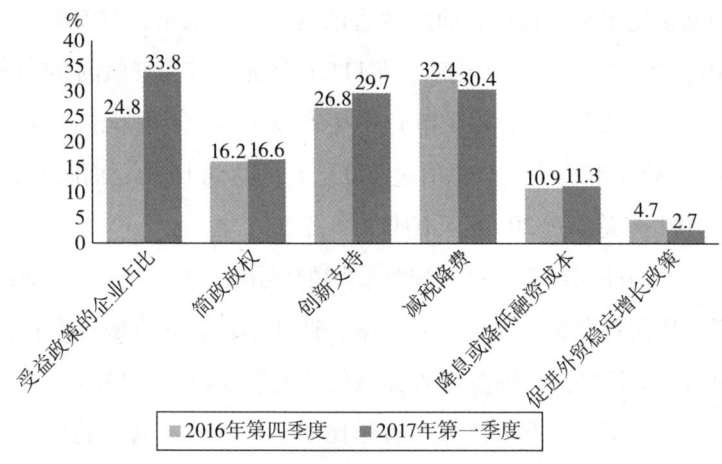

图 3-15 企业受益的政策措施惠及面

资料来源:根据陕西省统计局发布的全省信息整理得到。

第三,体制机制的完善程度影响陕西省企业活力。改革开放30多年来,我国经济发展的基本经验之一就是肯定了市场经济在资源配置当中的决定性作用。激发企业新活力,归根结底还要取决于市场经济体制的完善程度。从这个意义上讲,改革国有企业,尽快形成国有经济与非国有经济之间公平的竞争才是当前最重要的核心之一。事实上,公平的市场环境本身就能在很大程度上降低市场的交易成本,并在实现企业的效益最大化目标上发挥关键性作用,即企业竞争环境的改善可以激发企业活力。2017年以来,陕西省在这方面也作了努力,如放宽各种投资限制、深化"放管服"改革、培育"亲""清"新型政商关系、缓解企业融资难题等举措。

3.3.2 县域活力提升的影响因素

县域经济是国民经济的重要组成部分,"县强则省强",没有发达的县域就没有发达的省域。制约陕西省县域经济活力的,主要有以下几个方面的因素:

第一,县域活力很大程度上取决于县域经济规模的大小。经济规模大的县区,相应地会较快实现农业现代化、工业产业转型升级,以及市场消费水平和城镇化水平的提高。而陕西省的县均规模偏小,与安徽、内蒙古相比,2016年陕西省县均生产总值111.6亿元,仅为安徽的58.7%、内蒙古的73.9%。安徽61个县(市)中生产总值过200亿元的达到24个,内蒙古80个县(市)中生产总值过200亿元的达到16个,而陕西省80个县(市)中生产总值过200亿元的仅有8个。

第二,结构性问题会直接影响到县域的经济活力。良好的产业结构可以最优程度地配置资源,提高发展效率,产业结构优化升级也是提高经济综合竞争力的关键举措。而陕西省县域的产业层次较低,2016年,县域经济第一、第二、第三产业占比与全省相比,呈"两高一低"趋势,第三产业占比低于全省10.6个百分点。

第三,区域协调与收入分配公平有利于增强县域经济活力。因为从县域经济发展的长远来看,区域发展差距和城乡居民收入差距的拉大势必会阻碍县域经济的发展活力。2016年,关中、陕北、陕南县域经济占全省县域经济的比重分别为44.7%、32.1%、23.2%,与2011年相比,关中、陕南占比分别提高了6.4%和6.3%,陕北县域占比下降12.7%,三大区域县域经济发展更加平衡。但近年来,城乡居民收入的绝对差距在不断拉大,2013年全省城乡居民人均可支配收入差距为15254元,逐年上升到

2016年的19044元。2016年,全省有49个县(市)农村居民人均可支配收入低于全省平均水平,占全省县域总数的61.3%。

3.3.3 市场活力激发的影响因素

第一,"放管服"改革会影响市场活力。评价一个市场的活力可以根据非公经济的发展情况,而非公经济的活力从哪里来呢?就是要看简政放权和优化服务的力度,现在民企需要跑的手续和环节少了很多,这是简政放权的成效。但有些事依然难办,例如,要将在一个省份生产的同一种产品迁移到另一个省份生产,从政府审批到施工许可,大约需要半年的时间。所以,要激发非公经济活力以带动市场整体活力,政府部门还要进一步在优化服务上下功夫。2017年,省政府印发了《陕西省人民政府关于深化"放管服"改革全面优化提升营商环境的意见》和《陕西省人民政府关于进一步加强事中事后监管工作的意见》,都是为了可以深层次地激发市场活力。

第二,市场开放度的提升有利于激发市场活力。尽管陕西省做到了充分利用外贸促进经济发展,但是在开放度上,与江苏、重庆和全国平均水平相去甚远。所以陕西应进一步向西开放,把握好"一带一路"和自贸区建设的机遇,通过扩大市场开放度,加强与中亚各国在能源资源、装备制造、商贸旅游、现代农业等领域的合作,通过扩大开放来激发市场活力并提升发展质量。

3.3.4 人才活力调动的影响因素

第一,地区发展,人才先行,如何通过有效的措施吸引优质人才是区域发展的关键。除了营造良好的经济环境外,社会环境、生态环境也是决定人才是否集聚的主要因素。近年来,依靠科技创新的推动,陕西大力培育新支柱产业,2017年将深入实施创新驱动战略,加快新旧动能接续转换,其主要路径之一就是大力培养和引进"高精尖缺"人才,全面提高创新供给能力,加快发展新经济,实现从要素驱动、投资规模驱动发展为主向创新驱动发展为主转变。2017年2月,陕西发布人才强省重磅文件《关于进一步激发人才创新创造创业活力的若干措施》（以下简称《若干措施》），现在出台政策就是要吸引各类人才到陕西创业，也是为了能留住本地人才。

第二，人才激励机制能否创新制约着人才活力的全面调动。陕西省通过的新修订的《陕西省促进科技成果转化条例》中规定："国家设立的研究开发机构、高等院校的科技人员可以按照有关规定，经所在单位同意，通过离岗创业、在岗创业或者到企业兼职等方式，从事科技成果转化。"其实是鼓励企业与国家设立的研究开发机构、高等院校及其他组织建立科技人员双向流动、项目合作等人才交流机制。另外，《若干措施》提出要在简政放权的基础上，对高校、科研院所、公立医疗卫生机构等事业单位采取更加灵活的编制管理方式，同时保障人才科研成果收益权，下放人才评价权、职称评审权，完善社会化人才服务体系，加大对高层次人才（团队）的持续激励，并不断优化人才服务保障环境，不断使体制创新带动科技创新，使人才的原动力得以激发。

3.4 新时代陕西经济发展新活力激发的对策

针对制约陕西发展的突出问题和薄弱环节，只有深挖根源、整合资源、综合施策，才能最大限度地补齐发展短板，激发经济新活力。现阶段，陕西已经进入了以数量追赶期、质量超越期、发展模式创新期"三期叠加"为特征的追赶超越阶段（2016—2030年）。在新的发展阶段，陕西也有着新的定位：实现经济增长数量和质量的同步提升；使产业结构更加高级化和合理化；增长动力实现从投资和要素驱动转变为创新驱动。那么陕西该如何应对现阶段和以后经济转型中的诸多挑战，将自身优势转变为追赶超越胜势呢？

3.4.1 增强企业活力的对策

第一，深化国有企业改革。不断深化国有企业混合所有制改革，提高国有企业的经营效益和市场竞争力。明确国有企业经济布局，适度缩小国有经济的投资面，适当降低国有企业在能源、化工、钢铁等战略性竞争产业的参与度，在纺织、食品、普通机械制造等一般性竞争行业也要尽量退出。另外，要增强国有企业之间的协同性，完善信息共享机制，减少因地区差异、隶属关系的不同而产生的信息沟通受阻和重复建设。

第二，扶持民营经济发展。放宽民营资本准入限制，打破一般竞争性领域的行业垄断。进一步消除体制性障碍，提高民营企业的经济参与度，充分发挥民营经济的创造力，同时营造有利于民营企业等各种经济成分参与的公平、公开的市场环境。建立健全信息服务平台，定期推送行业动态，逐步解决信息沟通不畅的问题；完善税收减免和资金补贴政策，降低民营企业的融资成本和经营费用。民营经济是非公经济的重要方面，在促进陕西省民营经济发展的同时，应兼顾外商投资和港澳台投资经济，以提高非公经济在陕西省企业中的比重，激发企业与市场的活力。

第三，提升自主创新能力。企业需要提高科技创新能力，应对市场竞争，以加快产业转型，向附加值更高的上游产业领域迈进；政府应引导企业走"专精特新"之路，并且应围绕企业成长所需要的制度和市场环境进行改革，让企业做大做强，提高在中国500强和A股/新三板企业中陕西企业的数量，增强陕西企业在全国以及国际上的竞争力。

3.4.2　提升县域活力的对策

第一，狠抓结构调整，促进产业优化。调结构是县域经济发展的重点，一是做优第一产业。推进拳头农产品品牌建设，提高知名度，以省级现代农业示范园区为依托，推进特色农业集约发展，提升规模效益。二是做强第二产业。要抓好省级县域工业集中区建设，围绕核心企业、龙头企业和关键项目的产品延伸配套，做强做大县域工业集中区。三是做大第三产业。除了把旅游产业打造成县域经济发展新支点，还要大力发展县域电子商务产业，加快电商培育、人才培养、基础设施建设，推进电商与实体经济对接。

第二，依靠科学技术，促进农业现代化。总体而言，陕西农业科技力量较弱，农业现代化建设的科技创新驱动力明显不足，有很大的提升空间，应强化公益性农技推广机构，包括农技推广体系、质量安全体系、动植物疫病防控体系、农业农村信息体系、农经服务体系和农产品市场营销体系等的建设；另外，应坚持市场导向，突出比较优势，积极推进陕西三大区域的特色农业板块建设。

第三，加快城镇建设，促进城乡发展一体化。一要突出重点，把县城作为城市来规划建设，把35个重点示范镇和31个文化旅游名镇作为县域副中心来打造，发挥其示范引领作用。二要加大县城、中心镇公共基础设施投资力度，努力与全面小康标准要求相协调。三要大力发展城镇产业，推进产城融合，使有条件的农民进城入镇留得住、能致富。统筹教育、医疗资源，合理布局，实现城乡一体化新突破。

3.4.3 激发市场活力的对策

第一，促进非公经济发展。非公经济的发展程度是一个市场发展活力的重要体现，一要提高工业非公占比，特别是推进规模以上国有企业混合所有制改革。二要提高服务业非公占比，壮大有限责任公司和私营企业两大主体。三要大力培育个体、私营经济，积极推动"大众创业，万众创新"，形成有利于非公经济发展的良好氛围，推动个体、中小微企业快速成长，实现经济发展市场活力的新突破。

第二，扩大对外开放。要大力开展招商引资，以资源、产业优势吸引并调动FDI和沿海发达地区优质生产要素为我所用；要加强与周边省份接壤、毗邻经济区的经济合作，推动共享发展；要抢抓"丝绸之路"建设新机遇，加强陕西省与丝路沿线地区的交流，扩大产业合作，释放优质产能，实现陕西省市场对外开放新突破。

第三，持续深化改革。陕西省应进一步持续推进"放管服"改革，深化投融资体制改革，进一步加大价格改革力度；深化市场体系改革，加快扩大市场准入负面清单制度试点，深入推进社会信用体系建设，全面实施公平竞争审查制度，保障市场公平竞争；深化商事制度改革，减少行政审批，降低市场主体准入门槛，积极鼓励"大众创业，万众创新"，加快培育市场主体；深入推进全面创新改革试验，加快构建开放型经济新体制，加快生态文明体制改革等。

3.4.4 调动人才活力的对策

第一，建立更加完善的人才吸引体系。人才是企业产品或工艺创新活动的首要因素，对焕发企业和市场活力起着至关重要的作用。因此，要在注重地区的经济、社会和生态等方面基础建设的前提下，围绕重点领域发展，加强人才需求预测，制定吸引创新人才流动的人才政策，加大对产业专家、领军人才和工程技术人员的培养力度，同时利用外部智力资源，加大国内和国外人才的引进力度。

第二，不断优化人才服务保障环境。特别是对于高层次、特需人才，要给予充分的补贴和税收优惠，优化高层次人才子女入学政策，完善高层次人才医疗保健待遇，为来陕创新创业的高层次外籍专家提供停居留和往来便利，建立高层次人才服务"一卡通"制度。另外，企业需要合理配置，做到人尽其才，才尽其用，增强对核心人才的长期吸聚能力，避免人才流失。

第三，深入推进全省人才发展体制机制改革。尤其在深入推进放权松绑方面，要在简政放权的基础上，对高校、科研院所、公立医疗卫生机构等事业单位采取更加灵活的编制管理方式，同时保障人才科研成果收益权，下放人才评价权、职称评审权，完善社会化人才服务体系，加大对高层次人才（团队）的持续激励。有关部门要增强服务意识，通过政策引导和市场配置支持人才贡献才智。

4 新时代陕西经济发展新生活的共建

陕西省要决胜全面小康、奋力追赶超越，为此，陕西省第十三次党代会提出"五新"战略，即"培育新动能、构筑新高地、激发新活力、共建新生活、彰显新形象"，"五新"战略中的"共建新生活"战略是陕西省全面建成小康社会、经济发展追赶超越的最终目标。本章解析了"共建新生活"战略的具体内涵，建立科学的指标体系，分析评价陕西省共建新生活的建设现状，剖析存在的问题，并提出解决问题的路径和对策。

4.1 新时代陕西经济发展新生活共建的内涵

共建新生活的内涵是具体的，而不是抽象的，包含以下5个方面。

(1) 促进就业增收，让群众生活更宽裕。落实城乡居民收入倍增计划，健全职工工资决定和正常增长机制，完善最低工资和工资支付保障制度，增加居民财产性收入，让居民收入增速高于经济增速。

(2) 改善基础条件，让群众生活更便利。解决城市交通拥堵问题，提升农村道路通行能力，确保城乡居民安全、便捷、畅通出行。

(3) 营造宜居环境，让群众生活更舒适。推进城乡一体化规划，推进美丽乡村建设和农村人居环境改善，让城乡居民的生活环境更加舒适、美好。提高陕西空气质量，解决陕西空气污染问题。

(4) 解决难点问题，让群众生活更舒心。全面深化教育综合改革，使得教育发展更加均衡。深化医疗卫生体制改革，使医疗服务体系更加健全。完善养老、医疗、失业等社会保障制度。

(5) 全力脱贫攻坚，让群众生活更自尊。坚持脱贫攻坚和区域发展相结合，因地制宜推广"企业+合作社+贫困户"模式，发展特色产业，实施生态扶贫，改善贫困地区生产生活条件，不断增强贫困地区和贫困群众的自我发展能力，陕西省委副书记毛万春指出脱贫攻坚是最大的政治任务，说明全力脱贫是共建新生活战略的核心任务。

4.2 新时代陕西经济发展新生活共建的现状评价

本书从新生活内涵入手，兼顾数据可获得性，建立了三级指标体系。

4.2.1 新生活共建评价指标体系的构建

如表4-1所示，本书确定了包含1个一级指标：新生活共建情况，5个二级指标：就业与收入、基础设施、居住环境、民生改善、扶贫脱贫，18个三级指标的新生活共建现状评价体系。

表4-1 新生活共建现状评价体系

一级指标	二级指标	三级指标	计量单位	指标属性
新生活共建情况	就业与收入	城镇居民登记失业率	%	负
		民营企业吸纳就业比重	%	正
		城镇居民人均可支配收入	元	正
		农村居民人均可支配收入	元	正
	基础条件	每万人公共交通车辆数	辆	正
		高速公路比重	%	正
		等级公路比重	%	正
	居住环境	文体娱投资额同比增速	%	正
		城市人均公园绿地面积	平方米	正
		建成区绿化覆盖率	%	正
		农村卫生厕所普及率	%	正
	民生改善	优良天数比重	%	正
		教育均衡县比重	%	正
		一本上线率	%	正
		每千人医生数	人	正
		城镇每万人医疗机构床位	床	正

续表

一级指标	二级指标	三级指标	计量单位	指标属性
新生活共建情况	民生改善	农村每万人医疗机构床位	床	正
	负	扶贫脱贫	贫困发生率	%

对于指标的详细解释如下：

（1）促进就业与收入

在促进就业与收入方面，本书用城镇居民登记失业率衡量就业情况。用民营企业吸纳就业比重，反映民营企业吸纳就业的能力。将民营企业吸纳就业比重定义为：城镇私营就业人数和个体就业人数之和占总就业人数的比重。用城镇居民人均可支配收入和农村居民人均可支配收入作为衡量居民收入水平的指标。

（2）改善基础设施

在基础设施方面，本书用每万人公共交通车辆数来衡量公共交通建设情况，将每万人公共交通车辆数定义为总人口数与公共交通车辆运营数之比。用高速公路比重来衡量高速公路建设情况，将高速公路比重定义为：高速公路里程数与所有公路里程数之比。用等级公路比重来衡量乡村公路建设情况，等级公路是指公路质量达等级标准以上的公路，它与所有公路里程数之比为等级公路比重。用文化、体育和娱乐业的固定资产投资额同比增速来度量陕西省文化、体育的发展情况。

（3）提升居住环境

在居住环境方面，本书用城市人均公园绿地面积和建成区绿化覆盖率来衡量城市居住环境。用农村卫生厕所普及率衡量农村居住环境，卫生厕所是指不污染生活水源、显著改善农村生活条件的厕所。用优良天数比重来衡量陕西省空气质量，将优良天数比重定义为：空气质量为优良的天数占总天数（365天）的比率。陕西省的优良天数，是通过各市、区优良空气天数的算术平均数而得。

（4）解决民生问题

在民生改善方面，本书用教育均衡县比重来衡量义务教育均衡发展情况,将教育均衡县比重定义为:达到国家义务教育均衡发展标准的县区占总县区的比重。用一本上线率来衡量高中阶段教育均衡发展情况。用每千人医生数和每万人医疗机构床位数来衡量医疗卫生发展情况。其中,将每千人医生数定义为:陕西省医生数除以人口数的值再乘以1000,每万人医疗机构床位数定义与其类似。

(5)扶贫脱贫

在扶贫脱贫方面,陕西省规定人均收入在2500元(2010年不变价格)以下为贫困人口,本书用贫困发生率来度量陕西贫困现状,将贫困发生率定义为当年的贫困人口数占总人口数之比。

4.2.2 新生活共建的现状分析

(1)就业

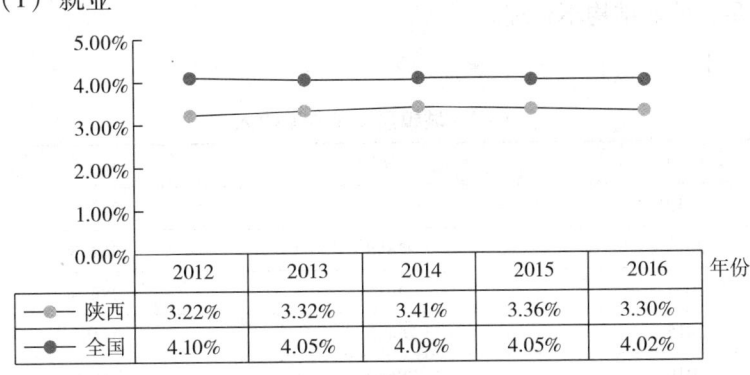

图 4-1 城镇登记失业率

资料来源:《陕西统计年鉴(2012—2016)》《中国统计年鉴(2012—2016)》。

如图 4-1 所示,2012—2016 年陕西省城镇登记失业率波动范围为 3.22%~3.30%,波动幅度不大。对比全国平均水平来看,陕西城镇登记失业率低约 0.7 个百分点,说明陕西就业情况好于全国平均水平。

如图 4-2 所示,2012—2016 年陕西省的民营企业吸纳就业比重从 17.03% 增长至 23.83%,年均增长速度为 1.36%。全国从 35.58% 增长至 49.99%,年均增速为 2.88%。可以看到,陕西省民营企业吸纳就业比重约为全国平均水平的一半,增速也慢于全国平均水平。这说明陕西省劳动

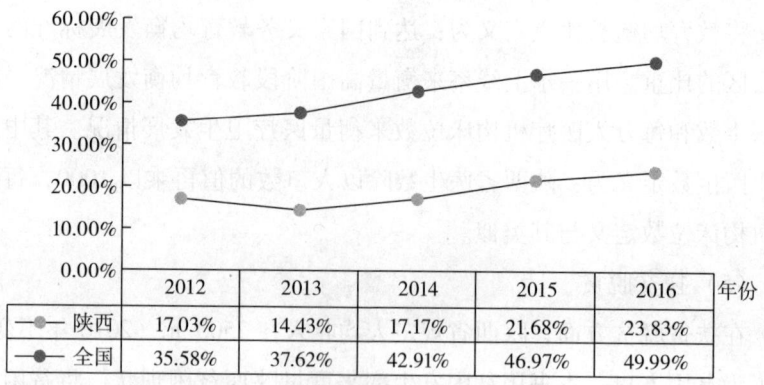

图 4-2 城镇私营及个体就业比重

资料来源：《陕西统计年鉴（2012—2016）》《中国统计年鉴（2012—2016）》。

力进入国企、集体企业和政府机构的人数多于全国平均水平，民营企业吸引力不足，就业结构不合理。

（2）收入

表 4-2　城镇居民可支配收入　　　　　　　　　　　　单位：元

年份	陕西	全国
2012	20734	24363
2013	22858	26955
2014	24916	28844
2015	26420	31195
2016	28440	33610

资料来源：《陕西统计年鉴（2012—2016）》《中国统计年鉴（2012—2016）》。

如表 4-2 所示，2012 年陕西城镇居民人均可支配相当于全国平均水平的 84.4%，2016 年则相当于全国水平的 84.6%，增加了 0.2 个百分点。2012—2016 年，陕西城镇居民人均可支配收入年均增长 9.3%，高出全国年均增速 0.3 个百分点。

根据图 4-3，2012—2016 年陕西生产总值年均增速为 9.82%，高出城镇居民人均可支配收入 0.52%。可以看到 2012—2016 年城镇居民人均可支配收入与 GDP 保持增速相当。按年均增速 9.3% 的速度计算，2020 年陕西城镇居民人均可支配收入将达到约 40000 元，约为 2010 年收入的

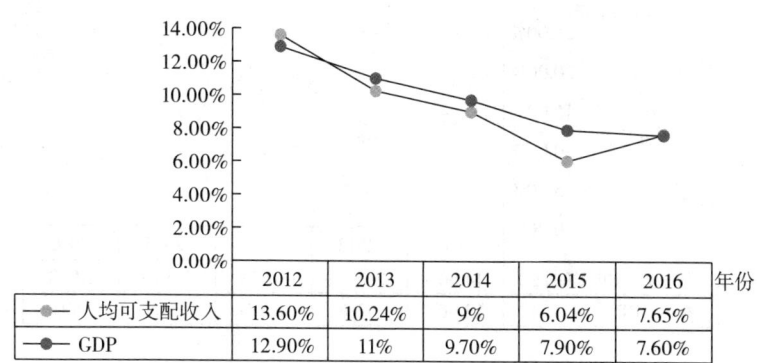

图 4-3 城镇居民人均可支配收入与 GDP 同比增速

资料来源：《陕西统计年鉴（2012—2016）》《中国统计年鉴（2012—2016）》。

2.55 倍。这说明陕西城镇居民人均可支配收入保持了较高增速。

表 4-3 农村居民可支配收入 单位：元

年份	陕西	全国
2012	5763	7917
2013	6503	8896
2014	7932	10489
2015	8689	11422
2016	9396	12363

资料来源：《陕西统计年鉴（2012—2016）》《中国统计年鉴（2012—2016）》。

如表 4-3 所示，2012 年陕西农村居民人均可支配收入相当于全国平均水平的 72.8%。2016 年陕西省农村居民人均可支配收入相当于全国的 76.0%，增加了 3.2 个百分点。2012—2016 年，年均增速 12.6%，高于全国年均增速 1.4 个百分点。

根据图 4-4，2012—2016 年陕西生产总值年均增速为 9.82%，农村居民人均可支配收入年均增速为 12.6%，收入年均增速高出 GDP 增速 2.78%。可以看到 2012—2016 年陕西农村居民人均可支配收入增速快于 GDP 增速。按年均增速 12.6% 计算，到 2020 年，陕西农村居民人均可支配收入将达到约 15000 元，约为 2010 年收入的 3.57 倍，这说明陕西农村居民人均可支配收入增长较快。

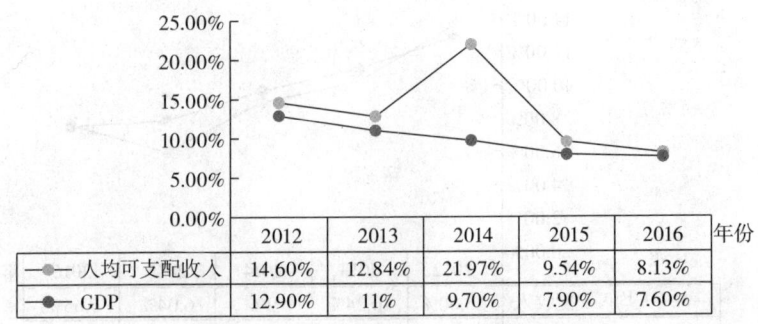

图 4-4　农村居民人均可支配收入和 GDP 同比增速

资料来源：《陕西统计年鉴（2012—2016）》《中国统计年鉴（2012—2016）》。

（3）城市公共交通

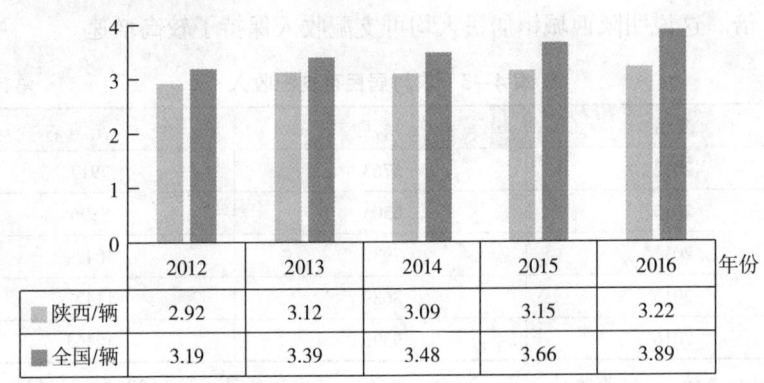

图 4-5　每万人公共交通车辆数

资料来源：《陕西统计年鉴（2012—2016）》《中国统计年鉴（2012—2016）》。

根据图 4-5，2012—2016 年陕西每万人公共交通车辆数从 2.92 辆增长至 3.22 辆，增长了 10.27%，年均增长率为 2.05%。全国平均增长 21.94%，年均增长为 4.39%。可以看到，陕西人均公共交通车辆约为全国的 82.78%；陕西人均公共交通车辆增长速度约为全国的一半，这说明陕西公共交通车辆数量供给不足，城市公共交通体系建设还不完善。

（4）公路建设

根据图 4-6，2012—2016 年陕西省等级公路比重从 90.60% 提升到 90.90%，高速公路比重从 2.53% 提升到 3%，年均提升 0.094%。2010—2016

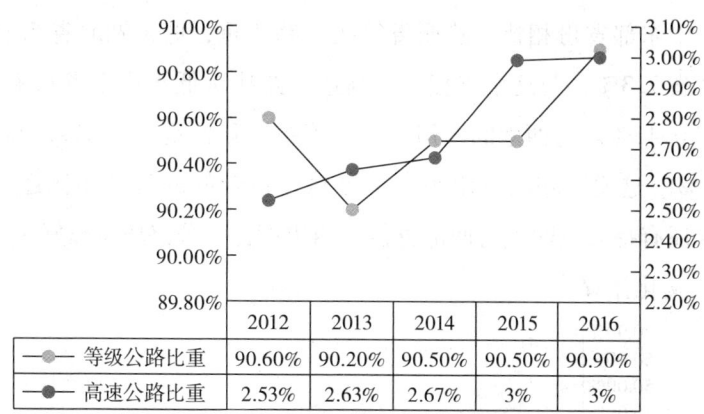

图 4-6　陕西公路质量情况

资料来源：《陕西统计年鉴（2012—2016）》《中国统计年鉴（2012—2016）》。

年，全国等级公路比重从 82.4% 提升到 90.0%，年均提升 1.09%；2012—2016 年，高速公路比重从 2.27% 提升到 2.79%，年均提升 0.104%。对比来看，陕西公路质量在良好的基础上还进行了改善，总体情况优于全国平均水平。

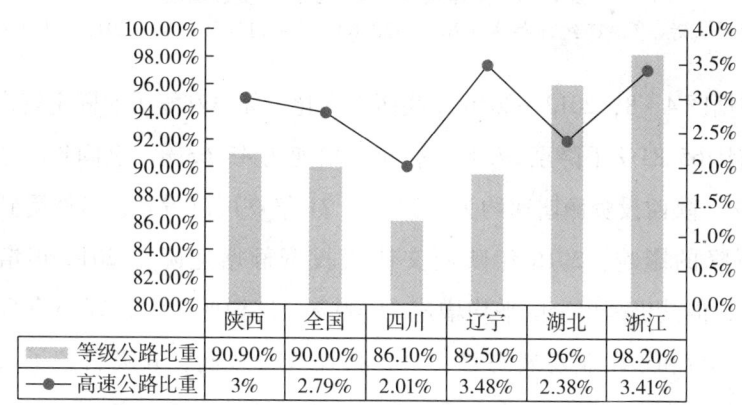

图 4-7　陕西与各省公路质量对比

资料来源：《陕西统计年鉴（2012-2016）》《中国统计年鉴（2012-2016）》。

图 4-7 展现了陕西省等级公路比重、高速公路比重与全国及各省份的对比。2016 年，陕西等级公路比重为 90.90%，高出全国平均水平 0.90%；高速公路比重为 3%，高出全国平均水平 0.21%。等级公路比重、高速公路比重反映了公路质量，这说明陕西公路质量情况与全国平均水平

持平。与中东部省份相比，陕西省等级公路比重，低于湖北省 5.1%，低于浙江两省 7.3%，与辽宁省相当。高速公路比重低于辽宁省 0.48%，低于浙江省 0.41%。与西南的四川相比，等级公路比重高 4.8%，高速公路比重高 1%。这说明陕西省跟中东部公路建设较好的省份相比还有差距，公路质量还有提升空间；与西部省份的四川相比，公路质量较好。

（5）文化体育

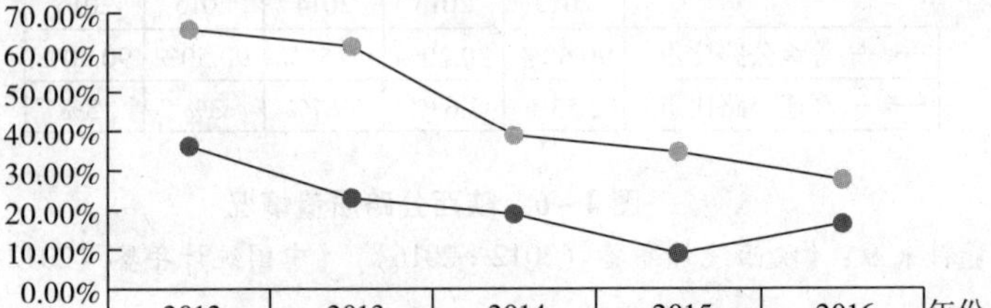

年份	2012	2013	2014	2015	2016
陕西	65.81%	61.50%	38.84%	34.52%	27.49%
全国	36.20%	23%	18.90%	8.90%	16.40%

图 4-8　文体娱乐业固定资产投资额增速

资料来源：《陕西统计年鉴（2012—2016）》《中国统计年鉴（2012—2016）》。

根据图 4-8，2012—2016 年陕西省文化、体育和娱乐业固定资产投资额增速从 65.81% 下降至 27.49%，年均增速为 45.63%，全国年均增速为 20.68%，陕西投资额增速约为全国的 2.21 倍。可以看到，虽然受到 GDP 增速下降的影响，2016 年陕西文体娱投资额增速降至 2012 年增速的 56.3%，但其仍高出全国平均增速 11.09%。这说明 2012—2016 年陕西省文化、体育和娱乐业发展态势良好，行业收益率高，并吸引到了大量投资，也反映出陕西居民文化生活、体育和娱乐活动逐渐丰富。

（6）城市居住环境

根据图 4-9，2012—2016 年陕西城市人均公园绿地面积从 11.58 平方米增长至 12.3 平方米，增长了 6.21%，年均增速为 1.24%。全国从 12.26 平方米增长至 13.45 平方米，增长了 9.71%，年均增速为 1.94%。2016 年，陕西城市人均公园绿地面积低出全国 1.15 平方米，约占其 91.45%。

根据图 4-10，2012—2016 年陕西建成区绿化覆盖率在 40% 附近波

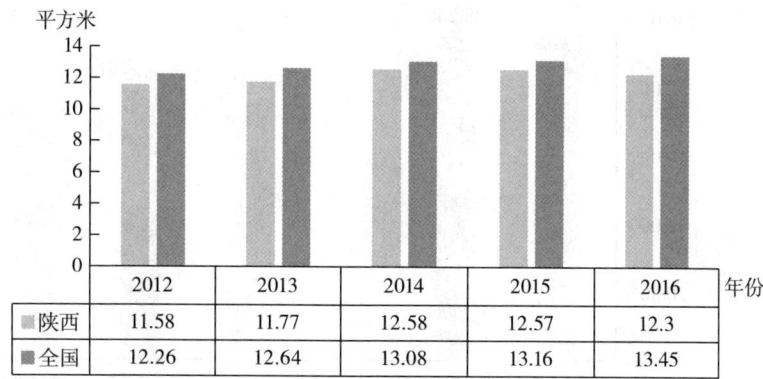

图 4-9　城市人均公园绿地面积

资料来源:《陕西统计年鉴(2012—2016)》《中国统计年鉴(2012—2016)》。

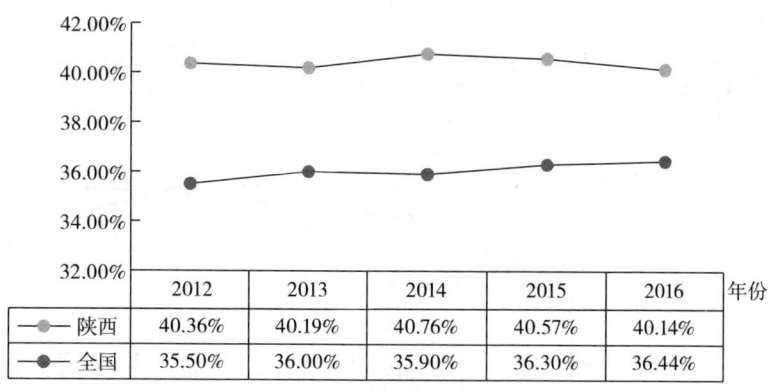

图 4-10　建成区绿化覆盖率

资料来源:《陕西统计年鉴(2012—2016)》《中国统计年鉴(2012—2016)》。

动,高于全国 36% 的平均水平。以上数据说明,陕西城市建设过程中,绿化水平高于全国,但可供居民休闲娱乐的公园绿地供给不足,即公园绿地在城市绿化中占比较低。

(7) 农村居住环境

根据图 4-11 可知,2017 年陕西省卫生厕所普及率为 68.28%,低全国约 12%。具体来说,比经济发展水平较低的甘肃省低 7.51%,比辽宁省低 4.52%。而相对于经济发展水平较高的杭州市、武汉市,分别低 30% 和 9%。这说明陕西农村厕所卫生情况低于全国平均水平,还有待改善。

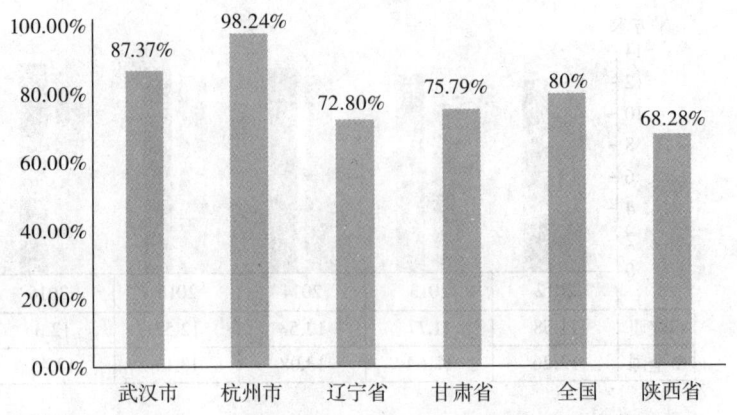

图 4-11　2016 年农村卫生厕所普及率

资料来源：《陕西省环境状况公报（2012—2016）》《中国环境状况公报（2012—2016）》。

（8）空气质量

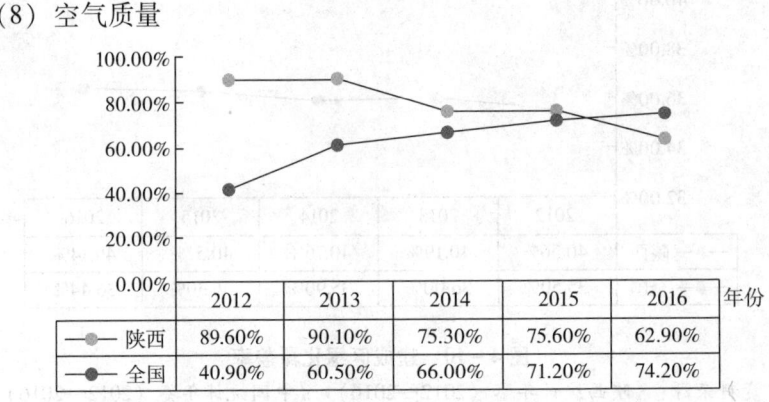

图 4-12　平均优良天数比重

资料来源：《陕西省环境状况公报（2012—2016）》《中国环境状况公报（2012—2016）》。

根据图 4-12，2012—2016 年，陕西平均优良天数比重从 89.60% 降低至 62.90%，降低了 26.7%，年均降低 5.34%。全国城市平均优良天数比重从 40.90% 提高至 74.20%，年均增速为 6.67%。其中，全国平均水平是对全国 74 个重点城市监测统计而得，这 74 个城市为直辖市、省会城市、京津冀、长三角、珠三角区域的主要城市以及计划单列市，它们从 2012 年开始实行新的空气质量标准，且国家对其空气质量进行了专门监测，所以具有很强的代表性。可以看到,2016年陕西平均优良天数62.9%,低出全国11.30%。这说明陕西近年来空气质量不断下降,2016年全年平均有1/3天数空气质量不达标,雾霾问题严重。

(9)教育

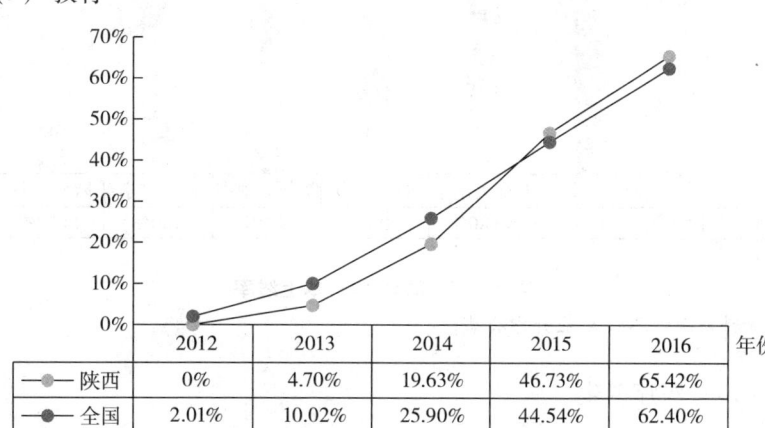

图 4-13 义务教育发展基本均衡县比重

资料来源:《陕西省教育发展事业统计公报(2012—2016)》《全国教育事业发展统计公报(2012—2016)》。

根据图4-13可知,陕西义务教育发展基本均衡县比重逐年提高,从2012的0%提高至2016年的65.42%,年均增速为13.08%。全国从2.01%增加至62.40%,年均增速为12.84%。2016年,陕西义务教育发展基本均衡县占比重与全国平均水平持平。这说明陕西义务教育均衡发展状况与全国平均水平相当。

根据图4-14可知,陕西省高中阶段教育还存在较大的差异。以西安市知名高中为例,其2016年一本上线率均基本达到100%,但对比陕西全省来看,一本录取比例不足15%。这说明学校之间教育质量差距较大,优质教育资源过度集中在重点学校,重点高中对普通高中的带动力不足,教育未能均衡发展。

	西工大附中	西交大附中	西铁一中	陕师大附中	西安中学	陕西全省
■一本上线率	97%	99.80%	100%	99.40%	100%	14.24%

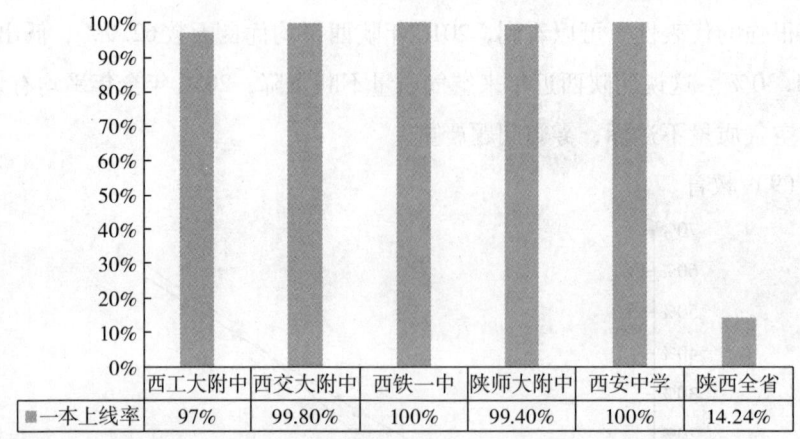

图 4－14　2016 年一本上线率

资料来源：各校毕业升学公告。

（10）医疗卫生

	2012	2013	2014	2015	2016
■ 陕西	1.77	1.98	2.03	2.1	2.25
■ 全国	1.9	2	2.1	2.2	2.3

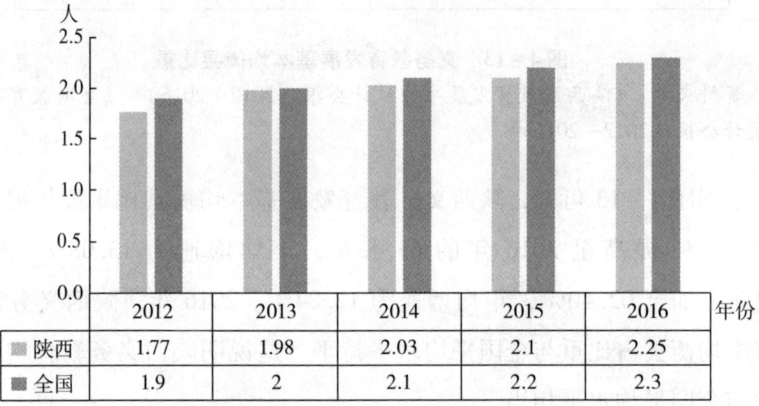

图 4－15　每千人医生数

资料来源：《陕西统计年鉴（2012—2016）》《中国统计年鉴（2012—2016）》。

根据图 4－15，2012—2016 年，陕西每千人医生数从 1.77 增加至 2.25，增加了 27.12%，年均增速为 5.42%。全国从 1.9 增加至 2.3，增加了 21.05%，年均增速为 4.21%，可以看到，陕西人均医生供给增长速度快于全国平均水平，这说明陕西医疗服务供给增速较快。2016 年，陕西每千人医生数为 2.25，与全国平均水平（2.3）相当。

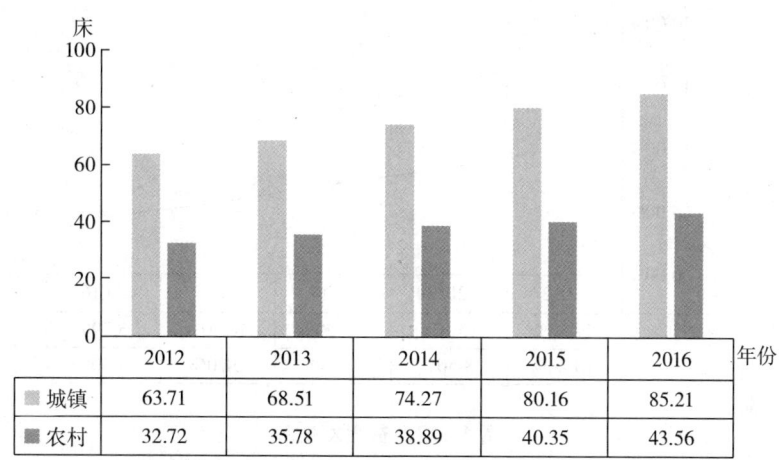

图 4-16　每万人医疗机构床位数

资料来源：《陕西统计年鉴（2012—2016）》《中国统计年鉴（2012—2016）》。

根据图 4-16，2012—2016 年，陕西省城镇每万人医疗机构床位从 63.71 床增长至 85.21 床，增长了 33.75%，年均增速为 6.75%。农村每万人医疗机构床位从 32.72 床增长至 43.56 床，增长了 33.13%，年均增速为 6.63%。2016 年，城镇每万人医疗机构床位为 85.21，约为农村的 1.96 倍。这说明陕西农村医疗资源供给不及城镇，基层农村医疗资源短缺，城乡医疗资源不均衡状况明显。

（11）脱贫

表 4-4　2012—2016 年陕西贫困人口情况

年份	贫困人口/万人	减贫人口/万人	贫困发生率
2012	483	109	17.50%
2013	410	73	15.10%
2014	350	60	13.00%
2015	288	62	10.70%
2016	137	151	5.09%

资料来源：《陕西统计年鉴（2012—2016）》《中国统计年鉴（2012—2016）》。

根据图 4-17，2012—2016 年陕西贫困人口从 483 万人逐年减少至 137 万人，贫困人口减少了 346 万人，占总贫困人口的 71.64%，年均减贫

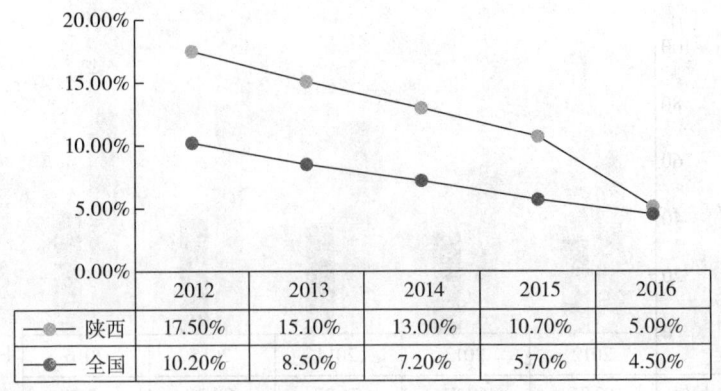

图 4-17 贫困发生率

资料来源:《陕西统计年鉴(2012—2016)》《中国统计年鉴(2012—2016)》。

速度为 14.33%。陕西贫困发生率从 2012 年的 17.50% 降至 2016 年的 5.09%,年均降低 2.48%;全国贫困发生率从 2012 年的 10.20% 降至 2016 年的 4.50%,年均降低 1.14%。可以看到,陕西贫困发生率降低速度约为全国的 2 倍,说明脱贫速度较快。截至 2016 年,陕西省贫困发生率为 5.09%,为全国的 1.13 倍,相比于 2012 年的 1.72 倍显著降低,全省贫困情况改善。按照年均 14.33% 的贫困人口减少速度,预计到 2020 年,陕西省将全部脱贫。

4.3 新时代陕西经济发展新生活共建的现存问题

依据新生活共建情况的分析,本书确定了以下几个主要问题。

4.3.1 民营企业吸纳就业能力不足

城镇私营及个体就业比重低于全国水平,说明陕西省民营企业吸纳就业能力不足,劳动力多进入政府机关、国企和集体企业等,就业结构不平衡。而民营企业吸纳就业能力不足主要是因为民营企业的活力不足,企业利润低,导致企业无法创新生产技术、扩大生产规模,进而对劳动力的需求较小。

第一,民营企业营业成本高是民营企业活力不足的原因。民营企业营业成本高,一是企业行政审批成本、用电成本、物流成本等经营成本高;二是增值税发票不规范,企业扣除进项税额困难;三是对中小企业财政补贴不足。

第二,民营企业融资困难也是民营企业活力不足的原因。一是民营企业间接融资困难。由于民营企业盈利能力弱、还款能力弱,大多数金融机构不愿贷款给民营企业。二是民营企业由于生产规模小,上市困难,直接融资难。三是民营企业创新研发资金融资难。由于研发投资本身属于高风险投资,资金需求大,民营企业研发资金融资困难。

第三,民营企业创新能力不足。由于陕西省民营企业主要集中在投入资金少、技术含量低的行业。企业的科技成分较低,利润较少,竞争力较弱,导致难以吸引到社会投资,而资金不足又导致了民营企业创新升级动力不足、市场竞争力变弱,民营企业陷入了"恶性循环怪圈"。

4.3.2 能源化工企业污染严重

陕西省的雾霾成因很多,本书以雾霾污染最为严重的西安市为例。根据有关文献,西安市的主要雾霾污染源是工业工艺及燃煤,根据西安建筑科技大学对西安秋季北城区 PM2.5 的测量,其中雾霾污染物中来源于工业工艺污染的占比约为30%,燃煤污染占比约为10%。而能源化工企业又占据了陕西工业主体,具体来讲有以下几个方面。

第一,由于历史原因,关中地区重化产业比重较大,工业废气污染使得大气污染问题突出,而且近年来仍在大量新建扩建高污染项目。2015 年关中地区火电装机规模、煤化工产能、水泥熟料产能分别较 2013 年增加约13.0%、17.7%和8.4%,不仅进一步加剧了区域大气污染,也为今后产业结构调整带来沉重负担。

第二,减煤任务未能完成。陕西省 2014 年规定工业 1000 万吨减煤任务,仅完成 295 万吨,2015 年 300 万吨减煤任务仅完成 11 万吨。根据中央环境督查报告,咸阳市发展改革部门认定渭河发电、大唐渭河热电、陕西华电瑶池 3 家企业 2014 年减煤 25.67 万吨,但实际却增加燃煤 18.73

万吨。

第三，落后产能还未被淘汰。例如，陕西汉中钢铁集团公司4台90平方米以下烧结机长期违规运行，无脱硫设施，超标排放严重；宝鸡秦安锻造等7家企业仍然存在化铁炼钢、中频炉和轧机等不符合产业政策的落后装备。这些落后的生产技术耗费了大量资源，严重污染了环境。

4.3.3 教育发展不均衡

陕西省教育发展不均衡的问题主要体现在：高中教育阶段，各学校间的教学水平差距较大，优质教育资源分配不平衡。虽然全省中学多，但优质教育资源少，且过度集中，导致了"上学难"——上好学校难问题的出现。

为了打破优质教育资源不平衡的问题，陕西省进行了学区制改革实践，但是其主要实行形式是一个学校满足一块片区学生的上学需求，学区内并不存在优质教育资源交流机制，从而导致整个学区的教育水平也不能均衡发展。

而本身学区制指的是通过合理的学区划分，在学区内建立一定独立的教学资源交流和财政分配机制，使得学区内优质的教学资源可以从重点学校向学区内普通学校流动，这样可以使得整个学区的教育质量得到提升，使得学区内教育发展趋向均衡。

所以，陕西省学区制建设现在主要存在的问题是学区定位不明确，即其学区只是一个学校以"就近入学"为原则而负责的教学区域，没有配套的教育资源流动机制，也没有相应的学区管理机构，这导致学区并不能成为促进教育均衡发展的工具，反而变成"学区房"的促销噱头。

4.3.4 医疗卫生体系建设不完善

陕西省医疗卫生体系建设不完善主要表现为两个方面。

第一，医疗卫生机构各地区之间发展不平衡。首先，2015年关中地区医疗卫生机构数达16754家，占全省医疗卫生机构数的72.7%，陕北地区有2502家，占10.8%，陕南地区有3801家，占16.5%。关中地区发展水平明显高于陕北、陕南地区,这使得很多人需要到西安市就医,增加了看病成本。其次,区(县)医疗资源分配不均衡。很多医疗资源集中在城市的核心区,而边缘区的医疗资源供给不足,造成群众看病难。

第二,医疗卫生机构城乡之间发展不平衡。陕西省县及县以下基层医疗机构条件差、设备落后、医生技术水平不高,影响了患者的诊疗质量。首先,农村医疗服务供给不足。一是农村卫生站数量少,村民就医困难;二是农村医疗服务质量差,体现为医生技术水平不高、基础医疗设备缺少。其次,社区医疗服务供给不足,主要是社区医院少、全科医生数量少。

4.4 新时代陕西经济发展新生活共建的路径

根据前面的分析,影响陕西省新生活建设的主要问题为民营企业吸纳就业能力不足、能源化工产业污染严重、教育发展不均衡和医疗卫生体系建设不完善。下面将提出问题解决的路径。

4.4.1 激发民营企业活力,提高其吸纳就业能力

民营企业是指私营企业、个体工商户等形式企业。激发民营企业活力主要是指增强民营企业的盈利能力。民营企业的盈利能力增强了,一方面,高出平均利润率的收益率会吸引投资,增加民营企业数量,以促进就业;另一方面,已经经营的民营企业会将留存的利润进行再投资,从而扩大再生产,增加就业。所以增强民营企业盈利能力是提高非公经济吸纳就业能力的关键,也是解决陕西就业结构不平衡问题的关键。

第一,解决民营企业融资困难问题。一是政府应该改善企业融资渠道和环境。具体要鼓励民营企业利用多层次资本市场上市、挂牌及债券发行等方式融资。二是加大对民营企业创新扶持力度。具体要加大企业创新资金投入力度,对民营企业应当给予适度倾斜,补充民营企业技术革新所需的创新资金,化解民营企业创新资金不足的难题。

第二,降低民营企业运行成本。一是要降低企业行政审批成本、涉企

收费，降低社会保险费率、企业用地、用电等成本，减少企业交通运输收费和物流成本。二是要加大减免企业特别是小微企业的相关税费。"营改增"全面实施以来，建筑业、住宿和餐饮业等相关行业企业难以取得原材料增值税发票，企业进项税无法抵扣，挤压了企业的利润空间，为此，税务部门应规范行业上游产品发票，使中下游企业能够得到原材料发票，便于抵扣增值税，真正做到减税降负、增加企业利润。三是要加大中小企业的财政补贴力度。适当的转移支付不仅可以帮助企业降低成本，还能引导资源向本省优势行业流动，应当对有发展潜力和创新潜力的民营企业加大财政补贴力度，不断促进企业自身发展壮大，同时还可以带动产业链上相关企业的发展，推动行业持续发展。

第三，要促进创新平台发展。一是政府应对处在运营期的创新平台根据平台入驻企业的收入给予一定比例的运营补贴；对于运营良好、效益（尤其是社会效益）明显的平台给予物质奖励；对于经考察具有社会、经济效益但不易获得投融资的创新项目在规定时间内提供免息贷款或直接发放补助。二是政府应充分利用陕西高校、科研院所较多的特点，出面组织高校、科研院所与创新平台合作，促进科研成果与平台对接，帮助平台解决项目只从社会招募的渠道单一化问题。同时，高校、科研院所的老师和研究人员也可以走进创新平台，提高创新平台技术水平。

4.4.2 促进陕西能源化工企业转型升级

第一，政府要借助能源产业低迷的机会，转变能源化工的粗放生产模式，利用工业体系完整、科教综合实力强、产业集聚度高的条件，增加能化产品的科技含量和附加值，推进能源化工高端化发展，将能源化工的产业链从底层向中高层提高。

第二，要巩固装备制造产业的优势，扩大装备制造规模，加快推进装备制造业向研发、品牌、服务等环节延伸，在生产方式上向智能化、数字化、精细化转变；支持以电子信息为代表的高新技术产业发展。

第三，发挥集成电路产业链比较完整的优势，依托全球技术领先的三星高端存储芯片生产线,打造半导体产业集群和全球半导体产业基地。

第四,要加快生物产业技术创新和产业深度开发。依托秦岭中医药材物产丰富、动植物种类多的特点,重点推进生物医药产品行业的发展。

4.4.3 通过学区制促进教育均衡发展

首先,学区的定位应该是权责统一的基层教育管理机构。作为管理机构,学区的权责应该大致与现在的县区教育行政机构相当,学区拥有较大的自治权和自治组织,其具体应包括以下几个方面。

一是本学区教育政策、法规的立法权。学区内设立一定的立法机构,其可以由学区居民直接选举产生,向选民负责,成员可以由学区内学校校长、教育专家、家长代表等组成,专门制定本学区内的教育政策、法规,审议教育经费预算,决定学区教育组织的人员任免等。

二是本学区的教育经费使用权、教育行政权。学区内设立一定的教育行政机构,由各个职能部门组成,向学区内立法机构负责。职能部门负责落实学区立法机构制定的教育政策,按预算配置教育经费的使用,协调各个学校以保障学区管理机制的正常运行。

三是本学区的教育监督权。学区内设立一定的教育督学机构,负责建立学区教学绩效考核标准并落实考核、监督学区教育政策的制定,人员任免,监督教育经费的使用,监督职能部门权力行使等。教育监督机构可以由本学区对应的人民代表大会任命组成,对人大负责。

其次,根据学区明确的定位还需设定相应的学区管理机制。

一是学区的财政保障机制。关于学区教育经费的来源应减少来自地方政府的制约,机制设计可以是:一方面,允许学区拥有一定的课税权以自筹一部分经费;另一方面,在中央或省政府在分配教育经费时,参考各地自筹教育经费的情况,教育经费分配向自筹经费较少地区倾斜,以保证各地教育经费持平。

二是学区内教育资源共享机制。学区的教育资源是指教育信息、师资、硬件设施等。教育信息的共享是指建立学区教学研究的共同体,充分发挥各个学校在某方面的教学长处，优势互补，促进学区教学质量的提高。由于师资是教育资源中的重要资源，师资的共享机制自然也是教育资源共享机制的重点。师资的共享首先应该突破"教师单位化"，解除教师隶属于学校的束缚，将教师纳入学区管理，统一安排其职务和薪酬。在教师分配上，应该尽量均衡分配，且保证每隔数年的教师流动。教育资源的共享是逐步缩小学区内学校发展差距、促进学区教育均衡发展的关键。

三是学区教育督学机制。学区督学机制是保证学区有效划分的关键，督学机构的首要职责便是制定科学、系统的教学考核体系，并负责考核本学区的教学成果。学区督学机制设计的目的是代替以往政府内部的监督，既可防止学区受到过多的地方政府干预，也可防止教学考核为政绩服务的倾向。

四是学区绩效考核制度。学区绩效考核制度可以是学区督学制度下的一个子制度，由学区督学机构落实执行。学区督学机构自主制定学区绩效考核体系，绩效考核应该在充分考虑教学质量、管理水平、校园建设等因素后制定，避免仅仅由识字率和升学率构成考核标准，提升教学监督的专业化水平。当学区绩效考核不佳时，学区督学机构应根据绩效考核具体结果，要么及时对学区组织机构、管理机制做出调整，要么上报地区教育行政机构，协助行政机构组织对学区重新进行划分。

4.4.4 改善医疗卫生体系

要解决这些问题，需要改善陕西医疗卫生体系。

第一，要引导和支持社会力量办医，加快形成多元办医格局。通过财政补贴民营医疗机构，增加民营医疗机构数量，提高民营医院医疗技术水平，最终提升医疗资源供给数量和质量。

第二，要制定适宜的人才政策，将本省优秀医学毕业生留住，并且吸引外省医疗人员来陕西省就业。适宜的人才政策可以为不同学历和医治水平的医疗人员提供对应的优惠政策，例如，落户时予以优惠、减免税费社会保障保险金和补贴住房，或者优先提供政府保障性住房等。

第三，要推进医疗资源的合理规划布局。通过财政补贴增加农村及城市社区等基层医疗卫生优质资源配置，尤其是要增加基层农村医疗资源和优质资源的供给。增加基层医生数，建立和发展社区医院。

第四，要建立区域性医疗卫生人员有序流动机制，破解制约人才流动的体制机制障碍，打破地域壁垒、公立医疗机构与非公立之间的壁垒，推进医师多点执业，鼓励医务人员有序向基层医疗机构流动、向农村定点支援帮扶，为广大基层群众就诊提供方便。

第五，要持续推进优质医疗资源下沉。要通过骨干医师培训、住院医师培育等方式，鼓励有资质的医院设立全科医学科，培养全科医生。并且通过财政补助等措施鼓励全科医生团队到基层社区、农村进行医疗服务，提高基层医疗服务质量，让群众更方便地享受优质医疗资源。

5 新时代陕西经济新形象的彰显

5.1 新时代陕西新形象彰显的内涵

陕西省一直都是全国主要能源产区,到目前为止,陕西省的能源产量占全国的比重依然很大,2016 年,陕西省的煤炭产量占全国总产量的 15.01%,原油产量占全国总产量的 17.54%,天然气产量占全国总产量的 30.09%,均排在全国前列,尤其是天然气产量更是排在全国第 1 位。2015 年,陕西省采矿业占全省就业人数的 7%,采矿业吸纳就业人口的比重排在全国第 4 位,仅次于山西、宁夏和黑龙江,是陕西省名副其实的支柱产业。丰富的自然资源对陕西省来讲是一把"双刃剑",在带来经济效益的同时也带来了"资源诅咒"。

"资源诅咒"指的是一个地区过度依赖自然资源的开发而阻碍了经济发展效率。根据国内外学者的研究,"资源诅咒"主要从两个方面影响经济发展效率。一是煤炭采选业等初级产业部门吸引了大量低水平劳动力进入,降低了当地人民接受教育和技能培训的动力,而资源开发也挤占了应投向其他领域的固定资产投资,导致地区无法产生吸引高技术人才的产业,因此,过度依赖自然资源开发会对人力资本和科技创新投入产生"挤出效应";二是自然资源垄断式开发会带来高额的"经济租",会滋生权力寻租和腐败,导致政治制度弱化。资源诅咒影响的这两点动摇了一个地区可持续发展的根基,从国际经验数据来看,根据世界银行的研究报告,有中等矿业部门的国家的人均 GDP 在 10 年中下降 0.7%,而有大的采矿部门的国家人均 GDP 平均每年下降 1.1%,有巨大矿业部门的国家人均 GDP 每年下降 2.3%（World Bank，2002）。

更严重的是，根据 Ross（2001）的研究，一国的石油和矿产资源的出口与该国儿童死亡率存在强相关，数据显示，矿产资源出口每增加 5%，儿童死亡率增加 12.7%；对石油出口的依赖上升 5%，婴儿死亡率会增加 3.8%。多位国内学者也利用中国数据证明了西部地区的能源开发与经济增长之间存在显著的负相关，能源开发确实带来了"资源诅咒"效应，资源产出和经济发展效率存在着"倒 U"形关系等（徐康宁、王剑，2006；邵帅、齐中英，2008；邵帅、范美婷、杨莉莉，2013）。陕西省的自然资源在初期为陕西省的经济发展做出过一定贡献，但随着时间的推移，如果还继续依赖自然资源，则会跌入资源诅咒的陷阱，对陕西省的发展带来沉重的打击。因此，在国家层面去产能的背景下，陕西省也应该顺应时代潮流，抓住经济转型的机遇期。

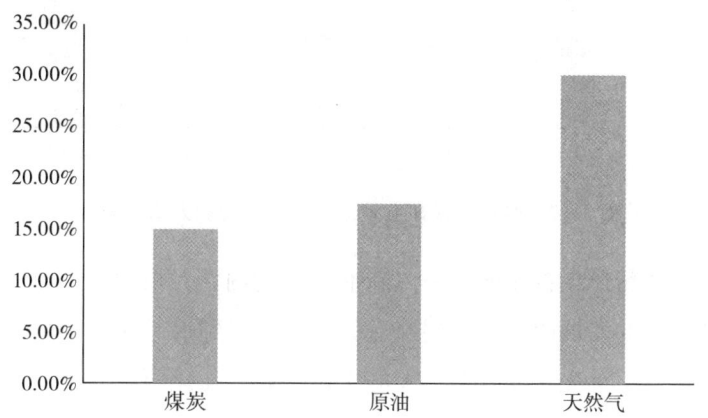

图 5-1　陕西省能源产量占全国比重

党的十八大以来，随着党中央新一代领导核心的确立和陕西省新一届领导班子的换届，陕西省的发展迎来了新的历史机遇期，尤其在"一带一路"倡议的背景下，陕西省西安市作为丝绸之路的起点，必然要在国家的战略部署中发挥不可替代的作用。从图 5-2 可以看出，陕西省采矿业就业人口比重虽然仍然较大，但近 5 年一直都保持着下降趋势，图 5-3 也说明陕西省对采矿业的投入在逐年下降，2016 年采矿业固定投资额占总投资额的比重仅为 2012 年的 1/4。这些都表明陕西省去产能和经济转型都取得了非常大的进展,特别是在 2015 年春节前夕,习近平总书记来陕西省视察时指出,陕西省正处在追赶超越的关键阶段,为陕西省下一阶段的发展确定了基调,在全省上下都激发出了实现陕西跨越式新发展的强大决心。要实现陕西省的跨越式发展、完成追赶超越目标,就一定要建立起创新、协调、绿色、开放、共享的新发展体系,打造陕西品牌,提升陕西的美誉度和吸引力,使陕西省彰显出新形象。

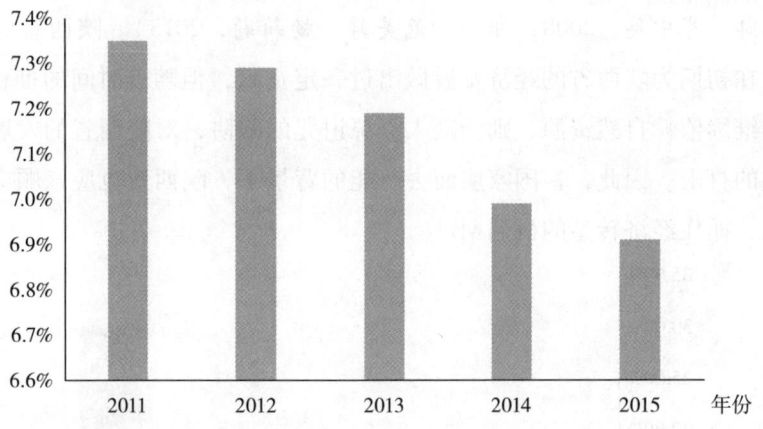

图 5-2 陕西省采矿业就业人口占总就业人口比重

彰显陕西新形象首先要把握"新形象"的内涵,根据新形象的内涵评价陕西省目前的发展阶段,看到存在的差距,找到追赶超越的新方法。彰显陕西新形象,首先,要打造强大的文化产业,强化历史厚重、人文璀璨的文化风尚;其次,要建立优质的旅游服务业,展现陕西人民热情好客、自信自强的良好面貌;最后,要建设好西安这一国际化大都市,重现开放包容、秀丽雄浑的盛唐气象。彰显陕西新形象,要坚持人文、社会、生态并重,用系统思维谋篇布局,弘扬陕西省的文化底蕴和红色基因,做大做强文化、旅游、科教等产业,树立陕西品牌效应,向外讲好陕西故事、宣传陕西精神。

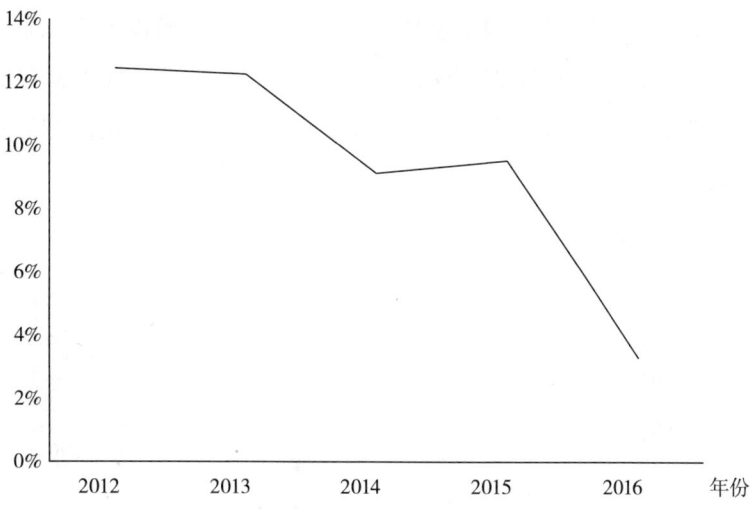

图 5-3 陕西省采矿业固定资产投资额占总投资额比重

5.2 对新时代陕西新形象的评价

5.2.1 陕西省文化产业发展情况

陕西省是中华文明的发源地，拥有浩瀚璀璨的文化资源，陕北地区拥有革命圣地延安等红色文化资源，关中地区拥有十三朝古都西安等历史文化资源，陕南地区拥有秦岭的山水文化资源。近5年来，陕西省的文化产业投资额飞速增长，2016年达到1464.15万元，是2012年的近4倍。"十二五"期间，陕西省文化产业增加值从2012年的500亿元增长到2014年的647亿元，占全省当年国民生产总值的3.7%。吸纳人口就业作用提升。截至2012年年底，陕西省共有文化创意产业法人单位15000余个，个体经营人员近8万户，总资产近700亿元，全行业年末总从业人数达到近44万人。带来了明显的经济效益提升，陕西省目前共有国家级文化产业示范区一个，国家级文化产业示范基地12家，拥有通过国家认定的动漫企业8家以及多达120余家的省级文化产业示范单。2017年第一季度，陕西省共有规模以上文化及相关产业企业808家，实现营业收入154.5亿元，比上年同期增长 14.4%，比全国增速高 3.4 个百分点，规模以上文化企业数同比增加 147 家，增速达到 22.2%。到 2020 年，要建成一批年营业收入突破百亿大关的骨干企业，从而带动陕西省城乡居民人均文化产业消费比重不断增长。

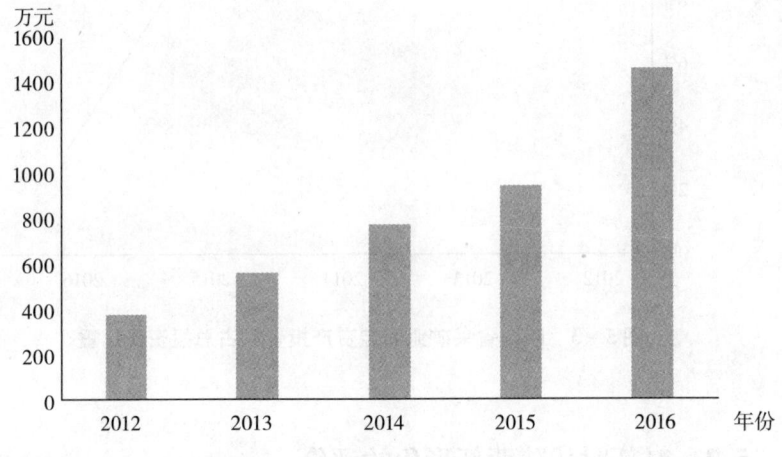

图 5-4　陕西省文化产业投资额

为陕西省的文化产业取得长足进步而欣喜的同时，也应看到陕西总体来说并没有打好文化资源这张牌，陕西省文化产业发展是不尽人意的。

第一，文化产业总体发展比较落后。从图 5-5 中可以看出，陕西省文化产业整体发展低于全国平均水平，虽然近几年陕西省文化产业增加值占 GDP 的比重在逐年增长，但是始终落后于全国平均水平，这与陕西省这个拥有众多文化资源的"文化大省"形象严重不符。

第二，对文化资源的利用较差。陕西省文化产业发展不好的一个重要原因就是没能利用好陕西省丰富的文化资源。陕西同四川一样都是野生大熊猫的栖息地，并且生活在秦岭地区的大熊猫相较于四川大熊猫更加憨态可掬，但是提起大熊猫，大家就会想到四川成都，很多人甚至不知道陕西省也存在大熊猫种群。目前，成都大熊猫繁育研究基地已经成为成都旅游的一个必去景点，由此衍生出的熊猫产业已经高度成熟，将熊猫元素发挥得淋漓尽致，为成都形象的提升做出了非常大的贡献。而 2009 年陕西秦岭

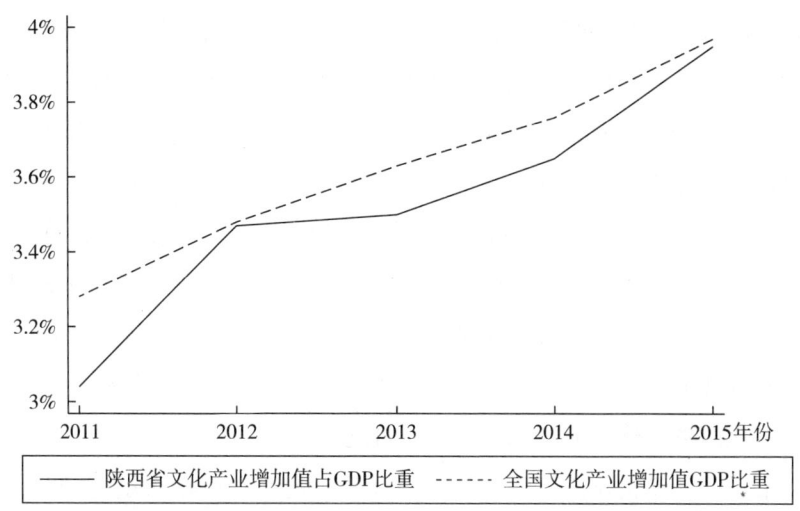

图 5-5 陕西省文化产业增加值占 GDP 比重与全国对比

大熊猫发育基地在秦岭西部北麓的楼观台开工奠基,直到今天已经过去了将近10年时间,依旧没有建成,如今四川省已经开始着手复建朱鹮种群,陕西省如果再不抓紧,连独有的"朱鹮形象"都要丢失了。

第三,对外宣传水平较低。对外界来说,对陕西省最直观的印象就是来自电视节目等媒体的宣传形象,陕西省的宣传片中经常出现诸如壶口瀑布、安塞腰鼓等陕北文化符号,向外界展现了陕西省浑厚质朴、坚韧不拔的一面,但是这些宣传符号过于老套,对年轻人的吸引力不高,这导致在年轻人群体中,陕西文化乃至陕西省的形象仍然较为落后,完全没有体现出陕西省近年来尤其是党的十八大以来的发展成果。对外宣传还有一个重要渠道就是省、市所属的地方电视台,陕西卫视收视率常年在全国排名倒数,没有一档全国知名的品牌节目,对提升陕西省的知名度和形象几乎没有起到作用。

第四,文化创新能力较差。前面提到陕西省对外宣传的文化符号过于老套,这就体现出陕西省文化产业的另一个短板——文化创新能力较差。陕西历史博物馆是陕西文物和历史文化的集中体现,但是陕西历史博物馆的宣传水平和文创产品却很差,陕西历史博物馆售卖的文创产品还仅仅停留在复制陶俑、图书光盘等旅游纪念品阶段，缺乏符合当代消费者需求的文创产品。而故宫博物院则为陕西历史博物馆树立了榜样，故宫博物院与陕西历史博物馆同样作为世界知名的博物馆，其文化创新方面做的远远好于陕西历史博物馆，故宫的文创产品体现在方方面面，从年轻人喜爱的卡通玩偶、胶带纸到庄重正式的紫砂壶复制品均有所涵盖，产品线非常丰富，人们不仅可将故宫的文创产品作为旅游纪念品，更是将其作为日常生活的小物件，即使不去故宫参观也会在电商平台购买，截至2016年年底，故宫共有文创产品9170种，累计为故宫带来10亿元左右收入，相较之下，体现出陕西省文化产业中创新能力的匮乏。

第五，新型文化产业发展欠缺。目前，陕西省存在的规模以上文化服务业企业主要集中在景区游览服务、发行服务等传统行业，2014年，陕西省文化服务业企业中企业数量最多的行业分别是景区游览服务、电影和影视录音服务、广告服务，分别占20.8%、12.1%、11.4%；业务收入最高的3个行业分别是景区游览服务、出版服务、专业设计服务，占比分别为18.2%、13%、11.2%。而目前全国规模以上文化服务业企业主要集中在互联网信息服务和文化软件服务等新兴文化服务业行业，这说明陕西省目前的文化产业过于陈旧，缺乏新业态。

第六，文化产业投资来源单一，经济成分单一。陕西省目前对文化产业的投资主要来自于政府设立的产业基金等，文化资源大多由具有政府背景的国有企业进行开发，缺乏对民间资本的利用，民间资本也很难获得文化资源，产业政策也偏向于鼓励公有制经济为主体。陕西省文化产业投资来源单一还体现在陕西省文化企业以内资单位为主，港澳台单位及外资单位极少，从图5-6中可以看出，根据第三次全国经济普查，2013年，陕西省文化企业的内资单位占到90%以上，说明陕西省文化产业对外资的吸引力严重不足，下一步应抓住"一带一路"机遇，加大文化产业开放度。

第七，文化产业政策的规划性和指向性不够明确。陕西省的文化产业政策与国家政策相比未能体现出地方特点，也未能系统地分析陕西省自身的区位优势和文化潜力，只是简单地将现有文化创意产业的税收政策、土

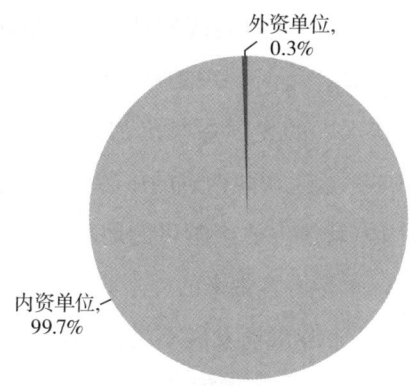

图 5-6　2013 年陕西省文化企业内、外资对比

地政策和经营政策等诸多优惠进行汇总和罗列。政策布局也未能体现专业性，没有制定具有长远性和可操作性的产业发展规划，也没有形成对文化产业布局、结构的深层次部署，从而无法对现实经济活动提供指导和帮助。

5.2.2　旅游服务业发展情况

陕西省是一个世界知名的旅游大省，拥有着丰富的旅游资源，人文历史资源有世界第八大奇迹——兵马俑、全国唯一保存完好的西安明城墙等，自然风光资源有西岳华山等。因此，陕西省的旅游业一直处于较为发达的状态，在国内各大旅游媒体所评选出的中国十大旅游目的地榜单上，陕西省会西安市始终榜上有名。

陕西省的旅游优势不仅体现在其丰富的旅游资源上，还体现在便捷的交通区位上，陕西省处在中国的地理中心位置，位于省会西安的西安咸阳国际机场是全国八大枢纽机场之一，是西北第一个实行 72 小时过境免签政策的机场口岸，年旅客吞吐量在全国排名第 8 位，实现了与全国所有省会城市均有通航。陕西省不仅航空运输便利，铁路运输业也十分发达，西安北站是全亚洲最大的高铁站，随着西成高铁的开通，陕西省"米"字形的高铁网络逐渐成形，外地游客到陕西旅游越来越便利。

旅游业作为一种无烟产业，在全世界范围内都被各国政府广泛重视，贺渊迪和樊怡图（2017）研究发现，陕西省的 GDP 和旅游总收入之间存在单项因果关系。因此，发展好旅游业对陕西省经济总体健康发展及完成追赶超越目标都有至关重要的作用。表5–1表明，陕西省近5年入境旅游人数和外汇收入一直保持着高水平的发展态势，尤其是国际旅游外汇收入2011—2016年增长了近55%，这说明陕西省的旅游资源对境外游客仍然有着较大的吸引力。但是与国内其他主要旅游目的地相比，陕西省的入境游客较低端，从表5–2来看，每个游客带来的外汇收入与北京、上海两市相比较少，这说明陕西省的高端旅游市场发展不足，陕西省会西安市目前只有13家国际品牌五星级酒店，排在全国第12位，反映出陕西省的高端旅游接待场所较少。

表5–1 陕西省入境游发展状况

年份	国际旅游外汇收入总额/百万美元	入境旅游人数总计/万人	入境旅游外国人数总计/万人
2016	2239.00	338.2	228.52
2015	2000.22	293.03	194.15
2014	1768.73	266.3015	185.8346
2013	1676.19	253.47	178.92
2012	1597.47	335.24	233.66
2011	1295	270.4071	189.9093

表5–2 国内主要境外游客旅游目的地客均外汇收入　　单位：美元

年份	上海市每个游客带来外汇收入	北京市每个游客带来外汇收入	陕西省每个游客带来外汇收入
2015	896.65	1096.53	682.60
2014	875.82	1078.02	664.18
2013	854.06	1065.18	661.30
2012	843.52	1028.03	476.52
2011	860.14	1040.73	478.91

从国内方面来看，陕西省无论是旅游收入还是接待游客数量都有快速增长，2016年接待游客量较2011年翻了近4倍，旅游业收入增长了近200%，这些都说明陕西省的旅游业近5年来有着飞速的发展，对国内外游

客的吸引力都在快速增长。

表5-3 陕西省国内游发展情况

时间	国内旅游收入/亿元	国内游客数/万人
2016	3658.92	44574.72
2015	2903.9	38274.1
2014	2435.5	32952.8
2013	2031.1	28161
2012	1713	23200
2011	1325	18400

但是通过横向对比之后，我们会发现陕西虽然拥有丰富多样的旅游资源，但旅游业的发展水平在全国范围内却较为落后，2016年陕西省的旅游收入仅排在全国第20位，省会西安市2016年全年接待游客1.5亿人次，排名全国第8位，但是全年旅游业收入只有区区1200亿元，排在全国第15位，西安市目前只有13家国际品牌五星级酒店，排在全国第12位。这几组数据都说明了陕西省并没有利用好手中的旅游资源，优质的旅游资源并没有转化成旅游收入，旅游市场没有实现高端化，说明陕西省目前在旅游领域还存在众多"短板"。

第一，陕西省旅游资源未能实现整合联动。陕西省内分布着众多优质的旅游资源，但为游客所知晓的仅仅有大雁塔、陕西历史博物馆等少数省会西安的旅游景点，诸如宝鸡青铜器博物院等陕西其他地区的优质旅游资源并不被游客所知，因此就会出现"知名景区人挤人，其他景区没有人"的现象，游客缺乏合理分流，既不利于陕西省整体协调发展，也未能为游客带来舒适的游览体验。

第二，旅游业宣传不足。陕西省拥有众多的旅游资源，并且名声在外，因此对宣传工作缺乏重视。2010年，陕西省旅游宣传促销投入仅5000万元，而同期河南、山东等省份此项投入都在1亿元以上，在各级媒体上极少见到陕西省的旅游宣传资料，宣传思路也较为僵化，在统筹旅游宣传工作时缺乏系统思维。陕西旅游政务网和陕西省旅游局的官网本应是系统介绍和宣传陕西旅游的门户网站,但这两个网站界面陈旧,缺乏对陕西旅游资源的跟踪介绍,外地游客缺少官方渠道了解陕西省内的旅游资源信息。相比之下,香港地区的做法值得借鉴,在香港康乐及文化事务署的官网上,每个博物馆都有详细记载和介绍,香港康文署还给游客提供博物馆通行证,游客可以凭借通行证游览所有博物馆,有时游客并不知道其他博物馆,但有了这个通行证之后,顺便就去参观了其他博物馆,既方便了游客,又宣传了其他景点。

第三,新开发景区同质化严重。最近几年,政府将特色小镇建设作为农村脱贫致富的一种方法,确实为当地农民群众带来了不菲的收入,但陕西省近年建设的特色小镇都存在同质化的问题。例如,陕西省境内较为知名的袁家村和马嵬驿,这两家民俗村的小吃存在严重的重合现象,并且虽说是民俗村,却完全没有凸显出关中民俗风情,完全成为"小吃村",缺乏对陕西优秀民俗的宣传,也没有起到提升陕西美誉度的效果。

第四,生态旅游发展不足。提到陕西旅游,大家的第一印象都是历史古迹,极少想到自然旅游和生态旅游。国家标准将旅游资源单体分为8大类,31亚类,161个基本类型。陕西共有旅游资源单体9972个,覆盖全部8大类,占31个亚类的93.55%,但是陕西的自然旅游资源仅占陕西省全部资源的6.69%,这样的"先天不足"很容易让喜欢自然山水的游客将陕西排除在目的地之外,得出"到陕西就是看文物古迹"的印象。外界对陕西省的环境印象始终停留在"黄土高坡"阶段,经过多年的退耕还林和生态治理,客观地讲,陕西省早已不是外界眼中"尘土漫天"的形象。在党的十九大报告中,习近平总书记指出必须树立和践行"绿水青山就是金山银山"的理念,坚持节约资源和保护环境的基本国策,像对待生命一样对待生态环境,统筹山水林田湖草系统治理,实行最严格的生态环境保护制度,形成绿色发展方式和生活方式,坚定走生产发展、生活富裕、生态良好的文明发展道路,建设美丽中国,为人民创造良好的生产生活环境,为全球生态安全做出贡献。陕西省在多年的努力下森林覆盖率已达到43.06%,在北方省份中排名第3位,陕西省共有101个4A级以上景区,其中自然景观类有 47 个，陕西省南部拥有秦岭这一天然氧吧，有着丰富的自然旅游和生态旅游资源，但是陕西省并没有利用好这些资源，没有凸显出陕西"山清水秀、天蓝地绿"的自然风光。

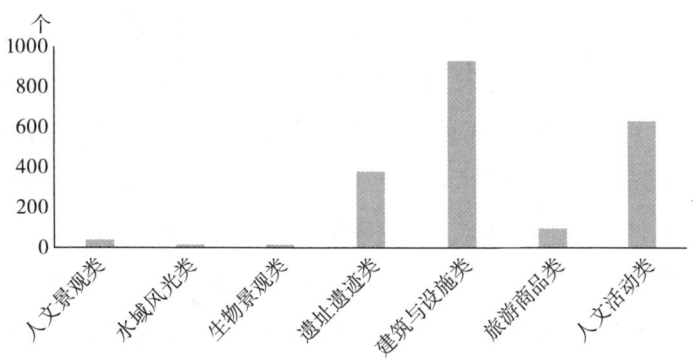

图 5-7　陕西省旅游资源分布

5.2.3　陕西省的名片——西安国际化大都市建设

多数外地人来陕西省的第一站就是到访省会西安市，人们对陕西省发展水平和人文素养最直观的感受也是来自西安的市容市貌，因此，建设好西安市对彰显陕西新形象、提升陕西美誉度有着至关重要的作用。在 2009 年国务院批复的《关中—天水经济区发展规划》中，首次从国家层面提出将西安建设成继北京、上海之后的第三个国际化大都市，随着国家"一带一路"倡议的深入推进，西安作为丝绸之路的起点也必将发挥重要作用。2019 年，第二届"一带一路"国际合作高峰论坛将在西安召开，因此，我们必须要把握住这一契机，建设好大西安，彰显陕西新形象。

2017 年，西安市委书记王永康提出"三步走"的战略，其中第三步即在 2050 年全面建成服务"一带一路"和亚欧合作交流的现代化、生态化、国际化大都市。从各项数据来看，西安市目前的国际化大都市建设已经取得了一些成就，位于西安浐灞生态区的西安使领馆区已经建成落地，截至目前，泰国、韩国、柬埔寨、马来西亚等 4 国已在西安开设总领事馆，并且法国、英国等 17 个国家已经在西安开设了签证中心，西安目前已经开通了连接五大洲 23 个国家的 44 个城市的国际航线，其中包括 14 个"一带一路"国家的26个城市,还开通了三条中欧班列,截至目前有200多位外国元首和政要到访过西安,仅次于北京和上海,这些都表明西安的国际化程度和开放程度在逐步提高。看到这些成就的同时,我们也应该知道与国内其他城市相比,西安的城市建设目前还是存在一些问题的。

2017年最新发布的《复兴中的世界城市——西安国际化大都市发展蓝皮书(2017)》中提到,在英国拉夫堡大学全球化及世界城市研究网络(GaWC)的最新世界级城市名册上,西安市排在Gamma-级,属于国际化大都市的最低一级,在中国大陆地区排在第17位,排名较为靠后。跨国消费品连锁门店也可以在一定程度上反映出一个城市的繁华程度和国际化程度,并且一个城市拥有时尚品牌的数量对城市形象的提升也有巨大的作用。在快消品牌方面西安表现不错,在目前拥有的快消品牌门店数量上,西安市排在全国第6位,仅次于上海、北京、深圳、成都、广州,但是西安的高端奢侈品门店较少,在全国仅排名第11位,美国苹果公司已经在全国21个城市开设了41家门店,但西安一家都没有。咖啡作为外来文化的代表,星巴克门店的数量可以在一定程度上反映出一个地区对外来文化的接受程度和国际化程度,而目前西安市拥有55家星巴克,在全国排名第11位,排名依然较为靠后。

西安市目前与国内其他主要一线、二线城市的差距还存在于城市管理水平上,一个城市管理水平的高低,对于城市形象和城市吸引力有着至关重要的影响。西安城市管理水平整体较低。首先表现在西安市的公共卫生间上,2017年的"厕所革命"之后,西安市的公共卫生间环境有了一定的改善,但是公共卫生间数量依然较少,城六区只有1545座公共卫生间,而北京和上海则超过了5000座。根据国家住建部《城市公共厕所规划和设计标准》,主要繁华街道公共厕所之间的理想距离为300~500米,一般街道为750~1000米,按照这一标准,西安市公厕密度显然是不达标的,西安城市管理局的官网虽然有"公厕查询"的功能,但是只有文字地址,没有地图显示,查询起来非常不方便。西安城市管理水平较低还表现在交通拥堵上,交通运输部科学研究院和高德地图最新联合发布的《2017Q3中国主要城市交通分析报告》显示，2017年第三季度西安市的平均高峰拥堵延时指数为1.879，排在全国第9位，属于拥堵比较严重的城市，虽然造成交通拥堵的原因有很多，但城市管理水平对交通状况的作用也是非常重要的。西安的空气污染问题一直以来也很严重，西安空气质量存在着客观的地理条件因素限制，由于秦岭山脉的阻隔，西安本地乃至华北地区的雾霾都淤积在秦岭北麓，这就导致了冬天的西安雾霾格外严重。从图5-8中我们可以发现，省会西安市的空气质量相较前几年有下降的趋势，这说明这几年的治霾努力并没有达到效果，西安市的空气质量不仅没有得到提升，反而有所恶化，这说明西安的生态环境治理仍需努力。

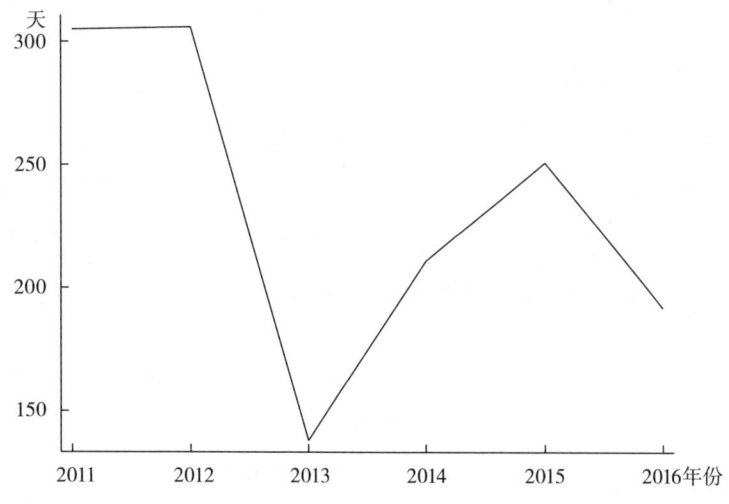

图5-8 西安市空气优良天数变化

综合来看，西安的城市建设管理水平相较国内其他一线、二线城市来说还存在许多不足，在建设国际化大都市的路上我们一刻都不能停歇。

5.3 新时代陕西新形象彰显的政策建议

前面我们分析了陕西省目前和新形象之间的具体差距，下面针对目前存在的差距提出了若干条政策建议，助力陕西省彰显新形象、提升美誉度。

5.3.1 大力发展地域特色文化产业，增强陕西文化输出

陕西省文化产业发展不足直接导致陕西省在全国范围内的影响力较弱，针对这一现象，陕西省应该大力发展彰显地域特色的文化作品，吸取"熊猫文化"的教训，深挖周、秦、汉、唐历史题材，向外展现出豪迈大气的汉唐雄风，在全国范围内建立起对汉唐文化的敬仰和崇拜，建立起富有陕西地域特色的强势文化，通过地域特色文化建立陕西品牌效应，形成陕西文化软实力，提升陕西民众的文化素质，树立当代城市新形象，凸显陕西地域文化的吸引力、感染力和渗透力，进而实现弘扬优秀中华文化，实现文化自信和道路自信。

5.3.2 增强文化创新能力

文化创新能力已经成为目前一个地区综合创新能力的一部分，而陕西省的文化创新能力是远远不够的，创新能力不足并且思维僵化，陕西省也应该"放下身段，打开大门"，激发民间资本活力，鼓励扶持民间资本进入文化创新产业领域，主动利用互联网等创新手段宣传陕西的文化资源，弘扬陕西文化。

5.3.3 提升陕西地区的宣传水平

外界对陕西省的误解很大程度上是由于陕西省长期宣传水平低下的原因。陕西省的宣传导向一直是深厚的历史底蕴，这是陕西省的优势，但在宣传过程中也应该注意宣传陕西省的经济发展水平和城市建设水平，人们在选择工作地点和生活地点的时候很少关注一个地区是否有深厚的历史底蕴，反而更关注城市建设水平和生活便利程度。成都市在这方面做得非常好，一直都在宣传成都是一所生活压力小、适合创业工作的城市，但事实上成都无论是城市建设水平、生活便利程度还是工资收入都和西安没有太大差别，就连空气污染都和西安市相差不大，而房价却比西安高得多。综合来看，成都地区并不比西安更适合工作和生活，但是由于成都长期的宣传，很多人都认为成都比西安更适合生活和工作，长此以往，对陕西省的

形象建设是非常不利的。

5.3.4 大力治理和发展旅游业

首先,陕西省的旅游资源一直没有实现整合,在宣传、售票等方面一直各自为政,既不方便游客,也不利于陕西旅游业的长远发展。因此,我们在发展旅游业时首先应该整合省内各大旅游资源,打破利益格局,实现统一开发、统一宣传。

其次,陕西应完善旅游制度建设,建立健康的旅游市场,加大对"山寨"景区和"宰客"现象的整治力度,还人民一个干净和谐的旅游环境,给外地来陕游客留下一个陕西人民热情好客、服务周到的良好印象。

最后,应该着力激发各类市场主体的发展活力,以旅游业带动酒店业、餐饮业等相关产业的发展,着力构建现代产业发展新体系。将经济发展由依靠旅游业转向更多依靠现代服务业和战略性新兴产业带动。对于西安而言,可以大力加强旅游企业品牌的建设,其中旅行社业、商贸购物业、文化休闲娱乐产业等第三产业都有较大的发展空间。

5.3.5 加强西安国际化大都市的建设力度

首先,西安国际化大都市建设的过程中还存在一些城市规划和城市管理方面的问题,借鉴先进经验,加强公共交通建设,增加地铁公交运力,打破出租车利益格局,打破经营垄断,发挥市场的作用,提升出租车服务质量,将出租车打造成大西安的服务名片,在交通规划中坚持公交优先的原则,培养居民公交出行的思维,解决交通拥堵的问题。

其次,西安市还要加强金融中心建设,这既是国际化大都市的应有之义,也是对陕西产业发展的支持举措。陕西省的产业普遍存在融资效率低、融资渠道单一的问题,陕西省目前的上市公司仅有47家,占全部上市公司总数不足2%,并且大多数上市公司经营业绩较差,陕西省上市公司2016年前三季度的总体利润水平仅为全国平均水平的40%。2012年之后陕西省新上市的企业只有10家,上市公司"老龄化"问题严重,这就导致陕西省上市公司产业落后,上市公司中缺乏高新技术企业和战略新兴产业企业，而邻省四川省上市企业的数量为33家，是陕西省的3倍。陕西省的资产证券化率仅有33%，仅为全国平均水平的一半左右，在西北地区都排在末位。即使是已经上市的陕西省企业中，有12家自上市后从未进行过再融资，有6家企业上次再融资距今已超过10年时间。这一切都说明陕西省从政府层面到企业层面都没有重视对资本市场和金融工具的利用，更不用说利用资本市场发展文化产业和旅游产业了。因此，加强西安金融中心建设，既有利于西安和陕西地区形象的提升，也有利于西安地区文化产业和旅游产业的发展，因此，提高对资本市场的重视、建设"一带一路"上的新型国际金融中心，应当作为西安建设国际化大都市、陕西彰显新形象的工作重点系统布局。

6 新时代陕西奋力追赶超越中经济增长质量的提高

党的十九大报告中指出，中国特色社会主义进入新时代，我国经济已由高速增长阶段转向高质量发展阶段，正处在转变发展方式、优化经济结构、转换增长动力的攻关期。习近平总书记在2018年中央经济工作会议上强调，推动高质量发展，是保持经济持续、健康发展的必然要求。当前，陕西全省上下正凝心聚力，深入实施"五新"战略任务，奋力追赶超越。伴随着经济新常态的不断深入，陕西奋力追赶超越的道路上必然会迎来难得的历史性机遇，也将面临纷繁复杂的困难与挑战。为深入贯彻落实党的十九大精神，学习贯彻习近平总书记系列重要讲话特别是来陕视察重要讲话精神，按照"五个扎实"的要求更好地实施省第十三次党代会提出的"五新"战略任务，确保陕西在"十三五"这一全面建成小康社会的决胜阶段实现经济社会的持续高质量发展，对陕西的经济增长质量进行更为深入的研究与评价便显得尤为重要。

6.1 对新时代陕西经济增长质量的整体评价

6.1.1 经济增长质量的内涵界定

对经济增长质量的内涵界定是研究经济增长质量问题的前提与基础，对经济增长质量内涵的不同阐释直接决定了对该问题的研究视角、研究范围和研究内容。经济增长质量是一种规范性的价值判断，其内涵也会随着经济社会的发展不断变化，从而难以准确界定（任保平，2010）。关于经济增长质量的内涵界定，理论界目前主要有两类观点：

一类是从狭义上来定义经济增长质量，认为其仅涵盖了经济效率的范畴，指资源要素投入比例、经济增长效果或经济增长的效率，也就是进行经济活动时所消耗和使用的要素投入与经济活动总成果之间的比较。对于一定时期的全部经济活动或一项经济活动而言，给定投入的产出越多，或达到一定产出目标所使用的投入越少，就表明经济增长效率和质量越高（任保平，2012）。苏联经济学家卡马耶夫（1983）在论证经济增长的实质时提出，仅从数量的角度来分析经济增长是不够的，同时还应当看到我们是以什么样的代价来取得这一增长的，要在经济增长的速度与质量的互相联系中考察经济增长。王积业（2000）认为，经济增长过程是生产要素积累和资源利用效率改进共同作用的结果。生产要素积累是指资本和劳动力在数量上不断增加，构成经济增长实现数量扩张的主要源泉；而资源利用效率的改进是指资本、劳动等生产要素更加有效的使用，构成经济增长质量提高的主要源泉。决定经济增长的两种因素既相互联系又相互区别，共生于经济增长的过程之中。在一定时期内，由于这两种因素的作用力度不同，经济增长或是以数量扩张为主，或是以质量提高为主，从而相应形成粗放型和集约型两种形态。刘亚建（2002）认为，经济增长速度反映的是经济增长的总量变动，而经济增长质量可以理解为效率的同义语，是指单位经济增长率所含有的剩余产品量，在单位经济增长率中投入的资金和物资越少，就意味着经济增长质量越高。在他看来，质量高的经济增长即使只以中速增长，也能使国民财富明显增长；而质量低的经济增长即使以很高的速度增长，其能满足的社会需要也不如高质量下的中速增长。李变花（2005）认为，应从社会再生产的角度对一定时期内国民经济的总体状况及其发展特性进行综合评价，全面地反映经济增长的优劣程度。经济增长质量涵盖要素生产率、技术进步、人力资本、经济结构等多个方面。姜琛（2012）指出，经济增长质量就是经济增长状况的好坏，而提高经济增长质量的目标就是满足人们的物质文化需求。要通过技术进步改善制约经济增长诸要素的状况，促进资源的有效配置和产业结构合理化，进而实现国民经济整体素质的提高。洪银兴（2010）从投入产出的角度分析了经济增长质量。在产出方面，经济增长质量表现为单位经济增长率所含有的剩余产品量；在投入方面，经济增长质量表现为单位经济增长率中投入资金和物质的数量。提高经济增长质量，关键在于提高生产要素的组合质量、效率质量，以及生产要素再配置的质量。

另一类观点则从广义上界定了经济增长质量，认为经济增长质量属于一种规范性的价值判断，具有丰富的内涵，既要强调经济因素，还考虑了社会和环境等多方面的影响，是一个经济社会范畴的综合性概念。Robert J. Barro（2002）认为，经济增长质量是相对于经济增长数量而言的。经济发展是与经济增长数量紧密相关的经济方面的因素，而经济增长质量则是与经济增长数量紧密相关的社会、政治及宗教等方面的因素。经济发展从根本上反映了人均 GDP 的增长，其基本测度指标为人均 GDP 的对数、教育年限以及城市化率；而经济增长质量具体涵盖受教育水平、预期寿命、健康状况、法律和秩序发展的程度以及收入不平等内容。陈海梁（2006）将经济增长质量定义为"一定时期内同一国或一个地区在实现质量产品和服务总量增长的活动的优劣程度"，具体涵盖经济效益、经济结构、科技进步、环境保护、竞争能力和人民生活水平 7 个方面。赵英才等（2006）从均衡和可持续发展理论出发，认为经济增长质量的理论内涵应从 3 个层面进行界定，即经济系统的投入产出效率、最终产品或服务的质量以及环境生存质量。李俊霖（2007）认为，经济增长质量是增长过程中表现出的国民经济的优劣程度，具体包括增长的有效性（反映增长的效率）、增长的充分性（反映增长过程中资源的利用程度）、增长的稳定性（反映增长过程中的波动幅度）、增长的创新性（指技术创新与制度创新在经济增长中作用的大小）、增长的协调性（反映经济结构的协调程度）、增长的持续性（指经济持续增长的能力）、增长的分享型（反映经济增长的效果）7 个层面。马建新、申世军（2007）提出，经济增长质量的内涵可界定为一个经济体在经济效益、经济潜力、经济增长方式、社会效益、环境等诸多方面表现出的，与经济数量扩张路径的一致性与协调性。严红梅（2008）

认为，高质量的经济增长应具备4个基本特征：增长方式集约型；增长过程具有稳定性、协调性和持续性；增长结果能带来经济与社会效益的显著提高；增长潜能得以不断增强。钞小静、惠康（2009）认为，经济增长质量是从经济的内在性质上来反映经济增长的，对经济增长内在性质的判断既要从其动态过程中考察，也涉及经济增长的后果和前景。在经济增长的过程方面，经济增长的结构以及经济增长的波动构成了经济增长质量的主要内容；而从经济增长的结果来看，经济增长质量主要涉及经济增长的福利变化与成果分配，以及资源利用和生态环境代价。黄琴（2010）认为，广义的经济增长质量是一种规范意义上的价值判断，可理解为对经济福利、激励机制、技术创新、供求结构和生产效率等诸多因素综合的考量，涵盖经济增长的稳定性、协调性、持续性和潜力、投入产出效率、经济系统的最终产品或服务的质量、环境生存质量等内容。任保平（2012）认为，经济增长质量的提升是经济增长到一定数量的条件下，经济增长的效率提高、结构优化、稳定性提高、福利分配改善、创新能力提高共同作用的结果。经济增长数量考察的是增长的速度，而经济增长质量考察的则是增长的优劣程度。

综合以上对经济增长质量问题的研究成果，我们不难发现，经济增长质量这一概念的内涵体现了理论与实践、过程与结果的有机统一。在理论上既关注经济因素，也注重社会的影响，而在实践上既强调经济增长过程优化的重要性，即经济增长的效率提高、结构优化以及稳定性增强；还注重经济增长结果的改善，即人民福祉的增进、生态环境代价降低，以及国民经济整体素质的提升。

6.1.2 陕西经济增长质量的综合评价指标体系构建

我们沿用任保平、钞小静、魏婕在《中国经济增长质量报告（2012）》中的研究方法，从经济增长的效率、经济增长的结构、经济增长的稳定性、福利变化与成果分配、资源利用和生态环境代价以及国民经济素质六大维度来对陕西经济增长质量进行评价，获得基础指标和方面指数的权重

（见表6-1和表6-2），最终得到经济增长质量指数值。

表6-1 各级指标的统计特征

维 度	成 分	特征根	方差贡献率	累积方差贡献率
经济增长的效率	1	0.249	86.521%	92.521%
	2	0.033	3.692%	96.213%
经济增长的结构	1	0.558	81.459%	81.459%
	2	0.582	10.429%	91.874%
经济增长的稳定性	1	4.629	98.442%	98.442%
	2	0.141	1.482%	99.924%
福利变化与成果分配	1	0.664	87.893%	91.893%
	2	0.055	6.879%	98.772%
资源利用和生态环境代价	1	1.477	73.950%	91.950%
	2	0.884	4.880%	96.830%
国民经济素质	1	0.691	76.996%	76.996%
	2	0.179	13.623%	90.619%
经济增长质量	1	6.108	50.233%	50.233%
	2	4.127	29.442%	79.675%

注：由于篇幅有限，表中只列出了第一和第二主成分的特征根与方差贡献率。

表6-1说明经济增长质量6个方面指数的第一主成分综合原始数据信息的能力非常强。其中经济增长的效率、经济增长的结构、国民经济素质维度、福利变化与成果分配以及资源利用和生态环境代价维度的方差贡献率均达到90%以上，经济增长的稳定性这一维度的方差贡献率甚至达到了98.4%。由此可见，采用第一主成分来确定相应权重的方式具有较强的合理性。

表6-2 各基础指标、方面指数的系数向量与相应权重

基础指标	第一主成分系数	基础指标权重	基础指标	第一主成分系数	基础指标权重
全要素生产率增长率	0.009	0.016	城镇登记失业率	0.029	0.025
技术变动	0.016	0.035	人均GDP	0.502	0.667

续表

基础指标	第一主成分系数	基础指标权重	基础指标	第一主成分系数	基础指标权重
技术效率变动	-0.012	-0.019	城市人均住宅建筑面积	0.089	0.100
资本生产率	0.148	0.307	农村人均住房面积	0.118	0.146
劳动生产率	0.470	0.947	城镇居民恩格尔系数	0.007	0.018
工业化率	-0.054	-0.017	农村居民恩格尔系数	0.039	0.107
第一产业比较劳动生产率	0.114	0.028	泰尔指数	0.425	0.456
第二产业比较劳动生产率	0.057	0.031	劳动者报酬占比	0.066	0.099
第三产业比较劳动生产率	0.032	0.066	单位地区生产总值能耗	0.287	0.247
投资率	1.023	0.491	单位地区生产总值电耗	0.266	0.289
消费率	0.869	0.634	单位产出大气污染程度	0.258	0.172
存款余额/GDP	0.183	0.079	单位产出污水排放数	0.720	0.682
贷款余额/GDP	0.156	0.099	单位产出固体废弃物排放数	0.673	0.566
进出口总额/GDP	0.537	0.224	公路里程/人口数	0.484	0.688
二元对比系数	0.018	0.012	铁路里程/人口数	0.449	0.473
二元反差指数	0.432	0.193	科学技术支出占财政支出比重	0.193	0.146
经济波动率	1.984	1.000	行政费用占财政支出比重	-0.079	-0.145

续表

基础指标	第一主成分系数	基础指标权重	基础指标	第一主成分系数	基础指标权重
消费者物价指数	0.004	0.001	公共安全支出占财政支出比重	-0.048	-0.057
生产者物价指数	0.013	0.002			
方面指数	第一主成分系数	方面指数权重	方面指数	第一主成分系数	方面指数权重
经济增长的效率	0.342	0.177	福利变化与成果分配	-0.384	-0.243
经济增长的结构	-0.654	-0.069	资源利用和生态环境代价	0.919	0.472
经济增长的稳定性	1.204	0.493	国民经济素质	0.348	0.385

由表6-2可知，经济增长的稳定性在第一主成分指数中的权重最高，为0.493，这表明2005—2015年陕西经济增长质量的变化更多体现在经济增长的稳定性这个维度上。资源利用和生态环境代价和国民经济素质两个维度紧随其后，分别为0.472和0.385，表明这两个维度对经济增长质量指数的贡献权重相当。经济增长的结构和福利变化与成果分配两个维度的权重最小，分别是-0.069和-0.243，均为负值，这是因为变量权重是由变量系数经特征根归一化后得到的，而变量系数相对大小与该变量方差相对大小之间的联系较为紧密。

6.1.3 指标选取和数据说明

本章所引用的经济数据来源于2005—2015年的《中国统计年鉴》《陕西省统计年鉴》以及《新中国60年统计资料汇编》。需要特别说明的是，对于个别年份缺失的数据，我们从《新中国60年统计资料汇编》《2015年金融统计年鉴》和《陕西省统计年鉴》中进行参照补充，最终形成了完整的数据。这些缺失的数据具体包括：对于《中国统计年鉴》中缺失的

2009—2010年城乡家庭恩格尔系数，采用食品消费支出占总消费支出比可估算出；缺失的2006年三次产业就业人数、工业废气排放总量，2008年的劳动者报酬、固定资产折旧、生产税余额、营业盈余，2010年机构存款余额、机构贷款余额等数据，通过建立OLS回归看出拟合程度较高，所以可采用回归方法拟合产生相应年份缺失的数据。缺失的2009—2010年机构存、贷款余额数据，使用对应年份的《金融统计年鉴》中数据补充；缺失的2005年和2006年公共安全支出数据可用武装警察支出与公检法支出相加所得的和表示。

6.1.4 陕西经济增长质量的测度结果

首先根据所得各基础指标的相应权重求得各方面的指数值，然后采用同样的方法获得各方面指数的权重来合成经济增长质量指数值，最终对经济增长质量进行综合评价，表6-3给出了2005—2015年陕西经济增长质量指数与各个维度的具体的测度结果。

表6-3 2005—2015年陕西省经济增长质量指数测度结果汇总

年份	方面指数						经济增长质量指数
	经济增长的效率	经济增长的结构	经济增长的稳定性	福利变化与成果分配	资源利用和生态环境代价	国民经济素质	
2005	1.156	1.173	1.108	1.982	1.724	0.698	-0.138
2006	1.314	0.835	1.307	0.878	1.994	1.172	1.264
2007	1.484	1.128	1.587	0.485	2.048	1.427	1.571
2008	1.655	0.887	1.866	1.254	2.216	1.612	1.351
2009	1.963	1.135	2.079	0.288	2.505	1.689	1.031
2010	2.195	0.996	2.317	0.695	2.719	1.772	1.098
2011	1.269	0.947	2.786	0.873	2.886	2.184	1.175
2012	1.498	1.017	2.924	0.996	2.998	2.427	1.323
2013	1.732	0.853	3.263	1.359	3.285	2.908	1.557
2014	1.957	1.169	3.642	1.545	3.637	3.376	1.876
2015	2.215	0.984	3.937	1.967	3.904	3.959	2.384

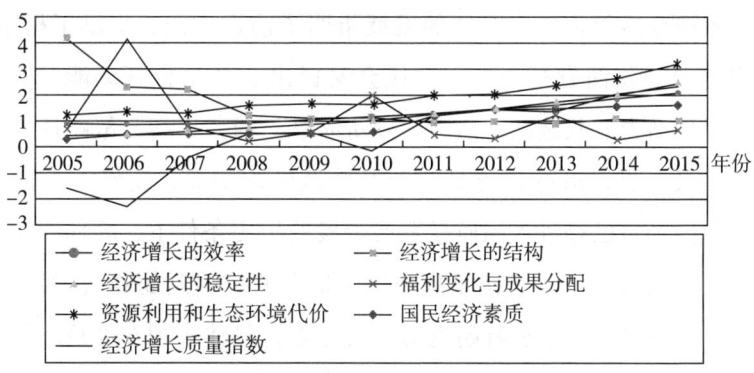

图 6-1　2005—2015 年陕西经济增长质量指数

由表 6-3 和图 6-1 可以看出，陕西经济增长质量指数由 2005 年的 -0.138 上升到 2015 年的 2.384，经济增长质量呈波动上升的态势。综合这 6 大维度的变化趋势，其中经济增长的效率、经济增长的稳定性、资源利用和生态环境代价、国民经济素质这 4 个维度的指标稳中有升，分别由 2005 年的 1.156、1.108、1.724 和 0.698 增长至 2015 年的 2.215、3.937、3.904 和 3.959，这表明经济增长的效率、经济增长的稳定性、资源利用和生态环境代价、国民经济素质 4 个维度对陕西经济增长质量的贡献度最高，可以说它们共同组成了促进陕西经济增长质量提升的"四架马车"。通过进一步观察方面指数的波动趋势，我们不难看出，福利变化与成果分配这一维度的方面指数波动较大，这表明经济增长质量指数的波动主要是由福利变化与成果分配所引起的。而经济增长的结构这一维度指标从 2005 年的 1.173 不断波动下降至 2015 年的 0.984，在此过程中反复波动，说明陕西经济增长结构对经济增长质量指数的贡献是负向的，经济增长结构对陕西整体的经济增长质量的提升产生了一定程度的制约作用，陕西的经济结构亟待进一步优化。

6.2　新时代陕西经济增长质量提升对追赶超越的重要作用

2015 年春节前夕，习近平总书记在来陕西视察时，立足全局、着眼长远，对陕西作出了追赶超越的科学定位，提出了"五个扎实"的明确要求，为陕西今后很长一个时期的发展指明了前进方向，提供了根本遵循。2017年5月，陕西省第十三次党代会又提出了"培育新动能、构筑新高地、激发新活力、共建新生活、彰显新形象"的"五新"战略任务。

从狭义上讲，追赶超越是一个经济范畴的概念，是经济上的追赶超越。在我国经济已经进入高质量发展阶段的历史条件下，陕西要实现经济上的追赶超越恰恰就体现在经济增长质量上的"追赶超越"。经济增长质量的追赶超越是经济上追赶超越的重要标志，具体表现在经济增长的效率不断提升、经济增长的结构趋于优化、经济增长的稳定性显著增强、经济增长过程中福利变化和成果分配更加公平、经济增长的资源利用和生态环境代价明显减小、经济增长所带来的国民经济素质逐渐提高。由此可见，提升经济增长质量对陕西深入实施"五新"发展战略、奋力追赶超越具有重要的推动作用。

6.2.1 以经济增长质量的提升培育新动能

培育新动能是陕西决胜全面小康、奋力追赶超越的根本支撑。党的十九大报告对我国经济发展的历史阶段作出了科学的论断，即我国经济已由高速增长阶段转向高质量发展阶段，正处在转变发展方式、优化经济结构、转换增长动力的攻关期。未来，陕西必须紧紧围绕产业链布局创新链，围绕创新链培育产业链，促进经济增长由要素驱动向以创新驱动为主转变，促进经济结构的优化和经济增长动力的转换。推动质量、效率和动力三大领域的变革，努力建设现代化经济体系。经济增长质量提升所带来的全要素生产率、技术效率、三次产业劳动生产率、资本生产率等指数的提升有效地促进了经济增长效率的提高和结构的优化，可以在以下几个方面助力陕西经济新动能的培育：

（1）能够借助主导产业提质扩能，依靠科技创新增强核心竞争力，提高产品附加值，推动陕西生产力迈向中高端水平。

（2）能够通过聚合各种创新资源，构建科研与产业协同发展的产业生态，促进科技和经济的有机结合、创新成果和产业发展的紧密对接。

（3）能够发掘潜力、蓄积能量，发挥陕西的科教资源优势，进一步激发陕西整体的科技创新活力和经济增长的新动力。

（4）能够有效创造新供给、带动新需求，着力提高供给侧的质量和效益，为陕西经济增长提供持续而有保证的动力源泉。

6.2.2 以经济增长质量的提升构筑新高地

构筑新高地是决胜全面小康、奋力追赶超越的关键所在。2013年党的十八届三中全会明确提出要使市场在资源配置中起决定性作用，更好地发挥政府的作用；国家的"一带一路"倡议又将陕西的省会西安定位为"内陆型改革开放新高地"。陕西要抓住重点领域，把握关键环节，全面深化改革，全方位扩大对外开放，加快建设资源配置能力强、体制机制活、服务效能高的改革开放新高地。经济增长质量的提升体现为经济增长结构的优化、对外开放的扩大，具体表现为进出口总额占GDP比重的增长，能够在以下几个方面帮助陕西构造改革开放的新高地：

（1）能够为建设"一带一路"核心区，为陕西不断融入"一带一路"战略，走向对外开放前沿，运用两个市场、统筹两种资源、面向全球配置资源创造良好条件。

（2）能够推动陕西贸易转型升级，培育陕西贸易新业态，形成以技术、品牌、质量、服务为重点的陕西外贸竞争优势。

（3）能够打造全面深化改革先行区，助力西安高新区自主创新示范等各类改革试点，使得部分领域改革走在全国前列。

（4）能够通过打造区域特色发展引领区，"强关中、稳陕北、兴陕南"，以基础设施互联互通、产业分工协作、城镇化综合体系为重点，推动全省三大区域立足资源、发挥优势、各展其长、协调发展。

6.2.3 以经济增长质量的提升激发新活力

激发新活力是决胜全面小康、奋力追赶超越的重要前提。党的十九大报告指出，要着力构建市场机制有效、微观主体有活力、宏观调控有度的经济体制，通过支持民营企业发展，激发各类市场主体活力。因此，要打破旧观念的束缚和旧体制的羁绊，以强有力的措施，在增强企业活力、提升县域经济活力、激发市场活力和调动人才活力方面不断激发强大动能，让创新创业创造的源泉充分涌流。经济增长质量的提升表现为企业创新能力的提高、市场活力的增强，而这些又能够在经济增长效率的提升、结构的优化和国民经济素质的提高几个方面加以体现，并对激发陕西经济新活力产生作用：

（1）能够有效增强企业活力，强化企业的市场主体地位，保证各种所有制企业依法平等使用生产要素、公平参与市场竞争、同等受到法律保护。

（2）能够切实提升县域活力，充分发挥各类产业园区的集聚功能，形成一批综合实力强、知名度高、自然环境美的特色农业大县、新型工业强县、魅力旅游名县。

（3）能够充分激发市场活力，规范市场秩序，形成统一开放、竞争有序的市场体系，营造廉洁高效、公平有序、稳定透明的市场环境。

（4）能够积极调动人才活力，推动人才规模、质量、结构与陕西经济社会发展相适应、相协调；用好现有人才、稳定关键人才、培养青年人才、引进稀缺人才、集聚高端人才，使得各类人才在三秦大地上都能找到用武之地。

6.2.4 以经济增长质量的提升共建新生活

共建新生活是决胜全面小康、奋力追赶超越的最终目的。习近平总书记曾深情地说："人民对美好生活的向往就是我们的奋斗目标。"党的十九大报告强调，要不断满足人民日益增长的美好生活需要，不断促进社会公平正义，形成有效的社会治理、良好的社会秩序，使人民获得感、幸福感、安全感更加充实，更有保障，更可持续。共建新生活，要坚持以人民为中心的发展思想，始终把坚持实现好、维护好、发展好最广大人民的根本利益作为一切工作的出发点和落脚点，充分调动陕西人民群众的积极性、主动性、创造性，坚持打赢脱贫攻坚战，让三秦百姓更多、更公平地享受改革发展的成果。

经济增长质量这一价值判断的核心是"以人为本",因此,衡量经济增长质量水平的一个根本标准就是全体人民的福祉是否在增长的过程中得到显著增进,经济增长的成果能否真正由全体人民共享。陕西经济增长质量的提升能够在以下几个方面帮助3000多万三秦儿女共建新生活:

(1) 能够促进就业增收,规范收入分配秩序,缩小收入差距,扩大中等收入群体。

(2) 能够完善各类公共基础设施,增强城乡基础设施保障能力,方便人民群众日常生活。

(3) 能够营造宜居环境,坚持城乡一体化规划,推进美丽乡村建设和农村人居环境改善,努力让城乡居民的生活环境更加舒适美好。

(4) 能够推动教育综合改革,促进义务教育均衡发展;推动健康陕西建设,保障群众健康生活;完善基本养老、医疗等保险制度;建设平安陕西,推进社会治理创新。

(5) 能够助力脱贫攻坚,改善贫困地区的生产生活条件,不断增强贫困地区和贫困群众的自我发展能力,推动形成全社会共同脱贫攻坚的强大合力;通过帮助群众"挪穷窝""斩穷根",改善群众居住条件,推进城乡一体化发展。

6.2.5 以经济增长质量的提升彰显新形象

彰显新形象是决胜全面小康、奋力追赶超越的显著标志。陕西是华夏文明的重要发祥地,历史文化资源丰富,要坚持人文、社会、生态并重,体现陕西气派、汇聚陕西力量,全面展示陕西悠久灿烂的历史文明与日新月异的现代发展,展现陕西传统、现在与未来完美融合、交相辉映的新风貌。经济增长质量这一概念具有非常丰富的内涵,经济增长质量的提升也反映在国民经济素质、科学文化素质和社会道德素质的不断提高上,经济增长质量的提升能够在以下几个方面彰显陕西在新时代的新形象:

(1) 我国春秋时代的思想家管仲说:"仓廪实,则知礼节;衣食足,则知荣辱。"经济增长质量水平的提升促进了人们福利水平的提高，进而有利于人们弘扬树立勤劳质朴、宽厚包容、尚德重礼、务实进取等优秀道德品质。经济增长质量的提升对强化陕西历史厚重、人文璀璨的文化风尚，巩固陕西文化大省地位，展现意气风发、自信自强的新时代陕西人风采能够发挥积极作用。

（2）能够促进城市基础设施的完善，以及社会治理体系的优化，能够彰显陕西秩序井然、经济繁荣、社会和谐、文明有序、生态良好、和谐宜居的良好风貌，有利于吸引更多高素质人才来陕学习工作、创业发展，有利于吸引更多有实力的企业来陕投资兴业，有利于吸引更多四方宾客来陕观光旅游。

（3）经济增长质量的提升表现在经济增长过程中，环境污染得到有效治理，经济发展对生态环境的负面影响逐渐减小，增长的生态环境代价越来越小。要按照习近平总书记"绿水青山就是金山银山"的理念要求，确定生态建设的基础性战略性地位，以雾霾污染专项治理为重点处理环境污染问题。要通过提升经济增长质量，改变陕西过去在人们脑海中"黄土高坡""八百里秦川尘土飞扬"的旧形象，让在三秦大地上的每个人都能感受到生态环境优美、人文景观丰厚的陕西新形象。

6.3 新时代提升陕西经济增长质量的对策

6.3.1 陕西经济增长质量提升面临的制约因素

（1）经济增长的效率方面。经济增长的效率对陕西经济增长质量指数的贡献是正向的。由表6-2和表6-3可以看出，2005—2015年陕西经济增长的效率呈稳步上升的态势，由2005年的1.156上升至2015年的2.215。通过对效率维度内的各分项指标的分析可知，2005—2015年劳动生产率对经济增长效率提升的贡献较大，表明陕西省的经济增长速度比同期全省就业人口的增速快。但是技术效率变动2005—2015年出现了较为明显的下滑，这说明技术进步放缓制约了经济增长效率进一步的提高，陕西经济增长质量提升的内在动力有待进一步培育。

（2）经济增长的结构方面。经济增长的结构对陕西经济增长质量指数的影响是负向的。由表6-2和表6-3可以看出，2006—2010年"十一五"期间经济增长的结构指数波动频繁，尽管从2006年的0.835增加到2010年的0.996，但增幅极小，且出现多次下降，未能实现稳步增长。通过观察本维度内的各分项指标可以看出，三次产业较劳动生产率、投资率、消费率、进出口总额均呈现出不同程度的负向变动，特别是消费率对经济增长的结构指数负向影响程度最高，投资率次之，这表明投资率和消费率与其适度指标的合理值差距逐年拉大，从而严重阻碍了经济结构指数的提高。这说明陕西要通过优化经济增长结构提升经济增长质量仍然任重道远。

（3）经济增长的稳定性方面。经济增长的稳定性对陕西经济增长质量指数的贡献是正向的，且在6个维度中贡献最大。由表6-2和表6-3可以看出，2005—2015年经济增长的稳定性指数一直处于稳步上升趋势，由2005年的1.108上升至2015年的3.937。从各分项指标中可以看出，2005—2015年经济波动率对经济增长的稳定性的贡献率最大，且作用显著。表明陕西省经济增长的波动较小，稳定性较强。但是随着经济新常态的不断深入，陕西经济增长的稳定性也会面临来自多方面的困难和考验，经济增长过程中的各种风险和不确定因素也日益增多，这些为陕西实现经济增长质量的提升带来了新的困难和考验。

（4）福利变化与成果分配方面。经济增长的福利变化与成果分配对陕西经济增长质量指数的影响是负向的。由表6-2和表6-3可以看出，该指数从2005年的1.982到2015年的1.967，相差不大，但是有多个年份处在1以下的较低水平，由此可以看出，陕西经济增长的福利变化与成果分配阻碍了经济增长质量指数的提升。由本维度内的各分项指标可以看出，劳动者报酬占比所占负向比重较大，且出现较大下滑，说明劳动者没有充分享受到经济增长带来的成果。在奋力追赶超越的过程中，收入分配的差距问题严重制约了陕西经济增长质量提升的步伐。

(5)资源利用和生态环境代价方面。经济增长的资源环境代价对陕西经济增长质量指数的贡献是正向的。由表6-2可以看出,陕西经济增长的资源利用和生态环境代价维度的指数2005—2015年由1.724增长到3.904,这说明2005年以来陕西在资源环境代价降低方面成效显著,有力地促进了经济增长质量的提高。表6-3反映出单位产出污水排放数这一指标的变化尤为明显,这得益于陕西省近年来全面落实河长制,对省域内的几条主要河流开展了全面的综合治理。此外,对高耗能、高排污企业关停并转,也反映在单位地区生产总值能耗和单位产出污水排放的降低上。因此,实现经济增长的资源利用和生态环境代价指数的不断上升,有效地促进了经济增长质量的提升。但我们也要看到,陕西经济增长过程中的资源环境问题并没有得到完全解决,资源环境代价对经济增长质量提升的制约作用依然存在,合理利用资源、保护生态环境仍然是今后及未来很长一个时期内的重要工作。

(6)国民经济素质方面。国民经济素质指数对陕西经济增长质量指数的影响是正向的。由表6-2和表6-3可以看出,2005—2015年陕西经济增长的国民经济素质指数始终处于稳步上升的态势,由2005年的0.698上升至2015年的3.959。国民经济素质是一个国家和地区国民经济系统各种内在因素有机结合形成的整体功能特性,它表现为一个国家长期有效地开发和利用各种资源创造国民财富的基本条件和能力,它能够反映一定时期的基础设施建设完善程度、国民综合素质等。"十二五"以来,陕西共投入资金5000多亿元,逐步构建"米"字形的高速公路交通网络,公路总里程达到17.2万千米,铁路基本形成"两纵五横三枢纽"的骨架网,民航形成"一主四辅"民用机场体系,交通基础设施建设成就瞩目。但与此同时,行政费用和公共安全支出所占财政支出比重的逐年加大也反映出陕西公共管理成本的增加,这必然会对陕西经济增长质量的提升产生一定的制约作用。

6.3.2 陕西经济增长质量提升的政策建议

习近平总书记在2018年中央经济工作会议上强调,推动高质量发展是当前和今后一个时期确定发展思路、制定经济政策、实施宏观调控的根本要求。从以上分析结果来看，经济增长的效率、经济增长的结构、经济增长的稳定性、福利变化与成果分配、资源利用和生态环境代价、国民经济素质6个方面都存在着制约陕西提升经济增长质量的因素，因此需要针对各个方面存在的问题分别施策，全面助力陕西在经济增长质量提升的过程中实现追赶超越。

（1）通过提升全要素生产率，增强陕西经济的创新力和竞争力

党的十九大强调要坚持质量第一、效益优先，以供给侧结构性改革为主线，推动经济发展的质量变革、效率变革、动力变革，提高全要素生产率。陕西的高校、科研院所众多，科技创新实力雄厚，在经济增长中需要进一步注重质量和效益，加大对科技创新和人才培养的投入力度。

一方面，通过营造良好的发展环境，不仅要培养人才，更要千方百计地吸引并留住更多优秀的人才，还要从国内外引进具有全球化视野的高水平人才，为陕西经济社会发展贡献源源不断的智力支持。另一方面，必须要按照党的十九大提出的要求，有效提高全要素生产率，加强对中小企业创新的支持力度，促进高校和科研院所的研究成果高效转化为现实生产力，为陕西经济发展注入强劲的动力；通过构建实体经济、科技创新、现代金融、人力资源协同发展的现代产业体系；让市场在资源配置中起决定性作用，保障市场供求机制的有效运行、企业微观主体的有序竞争，更好地发挥政府在市场规制、监管方面的重要作用。

（2）通过经济结构的优化升级加快形成陕西经济的质量优势

党的十九大报告中提出了建设现代化经济体系的目标，强调要把发展经济的着力点放在实体经济上，明确了提高供给体系质量这一主攻方向。陕西要通过供给侧结构性改革，支持传统产业优化升级，加快发展先进制造业和战略性新兴产业，积极推动工业化与信息化深度融合，促进大数据时代实体经济与互联网、人工智能等的深度融合。

在中高端消费、绿色低碳、共享经济等领域培育陕西经济新的增长点，形成促进陕西经济增长质量提升的新动能。通过加大科技创新及教育

投入，培育知识型、技能型、创新型的现代高素质人才，大力弘扬劳模精神和工匠精神；发挥"一带一路"等国家发展规划战略的导向作用，适时作出政策调整，鼓励本土企业走出去，积极拓展海外市场；结合自身在航空航天、装备制造、能源化工等领域的优势，推动产业迈向全球价值链中高端，把一批世界级的先进制造业集群做大、做强、做优；加强各项基础设施建设，为陕西经济发展质量的提升奠定物质基础。

(3) 通过完善市场监管体制，构建公平、稳定的各级各类市场

党的十九大报告提出，要加快完善社会主义市场经济体制。陕西国有经济占比较大，拥有延长石油、陕煤化工等一批大型国有企业。要提高整体的经济增长质量，陕西必须加快国有经济布局优化和战略性重组，调整公有制和非公有制经济结构，在推动国有资本做强、做优、做大的同时，深化国有企业改革，培育一批实力雄厚和竞争优势突出的国内一流、世界知名企业。

经济体制改革的重点是完善产权制度和要素市场化配置。陕西要全面实施市场准入负面清单制度，破除一切阻碍市场公平竞争的桎梏。通过鼓励发展混合所有制经济，支持民营企业发展，激发各类市场主体的活力；要打破行政性垄断，打击市场垄断行为，加快要素价格市场化改革；创新和完善宏观调控，完善政府监管，通过构建有效的经济增长质量监测预警体系，严防各类系统性风险。努力营造产权有效激励、要素自由流动、价格反应灵活、竞争公平有序、企业优胜劣汰的市场经济环境。放宽服务业准入限制，完善市场监管体制。

(4) 通过民生的保障和改善，努力打赢脱贫攻坚战

增进民生福祉是经济发展的出发点和落脚点。党的十九大报告作出了中国特色社会主义已经进入新时代这一重大历史判断，并指出我国社会的主要矛盾已经转化为人民日益增长的美好生活需要和不平衡、不充分的发展之间的矛盾。陕西提升经济增长质量的根本目的也是让改革发展成果更多、更公平地惠及全省人民。

保障和改善民生的关键在于处理好人民最关心、最直接和最现实的利

益问题。陕西经济发展不平衡、不充分的一些问题突出，要完善收入分配体制，促进就业增收，实施城乡居民收入倍增计划，健全职工工资决定和正常增长机制，完善最低工资和工资支付保障制度，增加居民财产性收入，确保居民收入增速高于经济增速；规范收入分配秩序，发挥税收、社保、转移支付等在调节分配中的作用，保障陕西人民"劳有所得"。

加强社会保障体系建设，全面建成覆盖全民、城乡统筹、权责清晰、保障适度、可持续的多层次社会保障体系；完善城镇职工基本养老保险、城乡居民基本养老保险制度和失业工伤保险制度；统筹城乡社会救助体系，完善最低生活保障、社会福利、慈善事业、优抚安置等制度，使三秦百姓老有所养、弱有所扶；坚持房子"是用来住的、不是用来炒的"的定位，加快建立多主体供给、多渠道保障、租购并举的住房制度，让三秦百姓"住有所居"；健全基本医疗卫生制度、医疗保障制度和优质高效的医疗卫生服务体系，让三秦百姓"病有所医"。

实施乡村振兴战略是党的十九大、2017年中央农村工作会议和2018年中央经济工作会议上习近平总书记反复强调的一项重要内容。在中国特色社会主义进入新时代的背景下，实施乡村振兴战略是做好"三农"工作的总抓手。陕西是农业大省，"三农"问题还有很多"硬骨头"要啃。要通过科学制定战略规划，健全城乡融合发展的体制机制，清除阻碍要素下乡的各种障碍；推进农业供给侧结构性改革，坚持质量兴农、绿色兴农，农业政策要实现从增产导向转向提质导向。

坚决打赢脱贫攻坚战。要坚持在发展中保障和改善民生，实现脱贫致富。坚持脱贫攻坚和区域发展相结合，因地制宜地推广发展特色产业，实施生态扶贫，改善贫困地区的生产生活条件，不断增强贫困地区和贫困群众的自我发展能力；完善就业扶贫、教育扶贫、健康扶贫、兜底扶贫等措施，促进农村最低生活保障制度与扶贫开发政策有效衔接，真正做到"一个都不能少"。确保到2020年，陕西贫困人口全部实现脱贫，贫困县全部摘帽，区域性整体贫困得到彻底解决，做到脱真贫、真脱贫。

面对繁重的民生改善和脱贫攻坚工作，陕西一定要按照习近平总书记的要求,"一件事情接着一件事情办,一年接着一年干"。多谋民生之利、多解民生之忧,要在完善公共服务体系、保障人民群众基本生活、不断促进社会公平正义等方面下足功夫,使三秦百姓在共建共享发展中有更多的获得感,不断满足三秦百姓日益增长的美好生活需要,推动陕西朝着实现共同富裕的目标不断迈进。

(5)通过环境保护和资源有效利用助力陕西生态文明建设

党的十九大吹响了全面建设社会主义现代化国家、向第二个百年奋斗目标进军的号角,提出了要把我国建成为富强、民主、文明、和谐、美丽的社会主义现代化强国的奋斗目标。生态文明建设是"五位一体"战略布局的重要组成部分,陕西自然资源丰富,拥有山清水秀、天蓝地绿的自然风光。要提高经济增长质量,必须继续坚持资源节约、环境保护和经济发展并重,保护好三秦大地的美好生态环境。

强化生态文明建设基础性战略性地位,深入推进山、水、林、田、湖一体化治理,让三秦大地山更绿、水更清、天更蓝;以秦岭、桥山为重点加强山体保护,严格控制开发强度,搞好植被恢复,切实守护好"两叶肺";持续推进天然林保护、退耕还林还草、城市增绿等工程,确保全省森林覆盖率超过45%;加强关中水系构建和黄河西岸生态整治,通过实施河长制,进一步加强渭河、汉江等重点江河的综合治理;恢复保护建设百万亩湿地,生态恢复"八水绕长安"盛景。

(6)通过集聚发挥自身优势,推动陕西迈向科教强省

党的十九大报告提出要优先发展教育事业,明确了建设教育强国的目标。陕西是教育大省,要发挥自身得天独厚的优势,继续加大教育投入力度,推动城乡义务教育一体化发展,努力让每个孩子都能享有公平、高质量的教育,从根本上缩小城乡差距;陕西高校众多,要通过发挥自身科教优势,抢占未来发展的制高点。加快一流大学和一流学科建设,实现高等教育内涵式发展;加强师德师风建设,培养高素质教师队伍,倡导尊师重教的良好社会风尚;加快建设学习型社会,全面提高国民经济素质,开创陕西人才活力竞相迸发、聪明才智充分涌流的良好局面。

作为科技大省，陕西高校、科研院所、高新技术企业众多，科技创新实力雄厚。据统计，2016年中国企业500强的研发投入占营业收入的0.9%，而陕西百强企业的研发投入占比达到了1.64%，远高于全国水平。陕西要继续坚持创新驱动的发展战略，发挥高校和科研院所的优势，集聚先进技术、先进管理和先进人才，构建产、学、研深度融合的技术创新体系，加大在人、财、物等各方面的投入力度，优化投入结构，提高成果的产出效率。具体来讲，要加快在航空航天、装备制造等传统优势领域的科技攻关，瞄准新材料、新能源、人工智能等科技前沿领域，研究产生更多面向市场的原创性成果；全面推进大众创业、万众创新，让创新创造的"种子"扎根三秦大地，不断"开花结果"。通过激发陕西经济增长质量提升不竭的动力源泉，推动陕西在奋力追赶超越过程中从教科大省迈向教科强省。

7 新时代陕西奋力追赶超越中"三新经济"的发展

随着我国进入经济新常态,经济增长速度由高速转为中高速,廉价资源和海外需求都不再支持这种粗放增长的模式。传统动能变弱,需要新动能突起和传统动能转型,形成新的"双引擎",尽快向集约型经济增长方式转变,提升生产要素的使用效率,进而实现高质量的经济增长。在2016年的全国两会上,国务院总理李克强在政府工作报告中提到,"要推动新技术、新产业、新业态加快成长,打造动力强劲的新引擎"。这是"新经济"首次被写入政府工作报告。2015年3月,习近平总书记到陕西视察时首次提出了"追赶超越",指出没有西部的小康和现代化,就没有全国的小康和现代化,能不能达到中高速发展,关键在西部。西部需要加快发展,加快缩小东西部差距。陕西省面对新常态下结构优化升级和驱动方式调整的新特征,要积极抢抓全面创新改革的机遇,实施创新驱动战略,提出加快培育新兴经济,以实现新产业蓬勃发展、新业态突飞猛进和新主体加速孕育,积极促进"三新经济",推动经济增长动能转换步伐。本章着力于描述分析陕西"三新经济"各个领域的发展现状,考察陕西"三新经济"发展的优点和不足,并结合陕西的基本情况提出适应对策,为实现追赶超越发挥作用。

7.1 新时代"三新经济"的概念界定

国家统计局在2017年制定了《新产业、新业态、新商业模式专项统计报表制度》,明确了对"三新经济"的界定。"三新经济"是指以新产业、新业态、新商业模式为核心的新经济。新产业、新业态、新商业模式是分别从经济活动性质、服务业载体形态、要素组合模式等方面，对新出现的经济活动的总体描述。

首先，新产业是指应用新科技成果、新兴技术而形成一定规模的新型经济活动。具体表现为：一是新技术应用产业化直接催生的新产业；二是传统产业采用现代信息技术形成的新产业；三是由于科技成果、信息技术推广应用，推动产业的分化、升级、融合而衍生出的新产业。

其次，新业态是指顺应多元化、多样化、个性化的产品或服务需求，依托技术创新和应用，从现有产业和领域中衍生叠加出的新环节、新链条、新活动形态。具体表现为：一是以互联网为依托开展的经营活动；二是商业流程、服务模式或产品形态的创新；三是提供更加灵活、快捷的个性化服务。

再次，新商业模式是指为实现用户价值和企业持续盈利目标，对企业经营的各种内外要素进行整合和重组，形成高效并具有独特竞争力的商业运行模式。具体表现为：一是将互联网与产业创新进行融合；二是把硬件融入服务；三是提供消费、娱乐、休闲、服务的一站式服务。

最后，"三新经济"具体可细分为以下11个方面：提质增效转型升级、工业战略性新兴产业、新产品、新服务、高技术产业及新技术、科技企业孵化器、四众（众创、众包、众扶、众筹）、电子商务、互联网金融、城市商业综合体、开发园区等11个经济领域。

表7-1 "三新经济"具体领域分类

	"三新"领域	指标名称
1	提质增效转型升级	1. 服务业增加值占 GDP 比重 2. 服务业贡献率 3. 每万名就业人员 R&D 人员数 4. 居民人均可支配收入与人均 GDP 之比 5. GDP 与固定资产投资之比 6. 城镇化率 7. 每万人口发明专利拥有量 8. R&D 经费与 GDP 之比

续表

	"三新"领域	指标名称
2	工业战略性 新兴产业	以下各类产业的企业数、工业总产值和增加值： 1. 工业战略性新兴产业 2. 节能环保产业 3. 新一代信息技术产业 4. 生物产业 5. 高端装备制造业 6. 新能源、新材料产业 7. 新能源汽车
3	新产品	工业新产品产量： 1. 碳纤维增强复合材料 2. 稀土磁性材料 3. 工业机器人 4. 新能源汽车 5. 动车组 6. 城市轨道车辆 7. 光纤 8. 服务器 9. 智能手机等 新能源产品产量： 1. 煤层气 2. 煤制天然气 3. 垃圾焚烧发电量 4. 生物质发电量 5. 太阳能发电量等
4	新服务	以下类别企业数、营业收入等： 1. 节能环保技术服务 2. 生物技术服务 3. 新一代信息技术服务 4. 新能源、新材料技术服务 5. 其他技术服务 6. 金融服务 7. 商务服务 8. 运输与快递服务 9. 文化、体育和旅游服务等

续表

	"三新"领域	指标名称
5	高技术产业及新技术	以下高技术制造业企业数、营业收入、经费投入等： 1. 医药制造业 2. 航空、航天器及设备制造业 3. 电子及通信设备制造业 4. 计算机及办公设备制造业 5. 医疗仪器设备及仪器仪表制造业 以下高技术服务业企业数、营业收入、经费投入等： 1. 信息服务 2. 知识产权及相关法律服务 3. 专业技术服务业的高技术服务 4. 电子商务服务
6	科技企业孵化器	1. 孵化器数量 2. 孵化器使用总面积 3. 孵化器内企业总数 4. 在孵企业 5. 当年新增在孵企业 6. 累计毕业企业 7. 在孵企业总收入 8. 在孵企业 R&D 投入 9. 毕业企业平均孵化时限等
7	众创、众包、众扶、众筹	"四众"平台企业数 以下各类"四众"模型企业数和营业收入： 1. 参与网络平台创新 2. 借助互联网分发交付业务 3. 获得政府企业个人支持 4. 互联网众筹借贷等
8	电子商务	1. 企业电子商务销售、采购额 2. 非自营平台交易额 3. 跨境交易额
9	互联网金融	1. 互联网支付交易金额 2. 个体直接借贷借款金额（P2P） 3. 小额贷款公司网络小额贷款发放金额 4. 股权众筹融资金额 5. 互联网销售基金金额等
10	城市商业综合体	以下各类自营、联营和租赁部分商户数、营业额等： 1. 零售业：百货店、超市、专卖店等 2. 餐饮业 3. 服务业：电影院、KTV、教育培训等

续表

"三新"领域		指标名称
11	开发园区	1. 各类开发园区数，在内企业、研发机构、金融机构数等 2. 各类开发园区总产值、营业收入、从业人员等

数据来源：国家统计局 2017 年出版的《新产业、新业态、新商业模式专项统计报表制度》。

7.2 对新时代陕西"三新经济"发展的评价

7.2.1 提质增效转型升级

通过对比 2016 年与 2015 年的数据，提质增效转型升级涉及的 8 个指标特别是研发就业、人均收入等体现质量和效益的指标都表现趋好。服务业增加值和服务业贡献率都有较大幅度上升，2017 年上半年，陕西省规上服务业增速加快，发展后劲增强，追赶超越成效显著，在全国位次大踏步前进。研发情况也得到较大改善，专利拥有量和研发经费的投入都上升明显。其中，就陕西省科研发展情况来看，2016 年有 32 个科研项目获得国家科学技术奖励，占全国科技奖励授奖总数的 11.47%。

表 7-2 陕西省提质增效转型升级领域指标

年份	服务业增加值/GDP	服务业贡献率	每万名就业人员R&D人员数/个	居民人均可支配收入/人均GDP	GDP/固定资产投资	城镇化率	每万人口发明专利拥有量/个	研发经费投入/GDP
2016	43.5%	53.1%	47	39%	94%	55.3%	8.13	2.6%
2015	40.7%	47.6%	42	36%	91%	53.9%	6.02	2.18%

资料来源：根据《陕西省统计年鉴》（2015、2016）整理所得。

7.2.2 工业战略性新兴产业

工业战略性新兴产业始终占据陕西省战略性新兴产业的主导地位，增加值占其比重由 2012 年的 72.1% 上升为 2016 年的 75%，对陕西省追赶超越起到了举足轻重的作用。

2016 年，59 户大型工业战略性新兴产业企业产值拉动战略性新兴产业产值增长 10.9%。陕汽、比亚迪汽车不断开拓新兴市场，新能源汽车生产形势良好。三星、中兴等企业产能扩大。2016 年，陕西省主营工业战略性新兴产业活动（战略性新兴产业产值占其工业总产值比重大于 50%）的工业企业 594 家，全年实现工业战略性新兴产业产值、主营业务收入比 2015 年分别增长 20.9%、19.3%，资产负债率降低 2.7%。

从产业内部看，就固定资产投资来看，节能环保产业力度最大，占战略性新兴产业固定资产投资的 29%；其次为高端装备制造业，占战略性新兴产业固定资产投资的 19.8%；新能源产业成为后起之秀。就增加值来看，新材料产业、节能环保产业、新一代信息技术产业位列前三甲，高端装备产业、新一代信息技术产业、生物产业总量在 340 亿元以上；新能源产业、新能源汽车产业规模相对较小，在 105 亿元以上。新材料产业、新一代信息技术产业、生物产业、高端装备制造产业和节能环保产业对全省生产总值增长的贡献率分别为 4.7%、4.3%、3.8%、3.7% 和 2.7%，分别拉动全省生产总值增长 1.2 个、1.1 个、1.0 个、0.9 个和 0.7 个百分点。

表 7-3 陕西省工业战略性新兴产业增加值现状

年份	工业战略性新兴产业增加值/亿元	年均增长率	占 GDP 比重	占战略性新兴产业增加值比重
2016	1541.5	12.9%	8%	75%
2012	949.3	—	6.6%	72%

资料来源：根据《陕西省统计年鉴》（2012、2016）整理所得。

表 7-4 陕西省工业战略性新兴产业产值和收入现状

年份	工业战略性新兴产业产值/亿元	占战略性新兴产业总产值	主营工业战略性新兴产业企业产值/亿元	占自身企业总产值比重	主营工业战略性新兴产业企业主营业务收入/亿元	主营工业战略性新兴产业企业资产负债率
2016	1686.5	45.5%	2847.5	76.9%	2705.7	55.7%
2015	1365.6	40.9%	—	—	2268	58.4%

资料来源：根据《陕西省统计年鉴》（2015、2016）整理所得。

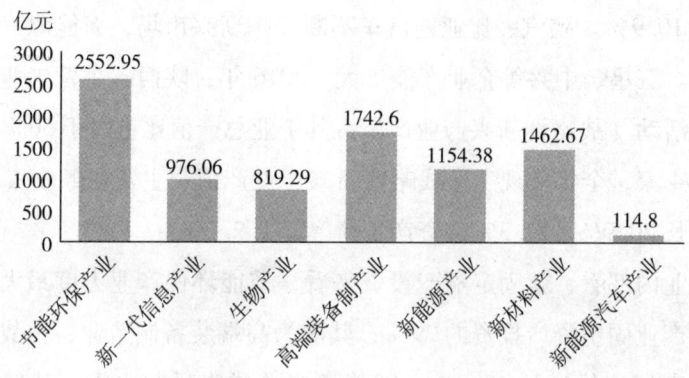

图7-1 2013—2016年七大工业战略性新兴产业固定资产投资
资料来源：根据《陕西省统计年鉴》（2013—2016）整理所得。

表7-5 陕西省代表性工业战略性新兴产业增加值现状

年份	增加值/亿元		年均增长率		占GDP比重		拉动战略新兴产业增加值增长率	
	新一代信息技术	新材料	新一代信息技术	新材料	新一代信息技术	新材料	新一代信息技术	新材料
2016	384.4	446.2	14.5%	13%	2%	2.3%	12.2%	13.3%
2012	223.6	271.2	—	—	1.6%	1.9%	—	—

资料来源：根据《陕西省统计年鉴》（2012、2016）整理所得。

7.2.3 新产品

根据陕西省统计局数据，2016年，全省单晶硅、多晶硅产量增长1倍，运动型多用途乘用车（SUV）产量增长6倍，新能源汽车产量、太阳能电池产量增长50%，智能手机产量增长62%，集成电路芯片量增长84%。新产品带动新产业，成为引领产业乃至陕西经济提质升级的"生力军"。

但是与全国平均水平相比，陕西新产品销售收入仍较低，省际差距明显。以陕西规上企业为例，2015年新产品销售收入低于全国平均水平8.3个百分点。

表7-6 陕西规模以上工业企业新产品销售率及与全国对比

年份	新产品销售收入/亿元	新产品销售率		新产品销售收入与R&D经费之比	
		陕西	全国	陕西	全国
2011	965.7	9%	11.9%	10∶1	16.8∶1
2012	871.6	5.3%	11.9%	7.5∶1	15.4∶1
2013	1015.5	5.6%	12.4%	7.5∶1	15.4∶1
2014	1126.8	5.8%	12.9%	7.4∶1	15.5∶1
2015	1041	5.3%	13.6%	6∶1	15.1∶1

资料来源：陕西省统计局。

7.2.4 新服务

全省新服务业主要集中于五大行业，分别是新一代信息技术服务业，文化、体育和旅游服务业，运输与快递服务业，其他研发与技术服务业，居家、养老和健康服务业，是推动全省新服务业发展的支柱性行业。相比之下，其余行业总量较小，大多占比在1%以下。

中兴、华为等一批龙头企业落户陕西，带动了新一代信息技术服务业的快速发展，成为新服务业的主要增长点，陕西省统计局网站显示2017年第一季度的营业收入增速排全国第9位，其中，软件开发是拉动软件和信息技术服务业高速增长的主要力量。

商务服务业中，企业总部管理与劳务派遣服务表现抢眼。陕西省统计局网站显示，2017年第一季度商业服务业营业收入增速排全国第7位，其中，企业总部管理收入增长162.7%，劳务派遣服务收入增长72.1%。

文化服务业呈爆发式增长，相关产业行业中，营业收入全部保持增长。其中，有4个行业实现30%以上的高速增长，而同期全国仅有文化信息传输服务业增速超过30%。

表7-7 2016年陕西省规模以上新服务业行业结构情况

	营业收入占比	从业人员占比
节能环保技术服务	0.9%	1.5%
生物技术服务	—	—

续表

	营业收入占比	从业人员占比
新一代信息技术服务	29.5%	18.9%
高端装备制造服务	0.1%	0.1%
新能源、新材料技术服务	—	—
其他研发与技术服务	14.2%	11.3%
人力资源管理与培训服务	1.2%	1.1%
租赁服务	0.1%	0.1%
商务服务	4.8%	8.8%
运输与快递服务	17.2%	9.9%
文化、体育和旅游服务	20.9%	36.5%
居家、养老和健康服务	10.9%	11.8%

资料来源：陕西省统计局。

7.2.5 高技术产业及新技术

高技术产业是现代服务业的重要内容和高端环节，技术含量和附加值高，发展潜力大，辐射带动作用突出。随着供给侧结构性改革的不断推进，陕西高技术产业也呈现出较快发展的态势，高技术产业营业收入连续3年增速超过10%，但与江苏、广东等高技术产业突出的省份相比差距还是很大，也不及四川省营业收入的一半。还要继续推动高技术产业的发展，打造全省经济追赶超越新增长点。

经费投入是发展高技术产业的基础条件。陕西省高技术产业对创新的投入逐渐加大，2010—2015年，陕西省高技术产业研发经费投入年均增长24.0%，其中2011年增长最多，同比增长90.72%，几乎翻倍。陕西航天航空技术在国内行业中优势突出。2017年，陕西航空航天器及设备制造业的研发经费投入和主营业务收入均位列全国前五。与其他省份相比，陕西的航空航天器及设备制造业的研发经费投入与产业规模在国内均占有绝对优势。

表7-8 陕西省高技术产业经营现状

年份	企业数/个					主营业务收入/亿元				
	平均	江苏	广东	四川	陕西	平均	江苏	广东	四川	陕西
2012	795	4598	5059	813	379	3299	22864	25047	3962	1238
2013	868	4865	5802	841	402	3744	24854	27871	5161	1374
2014	901	4852	5874	911	435	4109	26114	30329	5487	1650
2015	956	4903	6194	999	475	4515	28530	33308	5172	1903

资料来源：《中国高技术产业统计年鉴》（2016）。

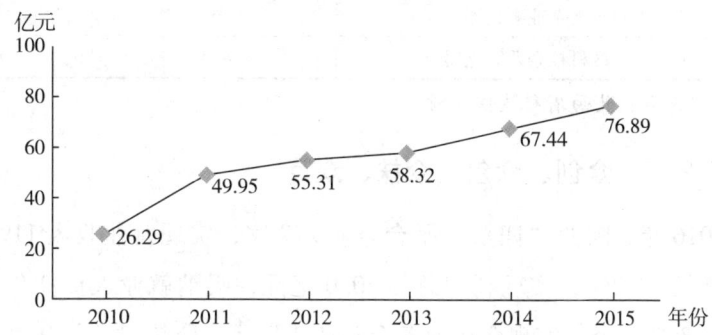

图7-2 2010—2015年陕西省高技术产业研发经费投入

资料来源：根据《陕西省统计年鉴》（2010—2015）整理所得。

7.2.6 科技企业孵化器

科技企业孵化器是指培育和扶植高新技术中小企业的服务机构。孵化器能够降低创业者的创业风险和创业成本，提高创业成功率，促进科技成果转化，帮助科技型中小企业成长。它对推动高新技术产业发展、繁荣经济发挥着重要的作用。

根据陕西省科技信息网数据，到2016年年底全省共有各类科技孵化器81家，面积210万平方米，入孵企业3866家，累计毕业企业2766家，为培育科技型中小企业、服务实体经济发展、促进产业转型升级提供了重要支撑。

2017年，陕西省拟推荐7家国家级科技企业孵化器，具体情况如表7-9所示：

表7-9 2017年陕西省拟推荐国家级科技企业孵化器概览

序号	孵化器名称	可自主支配孵化场地使用面积/万平方米	在孵企业数/个
1	宝鸡高新区3D打印材料产业孵化基地	5.8	52
2	渭南高新区3D打印科技企业孵化器	2.3	57
3	延安清洁能源孵化器	1.2	62
4	碑林环大学创新产业带孵化器	4.2	172
5	陕西机电科技创新孵化器	1.1	52
6	西安西户科技企业孵化器	6	51
7	榆林高新区科技企业孵化器	4.4	62

资料来源：陕西省科技信息网。

7.2.7 众创、众包、众扶、众筹

2016年，陕西"四众"平台企业277家，实现营业收入119.1亿元，同比增长10.2%，实现利润总额10.0亿元，吸纳就业人员2.0万人，众创项目3.2万个，实现众包业务金额2.2亿元、众扶对象1.0万个，实现众筹资金总额达4.1亿元，发展雏形初显。从企业服务结构看，60%以上的企业以提供众创服务为主，占"四众"企业营业收入的90.8%。

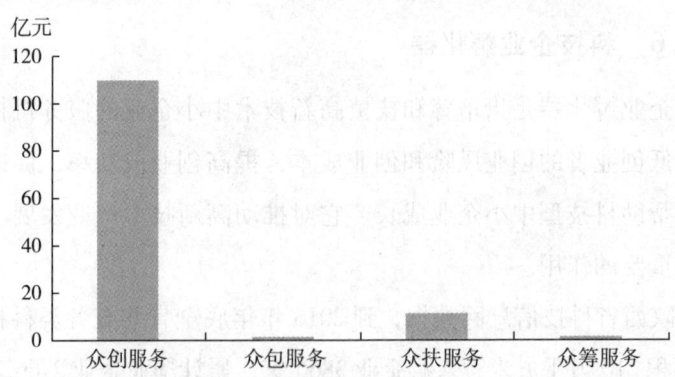

图7-3 2016年陕西省"四众"平台企业营业收入
资料来源：陕西省统计局。

7.2.8 电子商务

电子商务已成为陕西经济增长的新引擎。2014年,京东等大型网上零售商在陕西落户,2015年,电子商务交易额位居全国第21位。自2016年7月与阿里巴巴签订战略合作协议开始,扶风、洛川等5个县共183个村级服务站已投入运营;眉县等3个县、区的服务站投入运营,村点数达300个。继西安高新区之后,国际港务区成为国家级电子商务示范基地,进一步聚集和催生了大批电子商务企业。

陕西电子商务总体规模不断壮大,全省电子商务已逐步渗透到农业、制造业等行业,涌现出陕西农产品交易网、陕西特产网等具有代表性的电子商务交易平台,传统零售企业先后建立零售网站,小商品批发市场的经营户开始由实体销售向网上交易转型。

但是与其他省份相比,陕西电子商务基础薄弱,发展缓慢。2015年,电子商务交易额排排名第1位的是广东省,为3.2万亿元,增速29.6%,其后的浙江省和上海市的交易额也均超过2万亿元,增速大致为25%。而陕西省电子商务交易额仅为2658亿元,增速为20%。

表7-10 陕西省电子商务发展情况

年份	电子商务交易额/亿元	商品交易额/亿元	服务交易额/亿元	网上零售额/亿元	实物商品网上零收入/亿元	使用电子商务网民数/万人
2015	2658	2199	459	693	605	1254
2014	2211	1858	355	471	408	—

资料来源:根据《陕西省统计年鉴》(2014、2015)整理所得。

7.2.9 城市商业综合体

城市商业综合体作为新商业模式,是以区域为中心、以购物中心为主导,融合商业零售、餐饮、休闲养生、娱乐、文化、教育等多项城市主要功能活动,提供综合性服务的大型建筑综合体。城市商业综合体是陕西刺激消费、加快经济增长的强大引擎。2016年,全省规模以上的城市商业综合体新增6家,减少13家;营业面积使用率达83.9%;商户营业额增长18.8%;租金收入增长14.6%。从分布地区看,关中地区集中度高,其商业综合体数量占比近七成,商户数、从业数和营业面积均占全省80%以上。

表7-11 陕西规模以上城市商业综合体整体情况

年份	城市商业综合体数/个	营业面积/万平方米	全年客流量/万人次	商户数/个	车位数/个	从业人员数/个	营业额/亿元	租金收入/亿元
2016	37	158.5	21273	4109	19583	37559	129.4	9.17
2015	41	—	—	—	—	—	115.7	8

资料来源:陕西省统计局。

表7-12 陕西城市综合体平均商户情况

年份	平均商户数/个	平均商户从业人数/个	平均商户营业面积/平方米	平均商户营业额/万元	单位营业面积营业额/元	年营业额/从业人数/万元
2016	111	9	385.8	314.8	8160.6	34.4
2015	140	8	318.4	193.6	6080.9	24.8

资料来源:陕西省统计局。

表7-13 2016年陕西城市综合体地区分布情况

地区	城市商业综合体数/个	占全省比	商户数/个	占全省比重	商户从业人/人	占全省比	营业面积/平方米	占全省比	营业额/亿元	占全省比
陕西	37	—	4107	—	37560	—	158.5	—	129.3	—
关中	25	67.6%	3306	80.5%	31701	84.4%	134.9	85.1%	112.5	87%

资料来源:陕西省统计局。

7.2.10 开发园区

陕西省拥有众多开发园区,以国家级园区西安经济技术开发区和陕西航天经济技术开发区为代表。

根据西安经济技术开发区官方网站数据,其2016年经济总量达590亿元,综合实力在西部国家级经开区中位居第1,在全国国家级经开区中排名第23位;是陕西省首个产值过千亿的先进制造业基地。到2017年年底,重点项目总投资额已接近百亿元,可实现年产值350多亿元。近3年,区内企业获得各级科技进步奖194项,其中国家和省级103项,获奖总数居全省开发区前列,累计专利申请达3万件,发明专利占比超过32%。

根据陕西航天经济技术开发区官方网站数据,2017年区内企业达94家,进展项目12个,最受瞩目的是与京东集团签署战略合作协议,建设京东全球物流总部等4个项目,其他高端制造企业项目和城市商业综合体项目也在稳步推进中。

由于缺乏相应数据,陕西省互联网金融的具体现状不再一一列出。

7.3 新时代陕西"三新经济"发展的机遇和挑战

7.3.1 陕西"三新经济"发展的机遇

从国际来看,全球经济继续向好,发展的外部环境得到改善。全球经济呈现出自2008年金融危机以来比较强劲的增长势头。美国经济连续两个季度实现增长率超过3%,欧元区就业人数和消费者信心达2001年以来最高水平,日本经济连续8个季度正增长,俄罗斯、巴西等新兴市场国家经济运行也在转好。联合国最新发布的《2018年世界经济形势与展望》报告预计,2018年全球经济将稳定在3%左右的增速。尽管贸易保护主义抬头、朝鲜半岛等地缘政治局势等仍存不确定性,但全球经济总体向好带动了投资贸易回暖,人民币兑一揽子货币大体保持稳定,出口有望继续维持较快增速,为陕西"三新经济"发展提供了良好的外部环境。

从国内来看,改革持续深化推动供求关系更加协调,经济发展的内生动力增强。2018年是贯彻十九大精神的开局之年,也是改革开放40周年。党的十九大作出了"经济已由高速增长阶段转向高质量发展阶段""建设现代化经济体系"等重要判断和战略部署,有利于进一步厘清我国经济发展思路,为陕西"三新经济"发展提供了良好的内部环境。

从省内来看,陕西提出以战略性新兴产业为支撑、引领产业升级和结构调整的发展主题,为陕西省"三新经济"发展带来新机遇,主要体现在以下三个方面。

其一,陕西省"三新经济"的发展环境进一步优化。陕西省不断加快科技基础设施和支撑服务体系建设,重点建设了生产力促进中心、科技交流中心等中介机构,以及信息软件、生物医药、航空和民用航天四大产业支撑服务平台。同时,陕西省抓住国家增加对西部地区投资力度的历史机遇,为众多企业和单位全力争取国家和省级专项资金、政策支持。

其二,综合性国家级产业基地建设为战略性新兴产业发展提供了承载空间。近年来,陕西省坚持调结构、转方式、稳增长,以建设综合性国家高技术产业基地为核心,以提升产业自主创新能力为动力,以培育壮大战略性新兴产业为突破口,以实施战略性新兴产业重大工程专项为抓手,全面提升陕西经济的综合竞争力和实力,以实现陕西新兴产业的蓬勃发展。

其三,全面推进创新改革试验方案为发展"三新经济"提供了科技支撑。近年来,陕西进一步深化统筹科技资源改革,推进大众创业万众创新,促进科技和经济紧密结合、创新成果和产业发展紧密对接。

7.3.2 陕西"三新经济"发展的挑战

从国际来看,在后金融危机时代,发达国家为抢占新一轮世界产业主导权和战略制高点,加剧了对创新和资源的争夺,市场竞争日趋激烈,这将对陕西省"三新经济"在市场需求、企业融资、项目引进等方面产生不利影响。

从国内来看,新动能"乱象"频发,市场环境和监管制度亟待优化。新产业、新业态、新模式在蓬勃发展的同时伴生了各种不规范、不健康甚至违法违规现象,如互联网金融现金贷、共享单车倒闭潮、电商产品假冒伪劣、网络直播低俗恶俗等,给行业和消费者带来了负面影响,"乱象丛生"反映了适应新动能成长的市场环境和监管制度极不完善,需要下大力气解决。

从省际差距看,陕西和国内发达城市相比,在"三新经济"的发展上还有一定差距,众多产业还处于成长和积累阶段,主要体现在以下两个方面。

其一，新产品收入低。与全国平均水平以及四川省相比，陕西新产品销售收入仍较低，省际差距明显。以陕西规上企业为例，2015年新产品销售收入为1041亿元，不足四川省2892亿元的一半，也低于全国平均水平8.3个百分点。

其二，新业态动力不足。尽管新兴服务行业总量增长快速，但主要集中于新一代信息技术服务等五大行业，其他研发与技术服务业，居家、养老和健康服务业等，行业总量较小，大多数占比在1%以下。发展水平不均匀，结构不合理。

尤其在以互联网为主的信息服务方面，陕西省与其他省份还存在很大差距。2016年，四川省以"互联网+"为主要形式的文化信息传输服务业营业收入为202.14亿元，比上年增长42.4%。其中，仅腾讯科技（成都）有限公司实现营业收入38.69亿元，比上年增长174.8%；而陕西省以"互联网+"为主要形式的文化信息传输服务业营业收入仅为40.5亿元。

7.4 新时代陕西"三新经济"发展的作用和对策

7.4.1 陕西"三新经济"发展对追赶超越的作用

第一，发展"三新经济"是点燃陕西经济增长的新"引擎"。伴随着"互联网+""中国制造2025"等规划的不断落实推进，中国的"旧经济"部门完全可以凤凰涅槃，有效破解当前经济增长中面临的动力不足、结构失衡等深层次矛盾与问题，这同时也是陕西发展的契机。

第二，发展"三新经济"是陕西推进转型创新发展的重要突破口。以"三新经济"为导向，在注重激活存量的同时，努力培育新动能、发展新产业。重点是推进新材料、新能源汽车、生物医药、节能环保等新兴产业发展，打造陕西新的增长极。"互联网+"是开启中国新经济的"密钥"，陕西更要把握这把"密钥"，引导新经济发展。在全国大力实施"制造+互联网+服务"的战略背景下，以新技术引领新产业，实现从"汗水型经济"向"智慧型经济"的转变。

第三，发展"三新经济"是促进陕西结构转型的新"动能"。陕西处于新旧动能迭代更替的关键时期，必须培育壮大新动能，加快发展新经济。2016年政府工作报告中提出"让政策向新动能、新产业、新业态等倾斜，大力发展'新经济'"，为陕西的发展指明了方向。目前来看，以新产业、新技术、新业态为代表的"新经济"爆发出来的强劲动力超出了预期，弥补了传统产业下滑的影响，并为传统动能改造升级创造了条件。这为陕西经济的发展提供了新思路。

7.4.2 陕西"三新经济"发展的对策

其一，大力调整产业结构。更加注重实体经济发展和新动能培育，促进产业发展活力进一步释放；加快传统产业向高技术产业转化，促进经济增长方式转变。依托开发区发展，加快高技术产业集群发展。高技术服务业是现代服务业中最具创新活力的产业，具有高增值、低消耗、高辐射、集聚性强等特点。大力发展高技术服务业可以促进陕西的产业结构升级、自主创新能力提升和高素质人才就业。要统筹规划产业集群布局，形成集聚新优势，打造创新能力强、产业规模大的高技术产业基地，培育有一定带动能力的龙头企业，充分发挥其带动作用和区域辐射力，实现产业链的协同发展。

其二，着力增强产业创新能力。克服体制机制约束，实现"三新经济"突破发展。加大陕西地方政府在财政、税收、金融、政府采购、知识产权保护、人才培养与使用等方面的支持力度，为"三新经济"的发展提供支持；顺应新一轮科技革命和产业变革趋势，加快构建现代产业技术体系，为"三新经济"发展提供广阔的空间；有效扩大战略性新兴产业产业规模和企业规模，壮大战略性新兴产业发展基础，增强战略性新兴产业的发展动力，培育壮大"三新经济"产业。

其三，促进高技术人才培养和引进。一是加快培养高层次创新人才。坚持自然科学与社会科学、基础研究与应用研究并重，加快在信息科学、航空航天等领域培养一批具有国际、国内领先水平的学术、技术领军人物。二是重点引进西部地区高新技术产业、支柱产业、新兴产业等领域急需的高层次人才。鼓励企事业单位通过采取多种形式在境内外人才密集地设立研发机构等方式引进国内外人才和智力。三是进行人才制度创新。降低人才在区域内自由流动的流动成本，加快知识、技术、信息的扩散与转移，从而提高区域的知识创造和技术创新能力。四是加大人才激励制度建设。深化以技术入股等柔性方式留住科技人才，激发科技人才技术创新的积极性和创造性。

8 新时代陕西奋力追赶超越中县域经济的发展

郡县治，天下安。县是我国经济、社会、政治、文化等功能比较完备的行政区划单元，在新时代全面建设小康社会的进程中，县域是城乡统筹发展融合的主体和客体的统一体，是最直接、最有效的操作平台。县域经济是指以县为行政区划的区域内经济，是一个功能相对完备和健全的经济系统单元，是国民经济的重要组成部分。县域经济承启城乡、连接工农，是推动城乡融合、实施乡村振兴战略、解决"三农"问题的潜力和关键所在，是国家和地区实现中长期发展战略目标的基础。

2017年，陕西省政府工作报告中把"大力发展县域经济，推进区域城乡协调发展"作为当年的主要工作任务之一，提出要以更大力度补齐县域经济短板，以新型城镇化建设带动区域城乡协调发展，在加强薄弱领域的同时释放县域经济发展后劲。陕西省第十三次党代会报告中提出，"要把扩权赋能作为强县兴县的重要抓手，把城镇建设作为强县兴县的重要基础，要把产业作为强县兴县的重要支撑，充分发挥各类园区的集聚功能，立足资源禀赋，突出发展特色，提升县域经济发展活力，助力陕西发展上台阶、上水平"。基于陕西省追赶超越的战略目标，本章通过构建评价指标体系，对陕西县域经济发展进行评价，回顾总结陕西县域经济发展的时空变化及影响因素，进一步分析陕西县域经济发展过程中面临的机遇和挑战，提出针对陕西县域经济发展的对策建议，以期更好地推动全省县域经济发展。

8.1 对新时代陕西县域经济发展的评价

8.1.1 陕西县域经济发展评价指标体系的构建

本章在分析研究其他地区县域经济评价指标体系的基础上，参考和借鉴国家统计局、中郡所县域经济评价指标体系，考虑可行性、可比性和代表性的原则，从经济发展水平、经济发展活力和经济发展潜力3个方面构建县域经济发展的评价指标体系，并对陕西县域经济发展进行评价。经济发展水平反映了各县域当前的生产力水平、产业结构和基本的县情县力等状况，可用经济规模、产业结构、经济发展水平等指标进行刻画；经济发展活力反映了各县域经济社会发展的主要特征，可用经济发展速度、投资就业等方面的指标进行刻画；经济发展潜力反映了各县域未来可持续发展的基础和能力，可用人口素质、财政和储蓄等方面的指标进行刻画。

根据上述对指标体系的论述，陕西县域经济发展评价指标体系构建具体如表8-1所示。

表8-1 陕西县域经济发展评价指标体系

方面指数	分项指标	基础指标		计量单位
经济发展水平	经济规模	$X1$	GDP	亿元
		$X2$	地方财政收入	亿元
		$X3$	规模以上工业企业增加值	亿元
	产业结构	$X4$	第一产业占比	%
		$X5$	第二产业占比	%
		$X6$	第三产业占比	%
	经济水平	$X7$	人均GDP	元
		$X8$	人均地方财政收入	元
		$X9$	农村居民人均纯收入	元
		$X10$	城镇居民人均可支配收入	元
经济发展活力	发展速度	$X11$	GDP增速	%
	投资	$X12$	固定资产投资额	亿元
	消费	$X13$	社会消费品零售总额	亿元

续表

方面指数	分项指标	基础指标		计量单位
经济发展潜力	人口	X14	人口自然增长率	‰
	储蓄	X15	城乡居民年末储蓄存款余额	亿元
	教育	X16	每万人普通中学在校学生数	人

8.1.2 指标选取数据说明

根据构建的县域经济发展评价指标体系，我们以陕西省经最新行政规划调整后的78个县（市）为样本进行综合评价。选取的指标数据主要来自陕西省统计局、各地市统计局相关县域统计数据和各个县（市）2016年国民经济与社会发展统计公报。但是由于富平、佳县等县当年国民经济与社会发展统计公报资源缺失，这几个县对应的指标数据是基于《中国县域年鉴2016》所列各项指标数据，结合近年增长趋势预测估算所得。

所选不同指标数据因在单位和数量级上存在差异，需要对原始数据进行无量纲化处理，在保证各指标变异程度差异特性的基础上消除量纲和量级，确保数据的可比性。

8.1.3 陕西县域经济发展评价的测算结果

本章借助SPSS 22.0对上述构建的县域经济发展评价指标，运用主成分分析法进行综合评价，将所得各县（市）综合评价得分及排名具体列述在表8-2，为陕西县域经济发展提供现实判断和理论依据。

表8-2中各县（市）的综合得分相对应的代表其县域经济发展水平，综合得分为正，表明该县（市）县域经济发展水平高于全省平均水平，得分越高，表明经济发展水平越高；反之亦然。

表8-2 陕西各县（市）县域经济发展综合评分及排名

县（市）	综合得分	排名	县（市）	综合得分	排名	县（市）	综合得分	排名
神木市	17.60	1	镇安县	0.39	27	延长县	-1.52	53
府谷县	8.04	2	富平县	0.11	28	洛川县	-1.70	54
韩城市	8.00	3	旬阳县	0.02	29	岚皋县	-1.74	55
吴起县	5.62	4	山阳县	-0.06	30	千阳县	-1.85	56
靖边县	4.93	5	长武县	-0.19	31	西乡县	-1.85	57
凤县	4.52	6	石泉县	-0.37	32	甘泉县	-1.92	58
定边县	4.43	7	周至县	-0.40	33	永寿县	-1.93	59
志丹县	4.37	8	宜君县	-0.48	34	宁陕县	-1.94	60
彬县	3.04	9	延川县	-0.51	35	白水县	-1.96	61
凤翔县	3.03	10	洛南县	-0.63	36	合阳县	-2.01	62
兴平市	3.02	11	旬邑县	-0.67	37	子洲县	-2.39	63
黄陵县	2.73	12	平利县	-0.81	38	太白县	-2.40	64
岐山县	2.62	13	大荔县	-0.91	39	宁强县	-2.46	65
泾阳县	2.47	14	商南县	-0.99	40	镇巴县	-2.54	66
三原县	2.23	15	汉阴县	-1.01	41	淳化县	-2.58	67
乾县	1.56	16	柞水县	-1.05	42	米脂县	-2.60	68
蒲城县	1.36	17	丹凤县	-1.09	43	吴堡县	-2.94	69
眉县	1.33	18	白河县	-1.16	44	绥德县	-3.10	70
南郑县	1.00	19	勉县	-1.20	45	佛坪县	-3.12	71
城固县	0.85	20	紫阳县	-1.29	46	镇坪县	-3.12	72
麟游县	0.74	21	华阴市	-1.29	47	留坝县	-3.21	73
扶风县	0.70	22	陇县	-1.31	48	清涧县	-3.24	74
礼泉县	0.66	23	澄城县	-1.32	49	黄龙县	-3.35	75
子长县	0.66	24	富县	-1.45	50	宜川县	-3.39	76
蓝田县	0.56	25	潼关县	-1.45	51	佳县	-3.41	77
武功县	0.50	26	洋县	-1.47	52	略阳县	-3.69	78

根据表8-2中得分情况，我们可以看出陕西县域间经济发展差异较大，按县域经济发展情况将陕西各县（市）可以分为4个梯度。第一梯度主要包括陕西县域经济发展评价体系得分排前10名的县（市），基于所构建指标体系综合评价所得陕西县域经济发展前十与2016年陕西省评选的十

强县稍有出入，兴平市和岐山县未能划入第一梯度，并且第一梯度内部分县（市）排名也有所变化，主要原因是所构建的指标体系不仅考量县域现时发展水平，还综合考虑了县域经济发展的活力和潜力等因素。这一梯度的县域经济发展的主要特点是经济总量较大、活力较强，且发展环境良好，持续发展潜力也较大。第二梯度包括评价排名第11名到第29名的19个县（市），综合评分结果显示这些县（市）综合得分高于全省水平，意味着这一批次的县域经济发展有较强的综合能力，领跑陕西县域经济发展。第三梯度包括了综合得分排名第30名到第61名的32个县（市），这一梯度县域经济发展属于中等水平，虽然大多数指标低于全省水平，但有较强的经济发展活力和潜力。第四梯度包含了剩余的排名最靠后的17个县，属于经济落后地区，各项指标与第一、第二梯度的县（市）有较大的差距，是陕西县域经济发展的短板和实现追赶超越过程中的难点。

表8-3 陕西县域经济发展的梯度分层

层　次	县（市）
第一梯度（10）	神木市、府谷县、韩城市、吴起县、靖边县、凤县、定边县、志丹县、彬县、凤翔县
第二梯度（19）	兴平市、黄陵县、岐山县、泾阳县、三原县、乾县、蒲城县、眉县、南郑县、城固县、麟游县、扶风县、礼泉县、子长县、蓝田县、武功县、镇安县、富平县、旬阳县
第三梯度（32）	山阳县、长武县、石泉县、周至县、宜君县、延川县、洛南县、旬邑县、平利县、大荔县、商南县、汉阴县、柞水县、丹凤县、白河县、勉县、紫阳县、华阴市、陇县、澄城县、富县、潼关县、洋县、延长县、洛川县、岚皋县、千阳县、西乡县、甘泉县、永寿县、宁陕县、白水县
第四梯度（17）	合阳县、子洲县、太白县、宁强县、镇巴县、淳化县、米脂县、吴堡县、绥德县、佛坪县、镇坪县、留坝县、清涧县、黄龙县、宜川县、佳县、略阳县

8.2　新时代陕西县域经济发展的时空变化及影响因素

县域经济是国民经济的基本单元，是新常态下陕西省发展势能潜能加速释放的重要主体，是实现追赶超越目标的关键发力点，是实现"三个陕西"的强大支柱。长期以来,陕西省委省政府一直高度重视县域经济发展,把发展壮大县域经济摆上全省发展全局的重要战略位置,"十二五"期间陕西县域经济发展成果斐然,并且在"十三五"开局之年取得了良好开端。但是随着新常态经济下行压力持续增大,一些深层次的矛盾和问题逐渐显现,陕西县域经济发展近年来也遇到瓶颈,渐有放缓之势。

8.2.1 县域经济稳步发展,工业平稳增长,但持续动力不足

根据陕西省统计局发布的数据,2016 年全省 80 个县(市)实现生产总值达到 8927.96 亿元,与 2011 年相比总量增加了 2630.24 亿元,增长了近 1.4 倍,年均增长 9.7%。其中有 34 个县(市)的 GDP 超过百亿元大关,较 2011 年的 17 个翻了一番。县均生产总值也由 5 年前的 78.72 亿元增加到 111.60 亿元,县域人均 GDP 达到 38898 元,与 2011 年相比增加了 11102 元。但是县域经济增速显现出放缓的态势,从 2010 年的 15.7% 逐步回落到 2015 年、2016 年的 7.4%。而由于撤县设区的影响,县域经济占陕西省经济比重在 2012 年达到顶峰 52.2% 之后也在逐年下滑,2016 年,县域经济占全省经济总量的 46.6%。

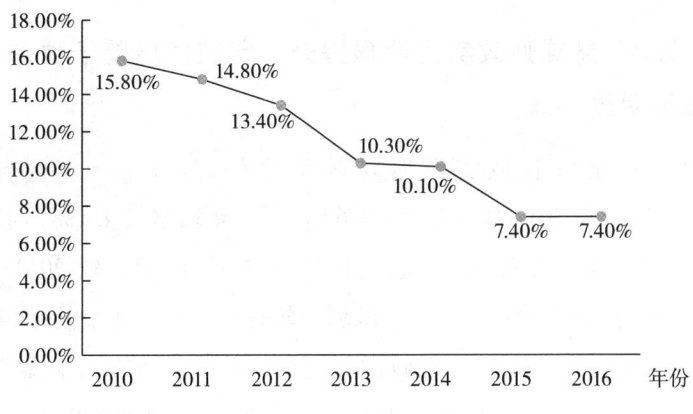

图 8-1 陕西县域经济增长速度变化情况

2016 年,全省县域完成固定资产投资 9565.62 亿元,县均 119.57 亿元,是 2011 年的 2.4 倍,年均增长达到 19.1%。有 62 个县(市)投资增速超过全省平均水平,在 2011 年 31 个的基础上翻了一番,其中 39 个县全年固定资

产投资超过 100 亿元。"十二五"期间，陕西县域实现工业增加值年均增长 12.5%，2016 年全省 80 个县（市）实现工业增加值 4298.08 亿元。受资源性产品特别是能源产品产量下降、价格下跌的影响，主要能源经济大县工业增加值大幅下滑。"十二五"期间，陕西县域工业增速在 2012 年之后逐年放缓，从 2011 年的 15.2%、2012 年的 17.0%、2013 年的 12.6%、2014 年的 11.2%、2015 年 6.9%，降至 2016 年的 6.5%，对县域经济发展造成了较大影响，同时，工业占县域生产总值的比重也从 50.8% 下降至 48.1%，工业在县域经济中的主导地位不断削弱。

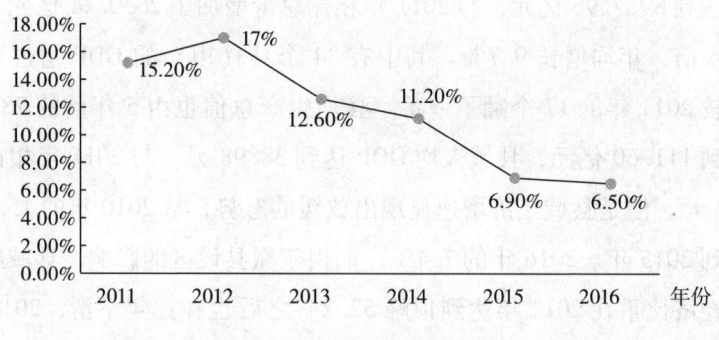

图 8-2 陕西县域工业增加值增速变化情况

8.2.2 县域财政实力明显提升，区域发展趋于协调，但县域差距依旧明显

2016 年全省县域实现地方财政收入 341.4 亿元，低于 2015 的 411.38 亿元，较 2011 年增加了 62.62 亿元，年均增长 4.1%。县均地方财政收入也从 2015 年的 5.14 亿元回落至 4.27 亿元，较 2011 年增加了 0.79 亿元，其中有神木、吴起、韩城、志丹和府谷等 8 个县（市）的地方财政收入超过了 10 亿元。在财政增收同时，县域财政支出也在增加，2016 年陕西省县域财政总支出 1746.8 亿元，比 2011 年增加 739.32 亿元，十余倍于同期县域财政收入的增加，县均财政支出 21.84 亿元，也远高于 4.27 亿元的财政收入，存在较大的收支缺口。

2016 年，陕南县域生产总值达到 2067.40 亿元，占陕西县域经济 23.2%，增长 9.8%，高于全省平均水平 2.2 个百分点，"十二五"期间年均增长13.4%，分别高出陕北、关中4.9个和0.5个百分点，陕南县域经济成为全省发展的新动力；关中地区县域经济生产总值3990.29亿元，占全省县域经济的44.7%，增长8.7%，高于省平均增长速度，对整个陕西县域经济发展起到了主体推进作用；全省县域经济的32.1%是由陕北地区贡献的，陕北地区2016年实现县域生产总值2870.28亿元，增长4.2%，明显低于全省县域经济发展速度。陕北县域大多正处在新常态下能源资源工业区的换挡阵痛期，是陕西发展县域经济必须补足的短板和需要克服的难点。

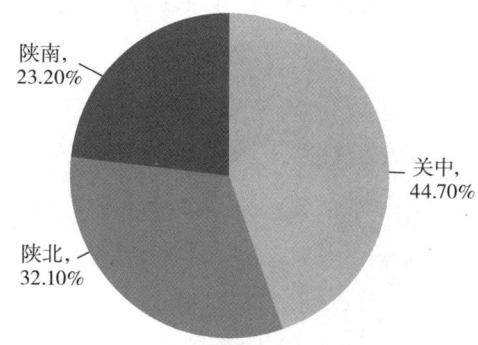

图8-3　陕西三大区域县域经济占比情况

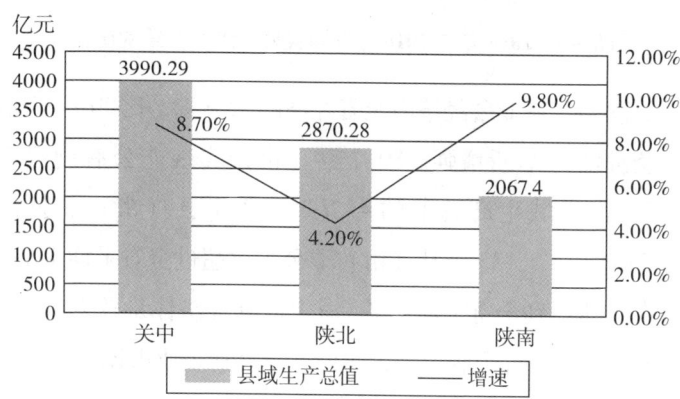

图8-4　陕西三大区域县域经济生产总值与增速

陕西三大区域发展逐渐趋于协调，但县域之间依旧存在明显差距，2016年全省生产总值最高的神木县为904.8亿元，是最低的佛坪县的

105.7倍；人均生产总值最高县神木县为196910元，是最低县大荔县的11.9倍；县域地方财政收入最高县神木县的财政收入为53.06亿元，是最低县吴堡县的147倍。

8.2.3 产业结构进一步优化，非公发展活力增强，但县域非公经济发展滞后

2016年，全省80个县（市）三次产业结构为14.5∶53.9∶31.6，与2010年相比，"两降一升"，第一产业下降0.7个百分点，第二产业下降3.7个百分点，第三产业提高4.4个百分点。

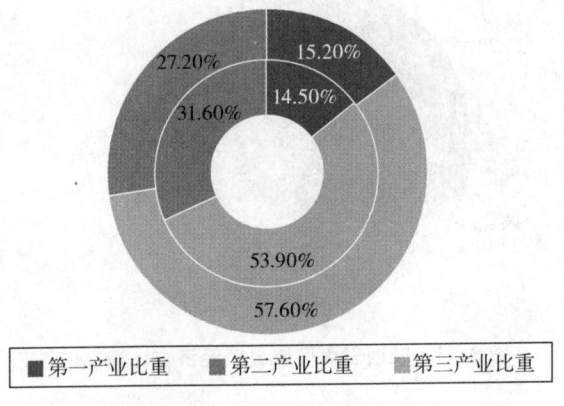

图8－5　2010年与2016年陕西县域经济产业结构比较

2016年，陕西县域非公经济占全省经济的53.8%，比2010年提高了4.3个百分点，经济活力不断增强。80个县（市）实现非公有制经济增加值4258.89亿元，占县域生产总值的47.7%，47个县（市）非公占比超过50%，较上年增加3个，33个县（市）非公占比超过全省平均水平。但仍有过半的县（市）达不到全省平均水平，尤其陕北经济体量较大的资源县的企业主要以央企、省属国有企业为主，非公有制民营企业占比不到30%，在很大程度上拉低了全省的非公有制经济占比。当前陕西县域非公有制经济在经济总量的占比不仅低于中东部大部分地区，也低于四川、重庆等西部地区。

8.2.4 消费水平不断提升，城乡居民收入较快增加，但城乡绝对差距仍在不断拉大

2016年，全省80个县（市）实现社会消费品零售总额2111.43亿元，较上年增长12.4%，高于全省增速1.4个百分点，"十二五"期间陕西县域社会消费品零售总额年均增长12.8%。2016年，陕西省城镇化率达到55.34%，比上年提升1.44个百分点，有14个县（市）的城镇化率已超过全省平均水平，其中6个县（市）达到60%以上。

2016年，全省农村居民人均可支配收入为9396元，较上年增长8.1%，有60个县（市）的农村居民人均可支配收入增速超过全省平均水平，但仍有49个县（市）的农村居民人均可支配收入低于全省平均水平，占全省县域总数的61.3%。28个县（市）的农村居民人均可支配收入超过1万元，较上年增加了7个。全省城镇居民人均可支配收入为28440元，较上年增长7.6%，有54个县（市）的城镇居民人均可支配收入增速超过全省平均水平，16个县（市）的城镇居民人均可支配收入超过3万元，较上年增加了12个。近年来，虽然农村居民可支配收入增幅远高于城镇居民，城乡居民收入的相对差距逐渐缩小，但绝对差距却仍在不断拉大，2013年陕西县域城乡居民人均可支配收入差距为15254元，2014年为16434元，2015年为17731元，2016年达到19044元。

8.3 新时代陕西县域经济发展的机遇和挑战

党的十八大以来，为了更好、更快地推动县经济社会健康发展，党中央在破除城乡二元结构、形成城乡一体化发展体制机制方面出台了多项重大改革举措，改革力度之大、领域突破之深前所未有，尤其是在财税体制改革、金融体制改革、城乡一体化体制机制改革等重点领域有新的突破。党的十九大报告中进一步提出要建立健全城乡融合发展体制机制和政策体系，实施乡村振兴战略，深化农村土地制度改革，进行农村集体产权制度改革，通过中西部联动发展，建立起更加有效的区域协调发展机制，

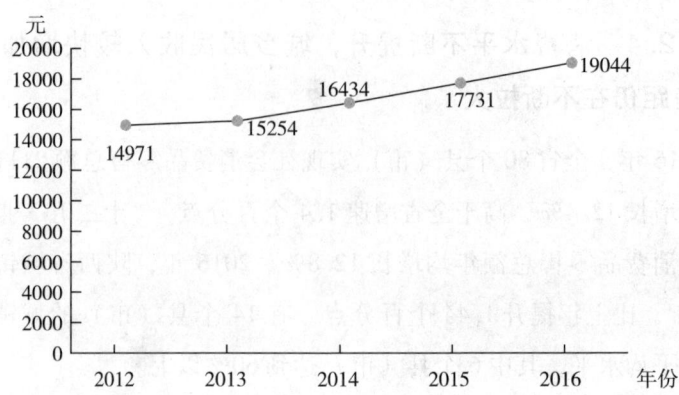

图 8-6 陕西县域经济城乡居民人均可支配收入差距变化情况

以城市群为主体构建起大中小城市和小城镇协调发展的城镇格局，而这些战略方针的落脚点都在县域经济，为县域经济的发展提供了前所未有的机遇和新的挑战。

8.3.1 经济形势变化为陕西县域经济发展带来了机遇和挑战

（1）经济新常态

国际金融危机以后，世界经济进入深刻的再平衡调整阶段，中国经济也正处于增速换挡、结构调整和前期政策消化"三期叠加"的新常态。新常态下，全国经济增速放缓和能源需求下降，使陕西省经济，尤其是以资源型经济为主的陕北地区的县域经济面临一系列冲击，宏观层面表现为经济增速下滑、工业下行压力大、产能过剩等问题。微观层面面临着政府财政压力增大、企业亏损面扩大的困境，陕西县域经济发展面临巨大的挑战。新常态下经济处在由"量"到"质"的换挡期，要求相关行业企业升级人力资本、改进技术，积极、主动转变传统生产方式，以应对新常态下的经济下行压力。

新常态下县域经济社会发展既面临着上述诸多挑战，也迎来了巨大的发展机遇。新常态背景下政府适应市场选择主动调控，是县域内部企业提高效率、增强竞争力的机会；新常态还是为县域经济提供优化结构和转换动力的新机遇，第一、第三产业的发展空间将逐步拓宽，可以改变过去

"无工不富"的县域经济发展格局，同时，在第二产业内部也会淘汰落后产能，提质增效优化产业结构；新常态可以促进发展质量的提升，新常态下，多数传统产业趋于饱和，简单的要素累加难以继续制动经济增长，人力资本和技术进步将成为经济发展的主要动力。新常态将这一潜在问题暴露出来，会鞭促县域的企业实体更加注重培养、吸引和使用人才，更加注重技术创新和工艺改进，使企业实体和县域经济能够长足发展。

（2）供给侧结构性改革

供给侧结构性改革正在为县域经济提供巨大的机遇。2016年，中央农村工作会议提出了要大力推进农业供给侧结构性改革，要求在县域经济发展过程中着重农业现代化建设和提升农产品质量，供给侧结构性改革还要求构建县域经济开放性体系，提高供给侧结构的适用性和灵活性，实现县域供给和需求平衡，均有助于解决县域经济发展的沉疴宿疾，为县域经济发展提供新的活力。

县域的经济结构问题是影响陕西经济增长的主要因素，围绕经济结构问题、进行供给侧改革是重塑陕西经济增长动力的关键，核心在"三去一降一补"。陕西的工业结构主要集中在产业链上游的原材料开采及初级加工领域，而发达省份则主要集中在产业链中下游的消费端，更多地面向消费市场。在供给侧结构性改革中，要通过"去产能"促进产业升级，提高制造业在工业中的比重，促进制造业向消费端升级，向高附加值端升级；供给侧结构性改革中的"去库存"主要是指去房地产库存，中小城市和县域经济通过"去库存"可以推进城镇化和城乡一体化进程；"去杠杆"可以防范和化解地方县域政府和企业的金融风险；而供给侧结构性改革中的"降成本"主要是降低成本中的交易成本、企业税费负担、企业财务成本、企业物流成本，通过"降成本"可以为县域内中小企业发展创造更好的环境。此外，"补短板"强调实施创新驱动战略，具体可以通过科教兴陕、发展创新型经济、促进新产业成长、打造国际新名牌，为提升陕西县域经济发展竞争力指明方向。

8.3.2 区域战略定位为陕西县域经济发展带来了机遇和挑战

（1）"一带一路"倡议

国家"一带一路"倡议深入实施，创新型省份和自贸试验区建设加快推进，将陕西省诸多领域工作纳入国家战略，具有多项政策叠加利好，而县域经济作为陕西省区域经济发展的重要载体，"一带一路"倡议的落实必会为陕西县域经济发展带来新的机遇和挑战，推动县域经济全新格局的形成。

"一带一路"横向贯穿中国东部、中部和西部，强调省区之间的互联互通、产业承接与转移，东、中、西县域作为重要的工业载体，必将面临工业在全国重新布局的新变革，推动县域工业升级新格局，有利于我国加快经济转型升级。以"一带一路"作为契机，可以通过基础建设、产业合作、对外贸易等带动经济发展，提供人口就业，实现产业升级，整体提升西部城镇化水平，缩小东、西部地区城镇化水平差距，形成我国城镇化重构新局面；通过"一带一路"的海、陆两条路线扩大农业品出口，可以为沿线省份农业发展提供更广阔的市场前景，进而可以在沿线由农业优势资源的县域培育、建设农产品出口加工基地，推动农产品内外贸易形成新格局；"一带一路"倡议的实施还会改善民营企业与沿线国家和地区的经营环境，降低跨国经营风险，推动和加快民企"走出去"，更加有效地利用境内、境外两种资源，开拓境内、境外两个市场，获取更大的成长空间；"一带一路"背景下陕西自由贸易试验区建设突出制度创新，以开放倒逼改革、以改革促进发展，通过体制机制创新培育全面开放竞争新优势，更深、更广地融入全球供给体系，推动更高水平的"引进来"和"走出去"，加快打造内陆改革开放新高地。

"一带一路"在为陕西县域经济发展提供良好契机的同时，也会带来一系列的挑战。"一带一路"倡议实施使国内民营企业将面临更大领域的市场竞争，在"走出去"的时候面临更大的风险和考验；"一带一路"打通了我国与东南亚和南亚等地区包括劳动力等生产要素的通道，将加剧中、西部地区承接东部地区产业转移的竞争性；"一带一路"还在县域发展外向型农业、推动边境口岸贸易发展等方面对相关企业和县域政府提出了新的更高要求。

(2) 关中—天水经济区

2009年,国务院批准建立"关中—天水经济区",为关中县域乃至整个陕西县域经济发展带来了前所未有的机遇。"关中—天水经济区"陕西部分包括西安、铜川、宝鸡、咸阳、渭南的全部县域,杨凌示范区和商洛的洛南、丹凤、柞水三县。"关中—天水经济区"地处亚欧大陆桥中心,处于承接东西、连接南北的战略要地,是全国交通、信息大通道的重要枢纽和西部地区连接中、东部地区的重要门户。"关中—天水经济区"实行"一核、一轴、三辐射"的空间发展框架体系,直接辐射区域覆盖陕南的汉中、安康和陕北的榆林、延安的全部县域。

历史实践证明,国内发展较快的东部沿海地区最初都是靠形成一个大的经济区、城市群来引领和带动高速发展,经济区能够形成一种辐射效应,催生新的经济增长极。"关中—天水经济区"的建成与发展会催生陕西新的经济增长极。"关中—天水经济区"定位于通过优化对外开放格局,创新区域合作机制,拓展对外开放空间,提升对外开放水平,打造全国内陆型经济开发开放战略高地,承接中东部地区产业转移,对带动经济区内城市和县域经济发展具有积极意义;通过推进科技创新体制改革,加快产学研一体化,统筹军民科技互动融合发展,促进科教优势向经济优势转化,建设统筹科技资源改革示范基地;通过以装备制造业和高技术产业为重点,打造航空航天、机械制造等若干规模和水平居世界前列的先进制造业集群,塑造全国先进制造业重要基地;以杨凌国家级农业高新技术产业示范区为依托,发展新型农业生产方式,建设现代农业技术推广服务平台,形成全国现代农业高技术产业基地。在这些战略规划实行的过程中,经济区内各县应当积极寻找与自身优势相对接的行业产业方向,搭上经济区建设发展的快车,发展县域经济,助力陕西追赶超越。

8.3.3 行业发展趋势为陕西县域经济发展带来了机遇和挑战

(1) 全域旅游

2016年,国家旅游局局长李金早在全国旅游工作会议中首次提出了

"全域旅游"这一概念,推动我国旅游从"景点旅游"向"全域旅游"转变。全域旅游作为一种全新的旅游模式概念,是一种区域一体化的旅游新模式,对促进具有旅游资源优势的县域经济发展意义重大。全域旅游可以通过整合串联零散的旅游景区,构成完善的县域旅游产业链,改善原有因旅游资源分散难以规模发展旅游业的困境。发展全域旅游还可以促进发展旅游装备制造业、户外用品和特色旅游商品等相关产业,发展工业旅游,创新企业文化建设和销售方式新形态,促进县域经济产业转型。在县域经济需要迫切发展以适应整个国民经济发展的情况下,全域旅游概念的提出和落实势必会成为经济发展重要的突破口,开启全新的经济发展之路,为县域经济发展带来了巨大的机遇。

(2) 电子商务

随着"互联网+"在各个领域的不断渗透,互联网消费已经成为陕西居民日常消费方式的新常态,农村巨大的消费潜力和广阔的市场前景为经济新常态下的消费升级带来了可能,也为贫困地区通过电商精准扶贫提供了更多可能。陕西县域电子商务未来将会进一步引领生产、生活方式的变革,也会成为推动陕西第一、第二、第三产业跨越融合发展的重要推动力。电子商务是县域经济转型升级的新动力,正在为县域经济发展提供新机遇。电子商务可以使农业生产与市场需求直接对接,为增加农民收入增加一条有效途径,为转变县域农业发展方式提供有效切入点;电子商务可以带动配套的生产、加工、储藏、物流和电商服务业的发展,增加就业,是推动县域三产融合的有力抓手,带动第一、第三产业发展会逐步改变过去"无工不富"的县域经济发展格局;电子商务在渗透传统产业的同时还成为基层实现创新创业的有效平台,能够在县域催生出新产业,为县域经济注入了新活力,成为县域经济转型的新动力;电子商务还可以改善农村地区的消费环境,释放农村的消费市场需求,开拓县域消费市场新的增长点。

(3) 互联网金融

在县域经济的发展中,金融起到了核心作用,但是县域尤其是西部县域的金融服务水平与县域实体经济发展要求相比有较大差距，存在明显的金融抑制现象。近年行业变化尤其是互联网金融的兴起和发展为破除县域经济发展资金问题提供了新的机遇，互联网金融具有便捷、高效、创新的特点，可以克服时间和空间上的限制，同时以极低的交易成本、广泛的客户服务口径，以及借助大数据降低风险等优势极大地塑造了金融行业的新局面，在很大程度上弥补了传统金融行业的缺陷。在互联网金融的基础上，普惠金融作为传统主流金融形式的补充迅速发展起来，利用互联网技术，将线下企业投融资需求与征信数据相结合，把民间资金、碎片化的资金进行合理的调配和重组，更多面向中小企业和个人提供金融服务，解决了县域经济发展中的资金供求问题，在一定程度上可以打破县域金融抑制，释放县域经济发展的潜力，是县域经济发展的巨大机遇。但新兴事物的出现常常是一把"双刃剑"，互联网金融在资金安全、监管、法律支撑等方面尚未成熟，对进入企业提出了较高的要求和挑战。

8.4 新时代陕西县域经济发展对追赶超越的重要作用

2015年，习近平总书记在陕西调研期间，作出了"陕西正处于追赶超越阶段"的重要论断，这是对陕西省在新形势下作出的科学定位，是陕西省推进"四个全面"战略布局和"五个扎实"工作实践的重要指导。2016年，陕西省GDP总量达19165.39亿元，由"九五"末期第21位升至第15位。全省人均GDP为50528元，在全国的位次由"九五"末期的第23位上升至第13位。十几年来，陕西完成了由全国落后省份向中等发达省份的转变，完成了从国际低收入经济体向中高收入经济体的转变。"两大超越"和"两大转变"之后，陕西进入了数量追赶期、质量超越期、发展模式创新期"三期叠加"的追赶超越阶段。

县域经济作为一个功能比较完备的综合性经济体系，既是宏观经济和微观经济的结合点，又是城市与乡村的结合点，是各种政策、要素、产业聚集的平台，涉及生产、流通、消费、分配各环节和三次产业各部门。2016年，陕西省县均生产总值111.6亿元，仅为安徽的58.7%、内蒙古的

73.9%。安徽61个县（市）中，生产总值过200亿元的达到24个，内蒙古80个旗县中，生产总值过200亿元的达到16个，而陕西省2016年所辖78个县（市）中，生产总值过200亿元的仅有8个。2017年11月23日，由中国社会科学院财经战略研究院和中国人民大学国家发展与战略研究院最新发布的《中国县域经济发展报告（2017）》所评出的百强县中，江苏、浙江、山东三地所辖县市就占据67席，而陕西仅神木市入选，在同期公布的投资潜力百强县中，陕西更是无一入选。浙江、江苏、山东等沿海发达地区的实践发展经验表明，县域经济是壮大区域经济实力、提升区域竞争力的重要基础和支撑，"县域兴则省域强"，没有发达的县域就没有发达的省域，县域经济与省域经济密切相关。与全国先进地区省份相比，陕西省的最大差距在于县域经济规模不大、实力不强、结构不优。县域经济显示出来的巨大差距也正是陕西省和东部发达省份经济差距的缩影。

多年来，陕西县域经济一直在全省发展中扮演着重要角色，特别是近10年来，省委、省政府把发展县域经济作为建设西部强省的重大发展战略，丰富发展政策，采取强力举措，激活县域经济新动能，实现县域综合实力的跨越式大提升，让县域经济成为推动全省平稳、较快发展的重要动力。县域经济的发展对于陕西顺利实现追赶超越战略至关重要。

第一，县域经济发展潜力大，是推动陕西经济增长的重要力量。县域经济基础薄弱，农业产业化程度低，工业基础薄弱，第三产业比重较低，是区域经济增长的洼地，在供给侧改革和新旧动能转化的深化改革时期，县域经济具有很大的增长潜力。同时，因为县域基础设施薄弱、科技和人才紧缺，可以迅速通过加大投资、科技引领和人才引进等措施发展经济，具有巨大的增长空间。

第二，县域经济助力产业结构调整，是陕西经济长期可持续发展的基础。目前陕西省县域经济主要依靠第二产业，第一产业和第三产业比重较小，在县域经济的工业化转型、农业产业化进程中，将大力发展第三产业，促进陕西省整体产业结构优化。并且人口主要分布在县域，发展县域经济可以引发产品需求爆发式增长，成为生产、消费和生活的产业新城，是增强经济的可持续发展力量。

第三,发展县域经济有助于推进城乡融合发展,是改善民生的重要保障。县域经济发展有助于教育、医疗、科技等社会事业的发展,有助于缩小贫富差距、增加农民收入、缩小城乡二元经济结构差距、提高农村居民生活幸福指数、缓解中心城市的社会服务业的压力。发展县域经济推进城乡基础设施建设,有利于吸引投资,而产业投资又会倒逼基础设施的建设补足,有利于县域城乡融合发展、改善群众生活质量。

陕西奋力追赶超越,发展要上台阶、上水平,难点在县域,潜力在县域,突破口也在县域,县域是新常态下陕西省发展势能潜能加速释放的重要主体,是实现追赶超越目标的关键发力点。新时代陕西经济要崛起,要追赶超越,就必须着眼短板、明确目标,把壮大县域经济作为重要突破口,把"五个扎实"作为推动工作的现实和必由路径,坚持稳中求进的工作总基调,统筹推进"五位一体"总体布局和协调推进"四个全面"战略布局,深入落实省第十三次党代会提出的培育新动能、构筑新高地、激发新活力、共建新生活、彰显新形象"五新"战略任务,扎扎实实抓重点、补短板、强弱项,拿最要害的症结开刀,大力发展县域经济,以县域经济的超常规发展促进整个经济健康、持续发展,助力2020年陕西与全国同步全面建成小康社会。

8.5 新时代促进陕西县域经济发展的对策建议

发展陕西县域经济,要以"项目建设"为核心,以三产转移升级为抓手,重点突破推进县域产业大发展;要实施差异化政策,发挥县域禀赋资源优势,推动县域实现经济追赶超越;要以"深化对外开放、新型城镇化建设、发展非公有制经济"为牵引,增强县域经济的发展潜力与活力;要创新金融体制机制,大力发展互联网金融,破解县域发展的资金"瓶颈";要持续发挥政府的服务职能,为县域经济发展提供相关政策支撑,推动县域经济追赶超越。

8.5.1 加快产业转型升级，激发县域经济发展活力

在确保粮食安全的情况下侧重发展农业特色产业，抓好"一村一品，一乡一业"示范村、示范乡镇建设，集中力量推进拳头农产品品牌建设，发展区域特色农业产业，着力提高农业发展质量和农民收入；加快土地流转，建设现代农业园区，培育新型农业经营主体，大力发展农业龙头企业，并且依托特色农业积极推广"公司+合作社+基地+农户"等模式，延长农业产业链，提高农业附加值。

在县域内大力发展循环经济，实现协同创新发展和可持续发展。通过加强技术创新，改造生产工艺，加大资源产品加工深度，延长产业链条，提高附加值，改变传统落后的资源依赖型、数量追逐型工业生产方式；通过省级县域工业集中区建设，围绕核心企业、龙头企业和关键项目的产品延伸配套，做强做大县域工业集中区。依靠大企业、大集团加强配套协作，特别是在招商引资上提高产业关联效应，壮大产业集群，提高产业的核心竞争力；紧密结合国家和区域发展战略，挖掘县域内的资源优势、技术优势和区位优势等，面向省际和国际"走出去"，拓宽县域经济的发展空间。

充分发挥市场竞争机制的作用，推动交通运输、商贸批发、住宿餐饮等传统产业提升层次、做大做强，实现县域服务业规模新突破，落实优惠政策，营造发展环境，大力培育服务企业，持续提升全省县域经济中服务业企业的贡献度；大力发展县域旅游产业，特别是贫困县区要把旅游业作为脱贫致富的支柱产业来打造，推动旅游向健康、养老产业延伸，把旅游产业打造成县域经济发展新支点；积极学习和推广武功电子商务发展的成功模式，加快孵化电商企业，加快培养电商人才，加快建设网络基础配套设施，推进电商与实体经济对接，促进市场主体与电商平台合作，形成电商带动关联产业发展的新局面。

8.5.2 实施差异化政策，推动县域实现经济追赶超越

陕西关中、陕南、陕北三大区域的不同县域经济发展具有不同的特

点,并且资源县、工业县、农业县的发展要素禀赋存在明显差异,需要对不同区域、不同属性的县域根据其不同特点给出不同的发展对策。

关中县域应该把协同创新发展作为经济发展的主攻方向。关中腹地的工业县中,凤翔、岐山、兴平需要依靠大企业、大集团加强配套协作,在招商引资上提高产业关联效应,壮大产业集群,提高产业的核心竞争力;眉县、三原、华阴、富平、乾县可以立足工业园区,通过加强对传统产业的技术改造提升,增强企业的自主创新能力,提高工业发展水平;渭北和秦岭腹地的资源县可以通过加强技术创新,改造生产工艺,加大矿产品加工深度,加大资源的转化力度,延长产业链条,提高矿产品附加值。关中农业县一方面要突出农业发展特色,建设现代农业,大力发展如华县的设施蔬菜、凤县的花椒等优势特色农业,积极发展特色旅游业,推进县域经济协同发展;另一方面要抢抓关天经济区发展战略、秦巴山区连片贫困区精准扶贫机遇,充分利用资源优势、区位优势,开展招商引资,积极发展民营工业。

陕北县域要把提高可持续发展能力作为经济发展的主攻方向。陕北地区很多县域既是资源工业县,又是农业县。陕北的矿产资源县要从可持续发展战略的高度出发,通过加大能源深度转化,延长产业链,重点提高能源化工产业附加值,同时加强生态修复和保护。神木、府谷、吴堡、佳县、宜川、黄陵、富县、靖边、志丹、子长、子洲、延长、延川等矿产资源较为丰富的农业县,可以从资金、技术、设备和管理等方面扶持相关特色农业产业发展,培育和壮大农业龙头企业,提高产品竞争力,形成农工互动、产业相融的农业产业化发展格局,以工哺农、以城带乡发展县域经济;清涧、绥德、洛川、黄龙等矿产资源较少的农业县,则要立足优势农业资源,按照规模化、企业化、品牌化发展要求,大力发展农业特色产业,做大做强县域支柱产业,促进县域经济发展,助力陕西追赶超越。

陕南县域要把循环产业发展作为经济发展的主攻方向。陕南工业县根据地区资源禀赋优势,需要进一步加大对绿色食品、蚕桑丝绸等优势传统工业的技术改造,借助工业园区优化环境,整合优势矿产资源,大力招商引资，使更多技术含量高、附加值大的大企业和大集团在县域内落地发展，推动工业产业转型升级；农业县则要把林特产业作为支柱产业做大做强，力争创建一批茶叶产业大县、绞股蓝产业大县、魔芋产业大县、中药材产业大县等特色产业大县，支撑陕南工业基础较为薄弱的农业县域进行追赶超越；陕南自然地理资源得天独厚，所以陕南县域还应该把旅游产业作为主导产业做大做优，各县域要结合地区内旅游资源加大投资力度，搞好景点开发，使旅游产业"上水平、出效益"，带动关联产业协同发展。

8.5.3 加大改革开放力度，释放县域经济发展潜力

通过扩大县域对外开放力度、推进所有制改革和加快新型城镇化建设，激发县域经济发展活力，释放县域经济发展潜力，壮大县域经济。这里所讲的开放既是省际的开放又是国际的开放，要加强与周边省区接壤、毗邻经济区的经济合作，推动区域优势资源有效整合、区域产业协作与共享发展。更进一步把握"一带一路"发展新机遇，加强陕西省县域与丝路沿线国家地区的沟通交流，坚持"走出去，引进来"，通过扩大产业合作，释放优质产能，把县域的对外开放程度提高到一个新水平，大力发展对外贸易，开拓国外市场，大力招商引资，吸收国际资本来陕投资，吸引国际公司来陕建厂，带动陕西县域经济发展。

加速新型城镇化建设，促进城乡经济社会融合发展。把县城作为城市来规划建设，把重点示范镇和文化旅游名镇作为县域副中心来打造，发挥其示范引领作用。引导县域投资重心向县城和镇区基础设施建设倾斜，完善特别是县域主干道、镇区街道、农贸市场等主要道路和场所配套建设，统筹资源，合理布局，提升县域教育、医疗卫生水平。大力发展城镇产业，推进产城融合，使有条件的农民搬迁进城集中居住，配套以一定的产业，使其在城镇稳得住、能致富。

非公经济既是县域经济发展的主体，也是激活县域经济发展的重要动力，但目前陕西省县域经济中非公有制经济占比偏低，且大多数表现为中小规模企业，推动县域经济增长驱动力不足。因此，要推进所有制改革，

争取并认真落实面向非公有制企业的优惠政策，积极推动"大众创业，万众创新"，形成有利于非公经济发展的良好氛围，推动个体、中小微企业快速成长。有序、分类推进国企混合所有制改革，特别是规模以上国有工业企业混合所有制改革，提升规模以上工业在全省非公经济中的比重。要培育壮大服务业企业，特别是要做大做强服务业有限责任公司和私营企业两大市场主体，提高服务业非公份额，激发经济发展的活力和创造力。

8.5.4 力推互联网金融，破解县域发展的资金"瓶颈"

由县域政府明确规划未来互联网金融的总体发展战略，牵头建设互联网金融产业园区，吸引省内外互联网金融企业入驻，发挥互联网金融的集聚效应，鼓励互联网金融企业进行业务创新。以往县内因为融资困难未能实施的优质项目，可以鼓励通过众筹、P2P等进行融资，将特色生态农产品通过互联网平台销售，拓宽互联网金融企业合法融资渠道，支持优质企业在资本市场上融资。加快互联网金融信用体系建设，鼓励互联网金融企业之间信息的交流对接和资源共享，优化互联网金融配套服务体系，加强信息安全、大数据储存和宽带基础设施建设，加大县域互联网金融品牌宣传推广力度，充分利用县域论坛、峰会等活动扩大互联网金融企业与县内特色产业对接，开展交流合作。县域政府还应该积极和高校、企业合作，成立互联网金融实验室，培养符合市场要求的互联网金融人才，服务县域互联网金融产业。同时，借助高校、智库开展各种课题研究，总结县域互联网金融发展模式，指导陕西县域互联网金融实践。相关司法部门要严厉打击互联网金融违法违规行为，尤其是非法资金、非法支付行为，做好风险防控应急处置机制，完善互联网金融监管执法体系，促进监管、执法部门之间的协调，确保互联网金融在安全、有序的环境中健康运行，破除县域经济发展融资"瓶颈"，推动县域经济增长，助力陕西追赶超越。

8.5.5 发挥政府职能，促进县域经济健康发展

通过转变政府职能，改善交通、教育、医疗条件等基础服务，吸引企业投资，建设产业新城，建设以市场为主体的良好商业环境，引导县域经

济与诸如陕西自贸区等时代机遇接轨。建立健全公共财政向县域倾斜的分配机制，加大对县域的转移支付，完善分税制，增强县域发展的动力和实力。建立健全县域产业发展专项资金，强化管理，提高使用效益。调整财政支出、固定资产投资结构，重点推进农村地区基础设施建设，进一步增加对农业产业化的信贷贴息、扶贫贷款贴息以及扶贫贷款规模。在深化农村税费改革的基础上，在财税政策、产业政策、金融和信贷政策等一系列政策上对县域经济适当倾斜，适度提高县级财税留成比例，增强县域财力保障水平。大力扶持县域融资平台和金融体系建设，降低企业融资准入门槛，特别是要健全支持实体经济发展的现代金融体系，着力解决实体经济融资难、融资贵等问题，引导生产要素、利润向实体经济积聚。

进一步推行户籍制度改革和深化土地制度改革，建立以县域耕地总量动态平衡为基础的土地征用制度和土地流转制度，在保障农民土地承包经营权益和不改变农村土地集体所有制的前提下，探索农村土地资本化，赋予农民土地经营产权，实现农村土地产权明晰化，优化土地资源配置。加大财政扶持力度，扩大贫困村互助资金试点范围，围绕贫困户增收这一目标，整合资源开展产业扶贫，加快贫困户脱贫致富步伐，实施精准扶贫、精准脱贫，坚决打赢脱贫攻坚战。通过农村生活垃圾处理、生活污水处理等工程的建设，改善农村环境，建设美丽乡村，实现陕西追赶超越。

9 新时代陕西奋力追赶超越中民营经济的发展

民营经济是保持陕西经济较快发展的重要基础,对于转变发展方式、改善民生福利、促进社会和谐具有重要作用。2016年,陕西省民营经济增加值为10310亿元,是2011年的1.63倍,占全省经济总量的53.8%,对全省经济增长的贡献率达56.7%;提供了全省57.7%的税收,解决了69.8%的就业,已成为陕西省追赶超越道路上最强的推动力之一。但与民营经济最发达的浙江省相比,陕西民营经济总量仅为浙江省民营经济总量30000亿元的1/3。因此,客观、全面评价陕西民营经济的发展状况,找出民营经济发展中的制约因素,着力弥补和消除制约因素,从而促进追赶超越目标的实现,是目前陕西经济发展中的一个重要问题。

9.1 对新时代陕西民营经济发展的评价

为了全面反映陕西省民营经济的发展状况,本书从民营经济规模、民营经济结构、民营经济贡献、民营企业创新4个方面构建了陕西省民营经济发展的评价指标体系,将这4个方面进行细化,形成了12个具体指标,如表9-1所示。

表9-1 民营经济评价指标体系

一级指标	二级指标	三级指标	计量单位
民营经济规模	民营经济总量	民营经济增加值	亿元
	民营企业户数	个私企业户数	万户
	民营企业固定资产投资规模	个私企业固定资产投资额	亿元

续表

一级指标	二级指标	三级指标	计量单位
民营经济结构	地区结构	三大地区结构比	%
	产业结构	三次产业结构比	%
民营经济贡献	民营经济对GDP的贡献	民营经济增加值/GDP	%
	民营经济对就业的贡献	民营企业从业人员数/从业人数	%
	民营经济对税收的贡献	民营企业纳税额/财政收入额	%
民营企业创新	民营企业创新投入	R&D人员全时当量	人
		R&D经费支出	万元
	民营企业创新产出	专利申请数	件
		新产品销售收入	万元

9.1.1 陕西民营经济发展的指标测度

9.1.1.1 民营经济发展的规模评价

根据表9-1构建的评价指标体系，本节主要从民营经济总量、民营企业户数、民营企业固定资产投资规模三部分，对陕西省民营经济规模进行评价。

（1）民营经济增加值稳步提升，但增速逐步变缓

从民营经济增加值来看，陕西省民营经济规模稳步提升。陕西省民营经济增加值自2010年跨过5000亿元门槛、2014年突破9000万元后，2016年再上新台阶，首次突破万亿元，达10310.09亿元，是2010年的2.1倍，实现总量翻番。但从民营经济增加值增长率来看，陕西省民营经济增加值增长率总体上呈现出下降趋势。2011—2016年，陕西省民营经济增加值增长率由26.07%下降到6.34%。其中，2015年增速最慢，为6年内最低，为3.99%，在2016年增速略有回升，为6.34%，相比于上年，增速提高了2.35%。

（2）民营经济的主体数量持续增多

随着陕西省各级政府加大对民营经济的推动力度，以及出台了一系列促进民营经济快速发展的政策措施，民营经济主体数量不断增加，其数量变化情况如表9-2所示。陕西省个体工商户和私营企业总户数从2011年

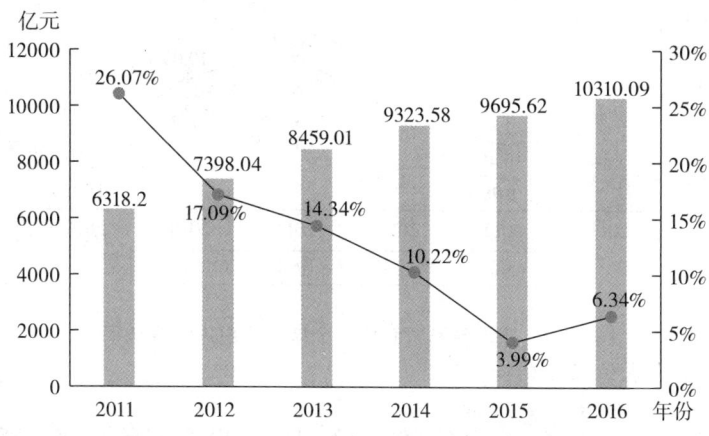

图 9-1 陕西省民营经济增加值及增长率

的 103.8 万户增长到 2016 年的 200.38 万户,年均增长率为 14.06%。其中,个体工商户户数从 2011 年的 82.17 万户增加到 149.64 万户,年均增长率为 12.74%;私营企业户数从 2011 年的 21.63 万户增加到 50.74 万户,年均增长率为 18.59%。对比发现,私营企业户数增长率高于个体工商户增长率。从图 9-2 中可以看出,陕西私营企业户数和个体工商户户数的增长速度在 2016 年均有所下降。

表 9-2 陕西省私营企业、个体工商户户数　　　单位:万户

企业	2011	2012	2013	2014	2015	2016
私营企业	21.63	23.79	27.20	34.46	45.52	50.74
个体工商户	82.17	90.76	104.90	127.37	140.22	149.64
总和	103.8	114.55	132.1	161.83	185.74	200.38

资料来源:《陕西统计年鉴(2012—2017)》。

(3) 民营企业固定资产投资规模不断提升,但增长速度持续下降

陕西民营经济在主体数量不断增加的同时,民营企业固定资产投资也在不断提升,其投资总量的变化如表 9-3 所示。2011—2015 年,陕西个私经济固定资产投资额从 1445.91 亿元增加到 3862.72 亿元,增长了 1.67 倍,年均增长率为 27.85%。但从增长速度来看,陕西省民营企业固定资产投资增速持续下降。由图 9-3 可知,2011—2015 年,陕西省私营企业

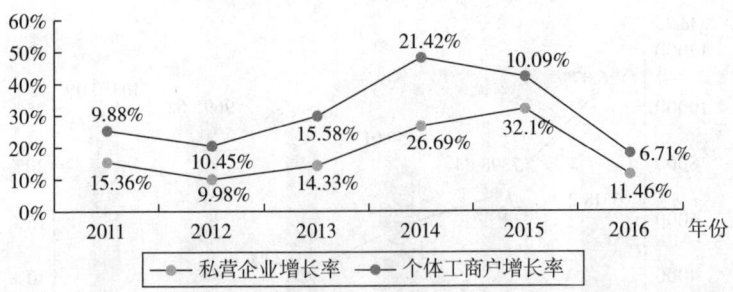

图 9-2　陕西省私营企业、个体工商户户数增长率

注：根据表 9-2 绘制而成。

固定资产投资增速由 30.38% 降到 12.61%，2015 年的增速下降最快。2011—2015 年，陕西省个体工商户固定资产投资增速由 50.36% 降到 -4.96%，2014 年、2015 年个体工商户固定资产投资额出现负增长。

表 9-3　陕西省私营企业、个体工商户固定资产投资额　　单位：亿元

企业	2011	2012	2013	2014	2015
私营企业	1053.32	1575.04	2315.04	3077.92	3465.95
个体工商户	392.59	436.09	451.87	417.46	396.77
总和	1445.91	2011.13	2766.91	3495.38	3862.72

资料来源：《陕西统计年鉴（2012—2017）》。

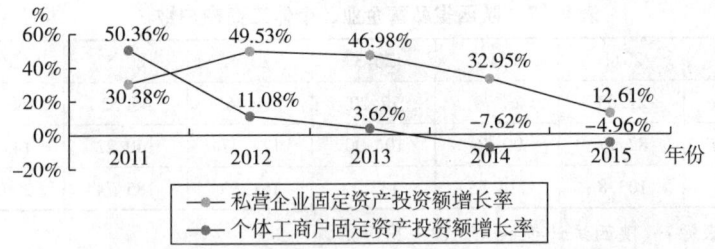

图 9-3　陕西私营企业、个体工商户固定资产投资额增长率

注：根据表 9-3 绘制而成。

9.1.1.2　民营经济发展的结构评价

（1）陕西省民营经济发展的地区分布评价

从各地区民营经济增加值来看，陕西省关中、陕南、陕北三大地区自 2011 年以来，民营经济增加值变动趋势一致，都呈现出逐年扩大的趋势，

其民营经济增加值变化趋势如图9-4所示。其中，关中地区民营经济增加值由2011年的3767.25亿元增加到2016年的6453.5亿元，年均增长率为11.37%；陕南地区民营经济增加值由2011年的705.63亿元增加到2016年的1439.11亿元，年均增长率为15.32%；陕北地区民营经济增加值由2011年的783.84亿元增加到2016年的1447.47亿元，年均增长率为13.05%。

此外，横向对比发现，关中地区因区位优势、工业基础、国企改制升级及新兴产业的发展，民营经济发展始终处于领先地位，其次是陕北地区，陕南地区因工业基础薄弱、国有企业数量不多，民营经济发展一直低于关中和陕北地区，但近年来陕南的特色经济和第三产业有了很大发展，极大地促进了其民营经济发展。

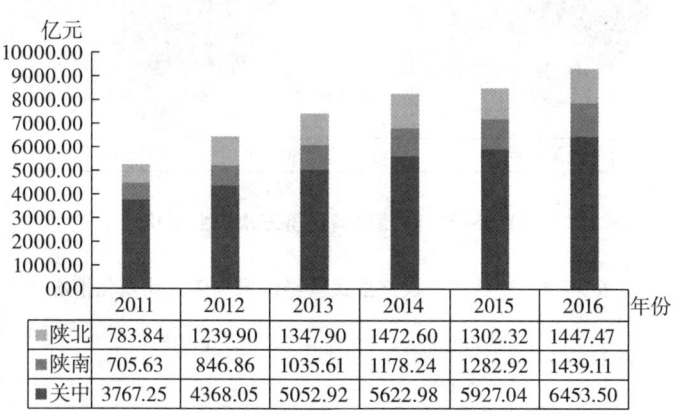

图9-4 陕西省三大地区民营经济增加值

（2）民营经济发展的产业分布现状

从产业结构来看，陕西省民营经济产业结构逐步优化，第三产业发展速度较快。2016年，陕西省民营经济第一、第二、第三产业分别实现增加值479.85亿元、5091.6亿元和4858.73亿元，占全部民营经济的比重为4.6%、48.9%、46.5%。民营经济产业结构呈现"二、三、一"格局，第二产业仍是其中份额最大的产业领域。但从历史数据来看，随着经济社会的发展，第三产业的市场空间不断扩张，民营经济的发展逐渐向第三产业倾斜,增长速度也快于整体经济,比重呈上升态势。2011—2016 年,民营经济三次产业增加值年均增长速度分别为 5.93%、8.48%、12.97%,其中第三产业的年均增长率为 12.97%,高于民营经济整体的年均增长率 10.29%;并且 2016 年第一、第二产业所占比重分别比 2011 年下降了 1.04 个和 4.23 个百分点,第三产业比重则比 2011 年提高了 5.3 个百分点,三产占比在逐渐提升,经济结构不断调整优化。

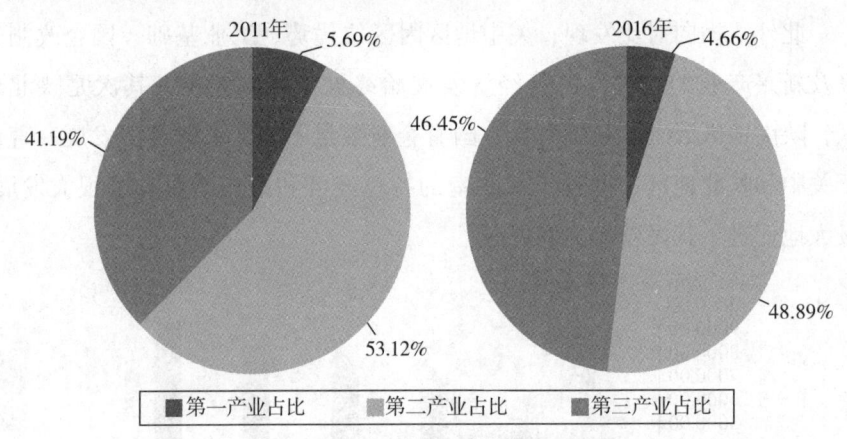

图 9-5　陕西民营经济三次产业结构

表 9-4　陕西省三次产业民营经济增加值占比变化情况

年份	第一产业占比	第二产业占比	第三产业占比
2011	5.69%	53.12%	41.19%
2012	6.61%	53.47%	39.93%
2013	5.48%	53.80%	40.71%
2014	4.89%	53.62%	41.49%
2015	5.10%	49.62%	45.28%
2016	4.65%	48.89%	46.45%

资料来源:《陕西统计年鉴(2012—2017)》。

9.1.1.3　民营经济对社会的贡献评价

当前陕西经济步入换挡提质期,民营经济发挥的作用越加突出,民营经济对陕西省社会发展的贡献不断提升,成为稳定经济增长的重要引擎。从民营经济对社会的贡献程度来看,陕西省民营经济发展情况主要有以下特点:

(1) 对地区生产总值的贡献逐年提高

陕西民营经济总量持续攀升,对 GDP 的贡献逐年提高。从近 6 年来民营经济增加值占 GDP 的比重变化情况看,如图 9 – 7 所示,陕西省民营经济增加值从 2011 年的 6318.2 亿元增长到 2015 年的 9695.62 亿元,增加了 53.46%,对 GDP 的贡献从 2011 年的 50.5% 增加到 2015 年的 53.4%,5 年间增加了 3 个百分点,对 GDP 的贡献持续提升。

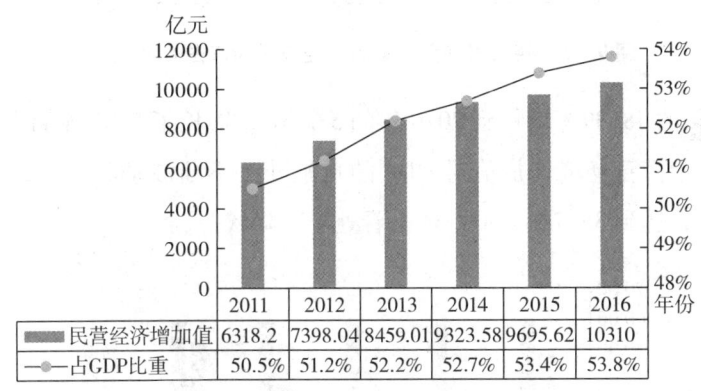

图 9 – 6　陕西省民营经济增加值及占 GDP 比重

分地区看民营经济对 GDP 的贡献。由图 9 – 7 可知,关中、陕南、陕北 3 个地区民营经济对 GDP 的贡献都保持连年增长态势。其中,关中地区民营经济对 GDP 的贡献从 2011 年的 49.17% 增加到 2016 年的 51.61%,增长了 2.44 个百分点;陕南地区民营经济对 GDP 的贡献从 2011 年的 49.78% 增加到 2016 年的 53.15%,增长了 3.37 个百分点;陕北地区民营经济对 GDP 的贡献从 2011 年的 23.02% 增加到 2016 年的 37.54%,增长了 14.52 个百分点。对比发现,2011—2016 年,陕北民营经济对 GDP 的贡献增长速度最快,但同时陕北地区也是民营经济对 GDP 贡献最低的地区,主要原因是陕北地区能源和重化工为主的国有企业所占份额较大。

分产业看民营经济对 GDP 的贡献。由图 9 – 8 可知,第三产业民营经济增加值对 GDP 的贡献最大,其占 GDP 的比重在 2011—2016 年基本保持稳定状态。其次是第二产业中民营经济增加值对 GDP 的贡献,排第 2 位,

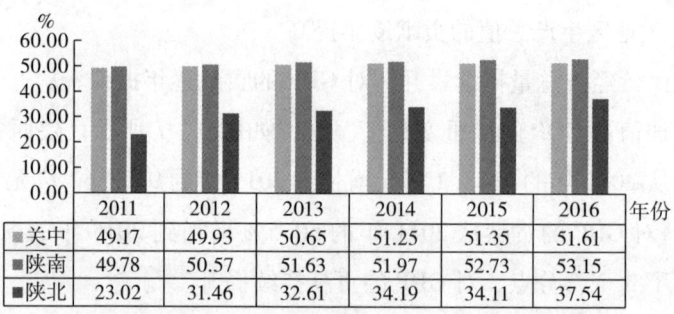

图 9-7　陕西省三大地区民营经济增加值占 GDP 比重

从 2011 年的 48.39% 增加到 2016 年的 53.7%，增长了 5.31 个百分点。而第一产业中民营经济增加值对 GDP 的贡献处于不断波动状态，2012 年的贡献最大，达到 35.7%，但总体来看处于下降状态。

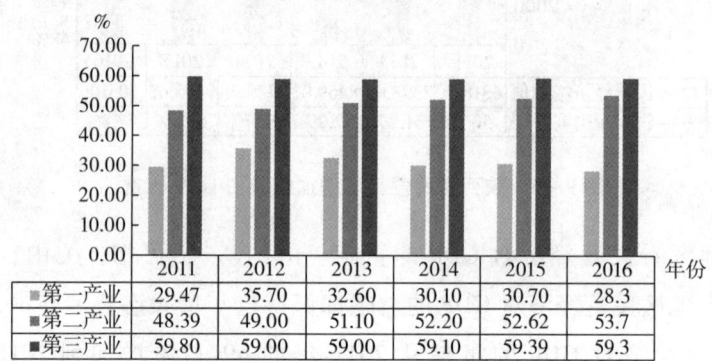

图 9-8　陕西省三次产业民营经济增加值占 GDP 比重

（2）对就业的贡献保持平稳

陕西民营经济发展能有效吸纳社会劳动力，缓解就业压力，促进社会和谐稳定。"十二五"期间，陕西省个体私营经济就业人数从 2011 年的 388.27 万人增长到 2015 年的 483.53 万人，年均增长率为 7.3%；个体私营经济就业人数对全省就业人数的贡献率从 2011 年的 18.86% 增长到 2015 年的 23.35%。由各年份数据对比可知，陕西省民营经济在就业方面持续做出贡献，即使在经济下行的状况下依然保持稳定。民营企业就地吸纳劳动力，成为当地安排就业、吸收就业人员的主要渠道。

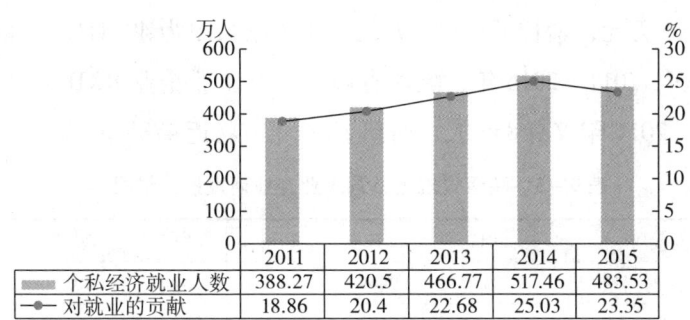

图9-9 陕西省个私经济就业规模及对就业的贡献

(3) 对税收的贡献不断提升

在"十三五"开局之年,民营经济上缴税金占全省财政收入的比重超过六成。陕西民营经济税收占税收总额比重由2011年的52.1%增加到2016年的62.9%,提高了10.8个百分点;2016年,陕西省民营企业上缴税收达1648.23亿元,是2011年的1.53倍,年均增收114.26亿元,年均增长率为8.88%,已成为陕西地方财政收入的重要来源。

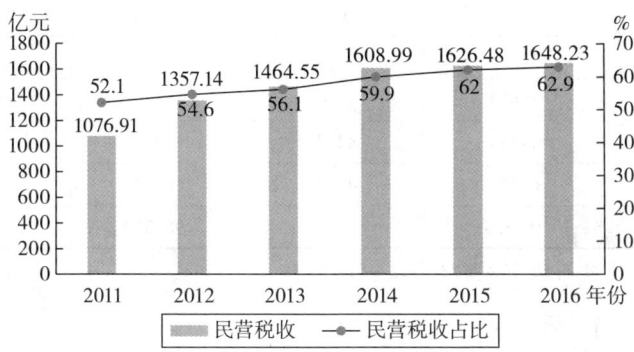

图9-10 陕西民营企业税收占应税企业税收总额比重

9.1.1.4 民营企业创新评价

(1) 民营企业研发投入稳步提升

企业的研发活动最主要的就是R&D人员和R&D经费。由表9-5可以看出,民营企业研发意识增强,对研发的投入力度逐年增加。其中,陕西规模以上私营工业企业研发经费投入从2011年的14578万元增加到2016

年的 108526 万元,增长了 93948 万元,年均增长率为 49.41%。在研发人员投入方面,2011—2016 年,陕西省规上私营工业企业 R&D 人员数增长了 5 倍多,2011 年仅有 855 人,而到 2016 年有将近 4785 人。

表 9-5 陕西省规上私营工业企业研发投入情况

研发投入	2011	2012	2013	2014	2015	2016
R&D 人员全时当量/人	855	946	1932	3465	3062	4785
R&D 经费/万元	14578	12379	39633	77385	68175	108526

从研发资金来源可以看出,企业资金是民营企业研发费用的主要来源。其中,企业资金占比从 2011 年的 80.34% 增加到 2016 年的 90.61%;政府资金占比从 2011 年的 17.91% 下降到 6.33%。由此可见,政府部门应加大对民营企业创新的资金扶持。

表 9-6 陕西省规上私营工业企业研发资金来源情况　　单位:万元

年份	R&D 经费支出	资金来源		
		政府资金	企业资金	境外资金
2011	14578	2611	11712	184
2012	12379	1858	10521	0
2013	39633	1854	36576	700
2014	77385	4479	72384	522
2015	68175	4943	60245	2987
2016	108526	6869	98331	3326

资料来源:《陕西统计年鉴(2012—2017)》。

(2)民营企业研发产出能力逐渐增强

专利申请数是企业技术创新成果,新产品销售收入是企业研发活动商业化所带来的价值,均可以在一定程度上反映出企业的研发能力。表 9-7 是陕西省规上私营工业企业 2011—2016 年的研发产出情况。2011—2016 年,企业的专利申请数、新产品销售收入数都是逐年增加的。其中,专利申请数从 2011 年的 427 件增加到 1025 件,增长了 2 倍多;新产品销售收入随着研发投入的增长增长了 260516 万元,年均增长率为 29.57%。

表 9-7 陕西省规上私营工业企业研发产出情况

年 份	2011	2012	2013	2014	2015	2016
专利申请数/件	427	399	505	800	747	1025
新产品销售收入/万元	98234	197272	259226	314099	340294	358750

资料来源：《陕西统计年鉴（2012—2017）》。

9.1.2 陕西民营经济发展中存在的问题

（1）民营经济总量小，整体实力不强

陕西省民营经济规模不断扩大，对经济的贡献程度不断提升，经济主体数量也持续增长，但与其他省份相比，在民营经济总量、民营企业实力方面还存在较大的差距。具体来说，陕西民营经济在规模方面的问题主要体现在以下3个方面：

一是陕西民营经济总量偏小，与其他省份相比仍有较大差距。2016年，陕西民营经济总量为10310.09亿元，而同属西部地区的内蒙古、四川民营经济总量分别为11579.1亿元、19863.3亿元。二是陕西民营企业实力不强。全国工商联发布的"2016中国民营企业500强"中，陕西省仅有4家企业上榜，并且上榜企业营业收入总额为1646.3亿元，仅为排名第一的浙江上榜企业营业收入总额的5.07%。与其他省份的500强民营企业数量相比，陕西入围的企业数量，不仅与发达省份浙江（134户）、江苏（93户）存在相当大的差距，甚至与内蒙古（8户）、四川（13户）、重庆（12户）等省份也存在较大的差距。同时从民营企业上市公司数量来看，2016年，陕西省民营企业上市公司有14家，占陕西上市公司的31.8%；而在广东省上市企业的企业结构中，民营企业有318家，民营企业占比为70.4%。三是知名品牌少。截至2016年年底，陕西省注册商标中有1219件被认定为陕西省著名商标；而同期浙江省拥有著名商标有效累积量3865件，陕西省著名商标数还不到浙江省的1/3。在2016年"中国名牌500强"排名中，陕西只有3家企业的品牌入围，分别是"陕汽""西凤""利君沙"，民营企业没有品牌入围。

(2)民营经济产业低端化现象突出,产业集群化缺乏

陕西民营经济低端化现象比较突出,主要表现为产业低端化,多数中小民营企业处于产业链的下游,行业集中于一般制造业、低端服务业、高耗能产业。具体问题为:一是工业结构不合理,即在工业结构内部,民营经济对各行业投资不均衡。陕西民营经济主要集中在资金少、成本低、低附加值的传统工业行业,如农产品加工业、医药制造业、机械和设备修理业以及废弃资源综合利用业等。而在支撑陕西工业发展的支柱产业中,民营经济的占比相对较低。陕西民营企业营业收入占全部工业营业收入的比重为50.2%,其中,煤炭开采和洗选业中民营企业收入占比为39.8%、石油和天然气开采业占0.9%、石油加工、炼焦及核燃料加工业占22.6%、有色金属冶炼和压延加工业占40.6%。汽车制造业中民营企业营业收入占比为37.6%,电力、热力生产和供应业占6.5%,铁路、船舶、航空航天和其他运输设备制造业占比则更低。二是传统服务业比重偏大。2016年,陕西民营经济中的服务类企业主要集中在房地产、批发、住宿和餐饮业等传统行业,这三类行业的营业收入占全省服务类民营企业营业收入的77%,企业数占到83.2%。而信息传输、软件和信息技术服务业类民营企业个数仅占到1.8%,金融业、教育业、科学研究和技术服务业等现代服务业领域涉足较少。

陕西民营经济还存在产业集群化缺乏以及发展不规范问题。产业集群不是众多企业的简单堆积,企业间的有机联系才是产业集群产生和发展的关键。陕西目前所形成的产业园区大多存在集群效应未充分凸显、企业间普遍缺乏深度的专业化分工合作问题。工业园区虽然为产业集群形成提供了空间,但产业集群发展不仅要有行业领先的主导企业,更要有相对完整的产业链。以省会城市西安为例,作为汽车产业的领导者,比亚迪、陕重汽、法士特的上下游配套产品绝大部分位于山东、河南,本地配套寥寥无几。西安外商企业问卷调查结果显示,外资企业现在的最大困难就是实现本地配套,目前,企业原材料的70%以上来自省外,在调查的186家企业中,70%以上的企业在本地区没有配套设施。

(3) 民营企业技术创新能力弱

与民营经济发展较好的省份浙江相比,陕西省民营企业创新投入及产出能力明显偏低。从创新投入来看,2016年陕西省规上私营工业企业研发人员投入量仅为浙江省136433人的3.50%,研发经费投入量仅占浙江省规上私营工业企业研发经费3622303万元的3.0%。从创新产出来看,陕西省规上私营工业企业专利申请量为1025件,仅为浙江省专利申请数7586件的13.51%;陕西新产品销售收入额为358750万元,也仅为浙江省的0.4%。可见,陕西省民营经济的创新能力与浙江省相比还存在较大的差距。

此外,陕西省统计局2016年对西安市280家民营企业的调查结果显示,西安民营企业自主研发和创新不足,仅有34.9%的民营企业有研发活动和创新,65.1%的企业并无研发活动和创新。通过调查进一步发现,在有研发和创新活动的民营企业中,创新的途径各不相同,其中,自行研发的企业占33.5%,与其他企业合作的占24.5%,与高校或科研机构合作的占13.4%,采用其他途径的占28.6%。此外,调查显示,81.4%的企业都没有自己的专利,1.8%的企业使用别人的专利,只有16.8%的民营企业拥有自己的专利。通过对企业近3年的创新成果调查发现,61.1%的企业近3年基本没有创新,28.6%的企业每年都有创新但无突破,只有10.3%的企业每年都有多项创新成果,并取得了重大进步。

(4) 民间投资规模小,且投资增速大幅下降

民间投资规模小。陕西民间投资占固定资产投资比重在2011年达到顶峰,为51.7%,2012—2015年稳定在44%~46%,但在2016年占比下滑到42.7%,比上年减少了3个百分点。相比于全国民间投资占比61.2%、内蒙古45.0%、四川49.7%、重庆51.0%,陕西民间投资占比分别低18.5个、2.3个、7个、8.3个百分点。

民间投资增速持续下滑。陕西民间投资2011—2014年保持中高速增长,始终高于全省固定资产投资增速,但2015年下滑至7.5%,在2016年固定资产投资增速已回升至12.3%时,陕西民间投资增速不升反降,下降了3.6%,低于全省固定资产投资15.9个百分点。相比于2016年全国民间投资增长3.2%、四川增长5.7%、重庆增长11.0%,陕西民间投资增速分别低6.8个、9.3个、14.6个百分点。

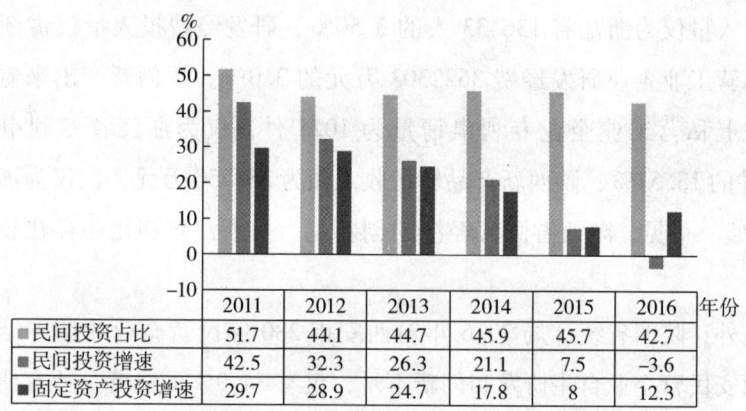

图9-11 陕西省民间投资占比及增速变化

(5) 民营经济发展的外部环境仍存在问题

民营经济发展的外部环境不够优化,主要体现在两个方面:一是市场准入限制多,部分行业难以进入。陕西省民间资本进入产业空间仍然受限,一些行业和领域在准入政策上虽然没有公开限制,但门槛高,实际进入难,尽管省委、省政府在政策层面为民营企业发展提供了大量支持,但在具体实施中市场开放程度不够,往往从资本实力、技术水平和从业资历等方面提高行业准入门槛。二是服务体系尚不完善。行政审批、投资体系、商事制度改革等服务工作的不完善仍然是民营企业发展的制约因素。原有的用地、环保、节能等前置审批条件改革力度不大,企业用地难、办证难的问题没有得到根本解决;审批许可项目过多、过细。如会展审批,商会协会和民营企业举办会展仍需到不同层级的商务部门办理审批,且审批手续繁杂,办理情况没有回复承诺。同时,大量中小民营企业特别需要的创业辅导、信息服务、企业诊断、技术支持、员工培训等政府服务和社会服务尚不能满足企业发展的需要。

9.2 新时代陕西民营经济发展对追赶超越的重要作用

9.2.1 追赶超越的总目标

追赶超越既是对陕西当前发展阶段的准确判断,又是对陕西未来发展战略目标与任务的总体部署,是陕西当前和未来一段时期全省工作的总方向、总纲领、总遵循。从实践指向方面来看,陕西新阶段目标的实现要从量的扩张、质的提升、发展模式创新3个方面追赶超越。其中,量的扩张主要是指经济保持高速增长,力争GDP年均增速高于全国平均水平的增长速度;质的扩张一方面是指经济结构调整和实现产业结构的转型升级,另一方面是指人们生活水平和质量进一步提高,实现居民人均可支配收入赶超全国水平,年均增长10%左右;发展模式创新是从技术、体制机制和管理模式3个方面实现改革创新,从而将陕西建设成为创新型省份。

9.2.2 民营经济对追赶超越目标实现的重要作用

追赶超越总体目标划被分为3个方面,即量的扩张、质的提升、发展模式创新,本书在此基础上分析民营经济对追赶超越战略目标实现的重要作用。首先,民营经济作为国民经济中最有活力和效率的市场主体之一,其增长直接带动了社会经济的增长,从而实现总量上的扩张;其次,民营经济的发展能有效调整产业结构,使得产业结构布局更加合理,从而实现质量的扩张;最后,民营经济特别是中小民营科技企业是陕西自主创新的重要动力,提高民营企业的创新能力,能够加快实现陕西发展模式创新。

(1) 民营经济推动经济总量持续增长

民营经济对区域经济增长起到了加速的作用,是区域经济发展的重要推动力。具体来说,民营经济对陕西省经济总量增长的促进作用主要体现在两方面:一是直接作用,即民营经济增加值的快速增长,带动了全省经济总量的持续增长;二是间接作用,即民营经济的投资有力地带动了社会投资增长,从而增加了全省经济总量。

一是民营经济增加值的快速增长,直接带动了全省经济总量的增长。民营经济增加值作为陕西省国内生产总值的一部分,其增长规模和速度决定了全省经济总量的增长数量和速度。2016年,陕西省民营经济增加值达10310.09亿元,对全省经济增长的贡献率达56.7%,占全省GDP比重为53.8%,拉动GDP增长4.3个百分点。2005—2016年,陕西国民经济生产总值从3934亿元增加到19165.39亿元,增长了3.87倍;而民营经济生产总值2005—2016年从1651.14增长到10310.09亿元,增长了5.24倍,增长速度快于陕西国民经济生产总值的增长速度;同时,民营经济对国民经济的贡献度也从2005年的43.4%增长到2016年的53.8%。由此可知,民营经济对陕西经济发展的促进作用不断增强,已经成为支撑陕西经济发展最重要的力量。

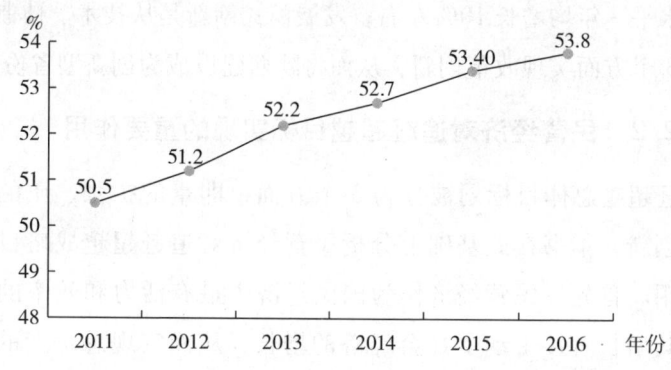

图9-12 陕西省民营经济增加值占GDP比重

二是民营经济的投资有力地带动了社会投资增长,从而增加了全省经济总量。投资作为拉动经济增长的"三驾马车"之一,是国民经济的一部分。在陕西民营经济发展过程中,民营企业灵活的经营模式吸纳了大量社会资金和外资。2015年,全省民间投资完成9066.37亿元,同比增长7.5%,民间投资占全省固定资产投资(不含农户)的比重为45.73%,已成为全省固定资产投资的重要组成部分。2011年至今,陕西省民间投资在固定资产投资中的比重一直保持在40%以上,并且在2011年时占比超过一半,达到51.7%。

(2) 民营经济是居民实现富裕的重要手段

民营经济对居民实现富裕的促进作用主要体现在两个方面：一是民营经济的发展缓解了社会就业压力，维护了社会稳定；二是缩小了贫富差距，实现了共同富裕。

一是缓解就业压力，维护社会稳定。陕西的民营企业大多属于劳动密集型企业，为陕西提供了大量的就业岗位，吸纳了各种层次的劳动力，成为吸纳就业的一条重要渠道。"十二五"期间，陕西民营经济主体中的个体私营企业就业人员总计近483.53万人，较2011年年底增加了95.26万人，增长了24.53%，个体私营经济就业人数对全省就业人数的贡献率从2011年的18.86%增长到2015年的23.35%。

二是缩小贫富差距，实现共同富裕。民营经济不仅是经济发展的重要力量，也是城乡居民收入的重要来源。2016年城镇私营单位从业人员平均工资35676元，比上年的33220元增加了2456元，为居民收入结构优化和提高做出了贡献。同时，民营经济在发展过程中，不仅提供了大量的就业岗位，还带动了社会的创业氛围。2016年，全省私营企业和个体工商户比上年新增14.64万户，总数达200.38万户，比上年年末增长了7.88%。私营企业和个体工商户数量大幅增加，使得居民的获得性收入更高。

(3) 促进经济结构的调整，实现经济的均衡发展

陕西追赶超越在结构转换层面上的目标是：产业结构要实现高级化和合理化，使得产业结构符合工业化中后期的产业结构标准。陕西民营经济对产业结构调整的促进作用取决于它在国民经济中的地位以及它自身产业分布的合理性，二者缺一不可。

一方面，民营经济合理的产业布局决定了其正向推动作用。从民营经济的产业布局来看，其结构要优于整体经济的产业分布。民营经济的产业结构由2010年的5.9∶51.6∶42.6调整为2016年的4.7∶48.9∶46.5，产值比重逐渐向"三、二、一"的顺序靠拢。而2016年陕西整个国民经济的产业结构为8∶45.9∶46.1，其中第三产业产值比重低于同期民营经济的第三产业产业比重。民营经济逐渐趋于优化的产业结构正是陕西省产业结构调整的目标，这一布局会成为陕西产业结构调整的巨大带动力量，促使陕西产业结构朝着合理的方向发展。

另一方面，从民营经济对产业的贡献及发展潜力看民营经济对产业结构调整的促进作用。民营经济在陕西第一、第二、第三产业生产总值中的占比如表9-8所示。由表9-8可知，民营经济在第一产业中的占比相对较低，在第二、第三产业中的占比基本保持在50%以上，处于主导地位。从2011—2015年的变动趋势可以预测出，民营经济无论现在还是未来都显示出了在第二、第三产业的主导地位或即将成为主导的趋势，并且民营经济继续以高于陕西省整体经济发展水平的速度增长的同时，会使得各产业内部各成分处于激烈的竞争中，促使各行业更加注重质量的提升和自身竞争力的增强，进而带动陕西整体产业布局朝着合理的目标前进。

表9-8 民营经济在陕西各产业生产总值中的占比

年份	第一产业	第二产业	第三产业
2011	29.5%	48.4%	59.8%
2012	35.7%	49%	59%
2013	32.6%	51.1%	59%
2014	30.1%	52.2%	59.1%
2015	30.7%	52.6%	59.4%

（4）民营经济的发展可加快陕西创新型省份的建成

陕西要建成创新型省份，关键是靠创新驱动。从产业角度来看，陕西省创新型省份的建立需要以产业转型升级为支撑。具体为构建以高新技术产业为主导、服务经济为主体、先进制造业为支撑、现代农业为基础的现代产业体系。而民营经济的发展能够推动现代产业体系的构建，2016年，在陕西省规模以上工业中，战略新兴产业共计1195户，其中民营企业有1129户。并且西安软件新城建设，西咸新区云计算服务创新发展试点，三星存储芯片项目产能提升，中兴、比亚迪、酷派智能终端生产项目投产等利好，有效带动了全省新一代信息技术产业的发展。从协同创新角度来看，陕西省创新型省份的建立需要政府、企业各方面的协同创新。陕西在完善协同创新机制过程中，民营经济贡献了很大力量。"十二五"期间，军民融合创新型企业已发展至500多家，并且有300多家民营单位参与了军品科研生产配套，其中民营单位有60多家。此外，随着市场竞争的加剧，陕西民营企业更加注重创新，包括组织结构创新、管理制度创新、产品创新等，这些都有助于加强陕西省企业的创新主体地位。

9.3 新时代陕西民营经济发展的制约因素分析

"十二五"时期，陕西经济实现了从经济发达省份向中等发达省份的跨越，但是，必须看到当前地区经济发展还存在诸多困难和问题，保持"十三五"地区经济稳定增长、落实供给侧结构性改革和创新驱动发展战略的任务十分艰巨。在经济下行形势下，作为市场主体的民营企业，其发展遇到了较大的困难，尤其是中小企业，主要面临"两高两难"的问题，即成本高、税费占比高、融资难、招工难。除此之外，创新乏力以及企业家发展激情不足、企业管理水平低、民营企业整体规模偏小、外部政策制定和落实不能满足企业发展的需要等都是制约陕西民营经济发展的因素。本书对陕西经济发展情况进行分析后，认为制约陕西民营经济发展的因素可以划分为内部因素和外部因素两部分。

9.3.1 陕西民营经济发展的内在制约因素

（1）企业家精神缺乏，企业管理模式滞后

企业家精神表现为企业家的战略眼光、有效的沟通领导能力、创新能力等，对于推动企业发展起到了不可替代的作用。缺乏企业家精神主要体现在：一是战略眼光短浅。陕西大多数民营企业战略眼光短浅，缺乏全球视野，对国际和国内环境没有精准的判断，缺乏把企业做大做强、为社会创造更多财富的意识，甚至可能出现盲目扩张、只顾眼前利益、缺乏长远的规划和理性的战略思考，最终影响了企业的可持续健康发展。二是缺乏创新。缺乏创新是陕西民营企业家自身素质的核心问题，面对复杂多变的外部环境，企业家必须进行技术革新、产品创新、管理模式创新等，才能适应市场的发展。

民营企业家思维保守所表现出来的另一个问题是企业管理模式落后，大多数企业依旧保留着家族式经营模式。家族式管理在民营企业成立之初有其合理性，有助于降低管理成本，增强企业凝聚力。然而，随着企业规模的扩大，家族管理模式将不利于企业获得规模经济效益，也不能有效发挥非家族人力资源的优势，不利于制度建设与企业文化的形成，进而制约着企业发展。据统计，陕西省民营上市企业只有14家，更多的民营企业保留着家族化经营模式，也有部分企业虽然进行了公司制、股份制改革，但实质上没有严格按照股份制运作，仍然是家族式运作。这种以亲情为纽带的家族式企业中，产权结构封闭，缺少优秀的人力资源，不重视制度建设，缺乏科学的决策程序。这些因素制约着企业的进一步发展，使得大多数企业止步不前，甚至出现各种问题，如市场占有率下降、资金不足等。

（2）民营企业自主创新能力不强

影响民营企业自主创新的因素有很多种，本书从企业自身和企业外部两方面分析导致陕西民营企业自主创新能力不强的原因。其中，企业自身原因主要有：陕西省大多数民营企业处在产业链的底端，产品技术含量和附加值较低，缺乏专有技术和自主知识产权，缺乏名牌产品和知名商标，创新能力普遍低下；由于多数民营企业仍处于成长期，维持生存是其第一任务，而自主创新存在着投入高、风险大、周期长等不确定因素，加之一些企业受现实利益诱惑，生产经营追求"短、平、快"，企业自主创新意识普遍较弱；从研发能力方面看，人才、技术和资金是创新的基础和条件，多数有创新意识的企业，由于资源不足，致使创新带动发展的能力低下；从产品层次来看，拥有自主品牌的民营企业不多，大多数民营企业产品层次不高，尚未形成广泛的品牌效应。从外部环境来看：一是产学研合作、协同创新的机制有待进一步完善。由于民营企业在合作中主动权较小、科研院所积极性不高、企业缺乏转化技术的条件等原因，企业与高等科研院所开展校企合作、科技攻关等工作还不充分，科技创新资源整合还有很大的空间和潜力。二是公共服务平台建设需进一步加强。陕西省尚未形成较为健全的、为科技成果转化提供中介服务的信息咨询体系、评估体系和技术交易市场，在为成果转化提供指导、为校企合作搭建平台等方面还有相当大的提升空间。

9.3.2 陕西民营经济发展的外在制约因素

（1）民营企业融资难的问题依然存在

在民营企业融资过程中普遍存在着融资难的问题。从民营企业自身来说，融资难主要是由于多数民营企业规模小、自有资金少、抵押不足，而且自身财务管理不够规范、持续经营能力不强、抗风险能力弱，加上部分企业信誉度不高，赖账不还现象时有发生，导致银行在贷款时就显得十分谨慎。从资本市场角度来看，主要是融资渠道不顺畅和融资结构不合理。企业融资主要有两种渠道：内部融资和外部融资。外部融资的形式可分为间接和直接融资。从间接融资来看，一方面，国有商业银行贷款审批程序复杂，而民营企业尤其是中小企业所需资金量少、频率高、时间紧，会导致单位资金借贷成本上升；另一方面，大量民营企业的企业制度不成熟规范、信息不透明，大银行很难解决二者之间的信息不对称问题，这也导致了银行不愿为其提供融资服务。从直接融资来看，目前主板市场主要为国企改革筹集资金服务，上市融资门槛成本高，而能在深圳中小企业板上市的民营企业数量也极为有限，民营经济利用债券融资和股权融资的空间十分狭小。

（2）资源配置错位

陕西省科教实力雄厚，人才资源富集，但民营企业依旧存在人才短缺的问题。民营企业在发展过程中需要不同结构的人才支撑，由于陕西民营企业大多规模小、层次低，难以吸引并留住高素质人才；大多数人才对民营企业的社会保障体系、工资待遇等存在不满，也是造成民营经济人才短缺的原因。此外，军工实力雄厚，但存在军民深度融合发展不够的问题。作为军工大省和国防科技工业重要基地，陕西在兵器、航空、航天、船舶、军工电子和核工业等六大领域拥有近200家企事业单位。如果能充分利用陕西省军工的产业优势,加速推进军民融合深度发展,可为陕西民营经济增添新的动力。

(3) 政策执行和落实不到位

陕西省为了促进民营经济持续发展,出台了不少推动民营经济发展的政策,但由于政策的系统性和持续性不够强,加之管理部门之间缺乏有效的沟通和协调,尚未形成促进民营经济发展的政商环境。具体体现在：一是政策解读不到位。政府部门对帮扶政策措施的宣传力度还不够,导致一些民营企业不知道、不清楚优惠政策是什么,不懂得如何得到政策的便利条件,从而使得扶持民营经济发展的政策效果大打折扣。二是执行兑现不到位。优惠政策和措施缺少配套文件,缺乏可操作性,落实不下去；优惠政策兑现难、成本高。三是配合协调不到位。政府职能部门之间没有形成解决问题的统一标准,导致操作程序复杂、协调落实难度大。四是环境营造不到位。收费多、办事难的现象依旧存在。一些部门的工作人员服务意识淡薄,办事拖拉,主动性差,行政效率较低。

9.4 新时代陕西民营经济发展的对策建议

针对前面对陕西省民营经济发展过程中存在的问题以及制约因素的分析,下文给出促进陕西省民营经济发展的对策建议。

9.4.1 提升企业实力,扩大规模优势

(1) 发展壮大骨干"龙头"企业,充分发挥其辐射带动作用

缺乏龙头企业带动是陕西省民营经济发展的短板,民营经济要发展壮大,必须要把一批有实力、有社会责任感的大中企业逐步培育成各行各业的龙头企业,从而引领其他中小企业变大变强。在企业规模上,对于已经实现良性发展的大企业,鼓励和支持其通过兼并、收购、控股、联合、协作等形式实现低成本的扩张,实行"强强联合",形成集团型、公司型企业。对于产品和市场比较稳定且处于成长期的企业,要在项目上加大扶持力度,引导其进行项目改造,实行科学管理,提高产品竞争力和企业实

力。对于发展潜力大、市场前景好、产品附加值高的科技型和外向型新兴企业，加大对其保护和扶持力度，在政策上给予更大的优惠，全力帮助企业尽快走出原始积累的创业期。此外，民营企业还应利用好国外市场，借助国际、国内两种资源和两个市场，通过更大范围的产业链接，做到低风险运行，"借梯上楼""借船出海"，向跨国企业发展。同时，鼓励企业在本区域内搞好生产经营配套，积极扩散上下游产品，发展"一头连着国内外市场，一头连着当地千家万户及大量中小企业"的骨干龙头企业，辐射带动当地经济社会全面发展。

(2) 实施品牌战略，努力增强企业竞争力

民营企业要重视品牌建设，应该把提速质塑品牌作为战略举措，提高本企业在国内外的知名度和信誉度，增强市场竞争力。企业品牌的塑造必须与内部管理方式的改革同时进行。目前，陕西大多数企业的管理方式还处于家族式管理，要做大做强，首先，应进行公司制、股份制改革，摒弃家长式管理，用先进的手段实现科学管理。其次，人才建设也是提升企业竞争力的重要环节，企业应不断完善人才培养体系以及人才薪资结构，营造良好的工作氛围，吸引更多人才参与到企业发展中。除了企业自身应重视品牌建设外，政府部门也应充分发挥引导者的作用。通过建立企业交流会等方式，引导民营企业搞好内部管理；制定吸引和留住人才的政策，使得本地培养的人才能够投入到陕西经济建设中去；引导民营企业加快技术创新、技术改造步伐，增强自主创新能力和竞争力。

9.4.2 优化产业结构，促进转型升级

(1) 构建现代产业体系

按照"稳能化、兴电子、强制造、促新兴、优传统"的思路，引导民营资本更多地投向技术、资金密集，附加值高的民营工业、农业和现代服务业，加快构建具有陕西特色的现代产业体系。一方面，优化传统产业。稳定能源化工产业，抓住稳产促销、深度转化和发展新能源；以航空航天、汽车、能源和电力装备、高端数控机床及机器人等为重点，做强装备

制造产业；改造提升有色冶金、食品加工、纺织轻工、建筑建材等传统产业。另一方面，壮大新兴产业。壮大电子信息产业，如导体、集成电路、新型显示、新一代通信及智能终端等产业；大力发展新兴产业，围绕新材料、生物医药、生产性服务业和新经济、新业态，加速培育一批骨干企业和产业集群。

（2）加快产业集群化发展

加快产业集群发展，有利于资源优化配置和生产要素有效集中，推动产业结构调整和优化升级，提高产业竞争力和区域综合竞争力。陕西省产业集群依然处于起步阶段，整体规模偏小，支撑体系不健全，龙头企业不强，产业配套和园区化水平不高。因此，各级各部门应坚持"抓龙头、抓配套、抓园区、上水平"，着力扶持龙头企业和名牌产品，提高产业发展带动能力；着力延伸产业链，提高省内配套率；着力加强企业协作和自主创新，提高集成创新和产品成套能力；着力推进工业园区建设，提高园区集群承载能力，推进陕西省产业集群又好又快发展。

在产业集群发展过程中，应从装备制造、能源化工、高新技术、传统产业四大领域入手。在装备制造领域，重点发展汽车、输变电设备、航空、航天、重型装备、机床工具、电子通信设备及元器件、石油装备、陕北能化装备和工程机械等产业集群。能源化工领域，重点发展石油天然气及化工、煤及煤化工、电力和盐化工等产业集群。高新技术领域，重点发展软件和信息服务以及太阳能光伏、半导体照明、卫星导航应用、生物医药和新材料等产业集群和子集群。传统产业领域，重点发展有色金属、冶金、食品、医药和纺织等产业集群，以及钼、钛、果汁、乳业、肉制品、饮料、方便食品、烘焙、功能服装、棉纺织、丝绸、防寒服、水泥、玻璃、陶瓷和新型建材等子集群。

9.4.3 改善融资渠道环境，完善信用担保制度

目前，民营企业融资渠道不畅、融资费用高已成为陕西民营企业发展的重要制约因素，因此，要提升陕西民营经济竞争力，需要改善融资环

境，具体应从以下几个方面加以解决：

（1）推进金融机构改革

一是推进金融机构改革，鼓励金融创新。在加强监管的前提下，支持建立更多能够自负盈亏、自担风险的民营银行，包括民营小额贷款公司、村镇银行、民营金融租赁公司、民营消费金融公司和民营融资担保公司，为民营企业尤其是民营小微企业提供多层次融资服务。二是加大银行业支持实体经济力度。政府部门应督促银行业金融机构严格落实支持实体经济发展的各项政策措施，对产品有市场、有效益的企业积极给予信贷支持，对暂时经营困难但有市场竞争力的骨干企业不抽贷、不压贷、不断贷；继续加大对中小微企业的支持力度。同时，鼓励银行基于企业的纳税行为，为经营稳定、前景良好的借款人发放小额信用贷款。

（2）拓宽民营企业的直接融资渠道

鼓励民营企业公开发行上市，引导上市公司、新三板挂牌公司通过并购重组、定向增发等方式融资。同时，政府部门应对在境外主要证券交易所首次公开发行股票并上市的企业、新进入新三板挂牌的企业、成功发行债券的企业，根据融资额度给予一次性补助。此外，引导民营企业规范使用新型互联网融资工具融资。

（3）充分发挥政策资金的引导作用

省级有关部门在中央预算内资金、专项建设基金以及各类财政专项资金申报安排中，要对民营企业一视同仁、同等对待，不得单独对民间投资主体设置附加条件。对符合有关规定、通过审核的民间投资项目，在安排政府性资金时不得歧视。建议省级财政设立支持非公有制经济发展的专项资金，重点用于技术改造创新、新产品开发、市场开拓等方面。支持中小企业发展基金、科技成果转化引导基金和创业投资引导基金充分发挥引导和放大功能，参与社会资本设立的创业投资基金、产业投资基金等私募基金。

（4）完善信用担保体系

充分发挥企业信息系统和个人信用征信系统的作用，加强企业信用体系建设。企业信用体系建设一方面有助于督促企业规范自身经营，健全财务制度，加快建立现代企业制度；另一方面有助于约束企业的失信行为，降低交易成本，推动信用交易的扩大。因此，应当加快企业信用数据库的建立，动态地记录企业在经济交往过程中的信用信息。在此过程中，可以考虑由专业化的第三方机构对企业的信用信息进行采集、调查、保存、整理及分析，并在此基础上对外提供专业的企业信用报告查询、信用评价等服务。

9.4.4 加大科技投入力度，促进技术进步

民营经济持续发展必须依靠创新驱动。陕西民营经济大多是中小微企业，要想提升民营企业实力、推动民营经济发展，关键是创新。一方面，政府部门应加大对民营企业自主创新的扶持力度，健全科技资源开放共享机制，完善支持民营经济科技发展和成果应用转化的财税、金融、技术和政策。加大支持民营企业产、学、研联合创新和技术难题诊断对接力度，积极推进中小企业与大企业、科研机构、高校的技术交流合作。另一方面，发挥陕西军工科研院所的优势，推进实施军民融合战略，开放军工领域，支持引导民间资本和民营企业积极参与军民两用技术的研发和转化，推进企业转型升级，将军工优势转化为经济优势。此外，在创新人才方面，鼓励高层次人才进入民营企业，对民营企业人才给予与国有企业同等的政策待遇，为民营企业人才队伍建设提供政策支撑。

9.4.5 营造宽松、平等的外部环境

一是放宽市场准入门槛。支持民间资本进入民用机场、电信、油气勘探开发、互联网视听、国防科技工业等领域，鼓励民间资本参与基础设施和公共服务领域的PPP项目。要放宽各种投资限制，定期发布民营经济优先发展的目录，对采用市场化运作的基础设施和公共服务项目，多向民营企业推荐一批盈利空间可控、回报预期显著的项目。二是坚持"亲清"型政商关系，优化政务环境。"亲清"要求各级政府积极作为，对民营经济人士多关注、多谈心、多引导，帮助解决实际困难，同时对于市场前景

好、有发展潜力的民营企业要从多个方面进行扶持。三是政府应深化"放、管、服",进一步加大简政放权力度。首先,应尽快减少审批手续,清理和规范各项行政事业性收费。其次,政府应该抓紧将已经没有职能的行政部门进行合并撤销。再次,政府应该加强对市场的有效监管,促进诚信经营、法制建设等落地。最后,加大政务大厅的建设力度,大力推进"一个窗口进,另一个窗口办结"的工作机制。

10 新时代陕西奋力追赶超越中现代服务业的发展

现代服务业相对于传统服务业，具有高技术性、知识性和新兴性的特点，不仅可以使服务业本身得到优化和升级，而且正逐渐成为未来经济增长的主要动力来源。1997年，党的十五大报告首次正式提出现代服务业这一概念。2000年，中央经济工作会议提出："既要改造和提高传统服务业，又要发展旅游、信息、会计、咨询、法律服务等新兴服务业。它既包括这些新兴服务业，也包括对传统服务业的技术改造和升级，其本质是实现服务业的现代化。"2002年，党的十六大提出把"加快发展现代服务业，提高第三产业在国民经济中的比重"作为国民经济发展的战略任务之一。2015年，党的十八大强调要"推动服务业特别是现代服务业发展壮大"，国务院出台的《服务业发展"十二五"规划》也为现代服务业发展提供了重要的战略机遇。

2015年，习近平总书记在陕西视察时指出："陕西正处在追赶超越阶段""希望陕西的同志抓住难得历史机遇，锐意改革创新，拓展发展思路，把陕西改革发展稳定各项工作做得更好"。陕西省在奋力追赶超越的过程中，坚持以提高发展质量和效益为中心，以供给侧结构性改革为主线，全面贯彻落实新发展理念，持续深化改革，全省经济新常态特征明显。当前，陕西省正处在奋力追赶超越的关键时期，也正是现代服务业高速发展的重要时期。本章根据现代服务业的界定范围，对2005—2015年陕西省现代服务业发展的规模、结构、作用等方面进行分析和评价，并分析了陕西现代服务业发展的制约因素，为陕西省在追赶超越过程中实现现代服务业的进一步发展提出相关的模式和政策建议。

10.1 新时代现代服务业的概念界定及统计范围

中国科学院院士工作局《现代服务业发展科技问题战略专题研究报告》(2008)中将"现代服务业"定义为：伴随着信息技术和知识经济的发展产生，用现代化的新技术、新业态和新服务方式改造传统服务业，创造需求，引导消费，向社会提供高价值、高层次、知识型的生产服务和生活服务的服务业。现代服务业既包括新兴服务业，又包括对传统服务业的技术改造和升级，其本质是实现服务业的现代化。

本书为了对陕西省现代服务业现状做出细致的数据分析，并实现与全国及发达省份的比较，在现代服务业范围的界定中在兼顾到其内涵的基础上更偏重数据的可得性，并参考国民经济行业分类《GB/T 4754-2017》《陕西省统计年鉴2016》《中国第三产业统计年鉴》等相关资料，将现代服务业范围界定为：信息传输、计算机服务和软件业，金融业，房地产业，租赁和商务服务业，科学研究、技术服务和地质勘查业，水利、环境和公共设施管理业，居民服务和其他服务业，教育，卫生和社会工作，文化、体育和娱乐业，公共管理、社会保障和社会组织。

10.2 对新时代陕西现代服务业发展的评价

10.2.1 现代服务业经济规模发展趋势

(1) 现代服务业经济规模的纵向比较

自2005年以来，陕西省现代服务业取得了长足发展，截至2015年年底，陕西省现代服务业部门增加值已经达到了4093.02亿元，相比2005年的产值，翻了4番之多，年平均增长率为18.09%，占省内服务业生产总值比重为63.92%，占省内GDP比重为26.04%，也分别增加了3.42%和6.39%（见表10-1）。

表 10-1 陕西省现代服务业增加值及其占 GDP、服务业增加值的比重

年份	现代服务业增加值/亿元	GDP/亿元	服务业增加值/亿元	现代服务业增加值占 GDP 比重	现代服务业增加值占服务业增加值比重
2005	889.75	3933.72	1546.59	22.62%	57.53%
2006	1015.89	4743.61	1806.36	21.42%	56.24%
2007	1269.16	5757.29	2178.20	22.04%	58.27%
2008	1587.08	7314.58	2699.74	21.70%	58.79%
2009	1838.10	8169.80	3143.74	22.50%	58.47%
2010	2139.52	10123.48	3688.93	21.13%	58.00%
2011	2500.00	12512.3	4355.81	19.98%	57.39%
2012	2913.09	14453.68	5009.65	20.15%	58.15%
2013	3592.92	16205.45	5832.14	22.17%	61.61%
2014	4093.09	17689.94	6547.76	23.14%	62.51%
2015	4693.02	18021.86	7342.10	26.04%	63.92%

数据来源：根据《陕西统计年鉴》(2006—2016)整理计算而得。其中，现代服务业增加值=服务业增加值-批发和零售业增加值-交通运输、仓储和邮政业增加值-住宿和餐饮业增加值。

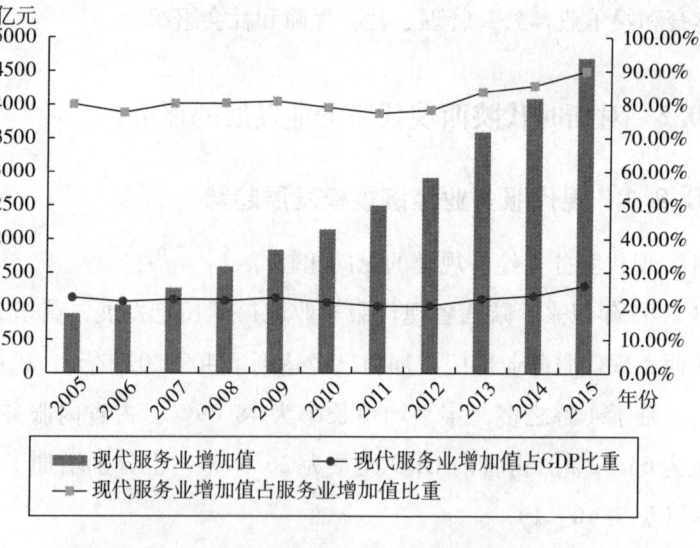

图 10-1 陕西省现代服务业发展趋势

从图 10-1 中可以看出，自 2005 年以来，陕西省现代服务业发展迅速，现代服务业增加值保持连年增加的趋势，尤其从 2011 年开始，每年的增加幅度越来越大，说明"十二五"期间，现代服务业增加值的提高程度较明显。而现代服务业增加值占 GDP 比重和现代服务业增加值占服务业增加值比重的变化趋势基本一致，都是从 2008 年开始有小幅降低，从 2012 年开始又有所提高，最后分别达到 26.04% 和 63.92%，这也可以说明在"十二五"期间现代服务业的发展水平有所提高。

（2）现代服务业经济规模的横向比较

表 10-2 陕西省与浙江省、广东省及全国现代服务业整体水平比较

项目	陕西		浙江		广东		全国	
年份	2011	2015	2011	2015	2011	2015	2011	2015
增加值/亿元	2500	4093.02	9064.5	13469.98	15133.89	24851.11	141960.7	237321.5
增加值年均增速（%）	17.05		13.20		10.41		13.71	
占比 GDP（%）	19.98	26.04	28.05	31.41	28.44	34.13	29.01	34.44
变化	6.06		3.36		5.69		12.76	
占比服务业（%）	57.39	63.92	63.92	63.12	62.80	67.43	65.69	68.56
变化	6.52		-0.80		4.63		2.87	

数据来源：根据《陕西省统计年鉴》（2012、2016）、《浙江省统计年鉴》（2012、2016）、《广东省统计年鉴》（2012、2016）、《中国统计年鉴》（2012、2016）整理计算而得。

由表 10-2 可知，从现代服务业增加值总量规模来看，陕西省在"十二五"期间现代服务业有了可观的发展，增加值从 2500 亿元增加到 4093.02 亿元，增加了 63.72%，年均增速为 17.05%，占全国现代服务业增加值比重也增加了 0.18%。但与浙江省、广东省两个现代服务业发达省份相比差距明显，2015 年，陕西省现代服务业增加值总量仅占浙江省现代服务业增加值总量的 1/3，不及广东省的 1/5。但从年均增速来看，浙江省和广东省的年均增速只有 13.20% 和 10.41%，全国水平也只有 13.71%，但陕西省达到了 17.05%，这说明陕西省现代服务业的发展势头比较强，有很大的进步潜力。

从现代服务业增加值占地区 GDP 比重来看,"十二五"期间,陕西省现代服务业增加值占地区 GDP 比重提高了 6.06 个百分点,全国水平为 12.76 个百分点,是陕西省的 2 倍之多。而与浙江省和广东省相比,陕西省现代服务业增加值占比 GDP 水平都与这两个发达省份差距较大,2015 年的现代服务业增加值占比 GDP 水平还不及两省 2011 年的水平。但从占比变化情况来看,陕西省的现代服务业增加值占比 GDP 变化明显高于浙江省(3.36%)和广东省(5.69%),也体现了陕西省现代服务业的发展态势较乐观。

从现代服务业增加值占地区服务业增加值比重来看,"十二五"期间,陕西省现代服务业增加值占服务业增加值比重提高了 6.52 个百分比,变化情况也是明显优于全国及浙江省和广东省的情况,而且与占比 GDP 情况不同的是,陕西省现代服务业增加值占比服务业在"十二五"期间对全国及浙江省和广东省已经实现了努力追赶,2015 年不仅超过了浙江省,与全国和广东省的差距也在缩小。

10.2.2 现代服务业就业规模与结构变化分析

(1) 现代服务业就业规模的纵向比较

陕西省现代服务业的发展对就业的贡献也日益显著,2005 年以来,陕西省服务业吸纳就业人数从 333 万人增加到 614.7 万人,其中现代服务业就业人数从 183.5 万人增加到 307.5 万人,增加了 67.57%,就业潜力日益增强。陕西省现代服务业就业情况如图 10-2 所示。

从图 10-2 中可以看出,2005 年以来,陕西省现代服务业部门就业人数基本保持连年增加的趋势,从 183.5 万增加到 307.5 万人,增加了 67.57%,年均增加 5.3%,增幅明显。而从就业比重来看,只有在 2008—2010 年比重增加较明显,由 47.71% 增加到 59.90%,而从 2010 年开始逐年下降,在 2015 年达到了 50.02%。可见,虽然现代服务业的就业人数在保持逐年递增,但从占比服务业总就业人数情况来看却在近几年中有所降低,说明陕西省现代服务业尚未成为吸纳就业的主导部门,现代服务业就

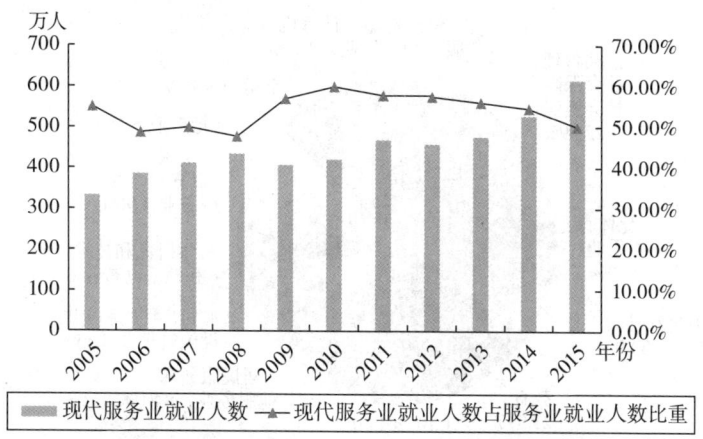

图 10-2　陕西省现代服务业就业人数及占服务业人数比重

业的增长势头并不强劲。

（2）现代服务业就业结构的纵向比较

随着现代服务业规模的壮大、领域的拓宽和新兴业务门类的兴起，现代服务业吸纳就业的能力不断增强，由表 10-3 可见，与 2011 年相比，除信息传输、计算机服务和软件业，教育，以及公共管理、社会保障和社会组织 3 个行业的就业人数出现了负增长，其余行业都实现了就业人数的增加，尤其是房地产业、租赁和商务服务业同比增加程度最大，分别实现了同比增长 43.88% 和 40.30%，其次是文化、体育和娱乐业，实现新增就业同比增长 32.88%。而从图 10-3 中可以看出，陕西省的现代服务业中，教育，公共管理、社会保障和社会组织，卫生和社会工作，居民服务和其他服务业，以及信息传输、计算机服务和软件业这几个行业的就业人数占现代服务业总就业人数比重较大，说明现代服务业中这些知识、技术密集型行业都吸纳了大量的就业人员，学历层次高、知识面广、技能型人才的不断涌入，以及从业人员的良性互动和融合发展极大地优化了整个就业市场的就业人员结构，提高了整个就业市场从业人员的素质。

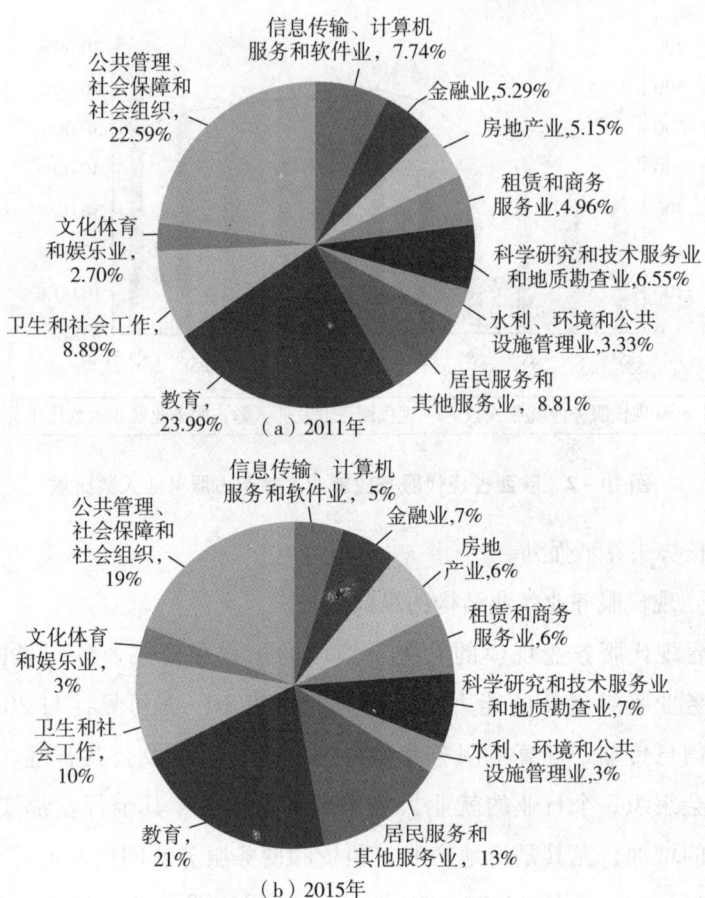

图 10-3　2011 年、2015 年陕西省现代服务业各行业就业人数比重

表 10-3　2011、2015 年陕西省现代服务业各行业就业发展比较

	2011 年就业人数/万人	2015 年就业人数/万人	同比新增人数/万人	同比增长率
现代服务业	270.1	307.5	37.4	13.85%
信息传输、计算机服务和软件业	20.9	16.7	-4.2	-20.10%
金融业	14.3	18.4	4.1	28.67%
房地产业	13.9	20	6.1	43.88%
租赁和商务服务业	13.4	18.8	5.4	40.30%

续表

	2011年就业人数/万人	2015年就业人数/万人	同比新增人数/万人	同比增长率
科学研究、技术服务和地质勘查业	17.7	21.8	4.1	23.16%
水利、环境和公共设施管理业	9.0	10.6	1.6	17.78%
居民服务和其他服务业	23.8	40.9	17.1	71.85%
教育	64.8	63.0	-1.8	-2.78%
卫生和社会工作	24.0	29.5	5.5	22.92%
文化、体育和娱乐业	7.3	9.7	2.4	32.88%
公共管理、社会保障和社会组织	61.0	58.1	-2.9	-4.75%

数据来源：根据《陕西省统计年鉴》(2012、2016)整理计算而得。

(3) 现代服务业就业结构的横向比较

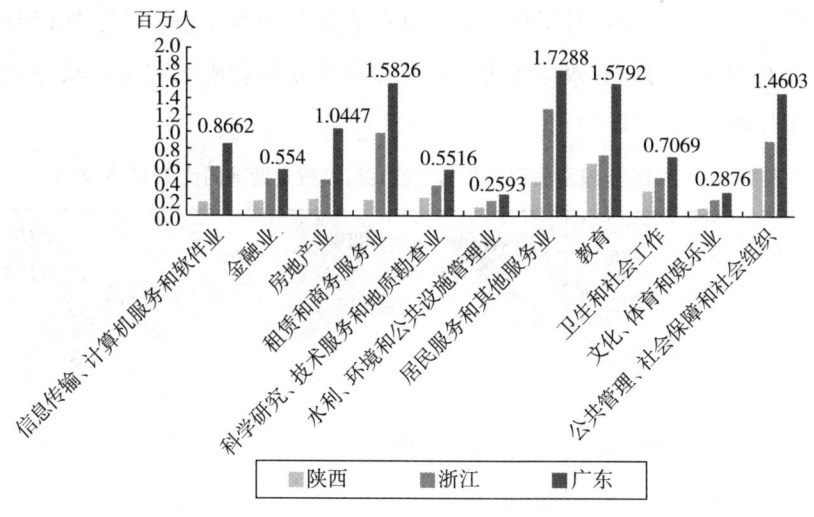

图10-4 2015年陕西省各行业就业人数与浙江省、广东省比较

图10-4展示了2015年陕西省现代服务业各行业就业人数与浙江省和广东省比较柱形图，可以看出，陕西省与浙江省、广东省两个发达省份相比较，现代服务业的就业人数与其相差甚远，在各行业中，广东省的就业

人数都遥遥领先，尤其在信息传输、计算机服务和软件业，租赁和商务服务业，居民服务和其他服务业几个行业上，陕西省就业情况的劣势比较明显，说明在高技术、生活化的现代服务业方面，陕西省的就业吸纳能力不够，相关岗位需求量较少。

10.2.3 现代服务业固定资产投资规模与结构分析

（1）现代服务业固定资产投资规模与结构的纵向比较

2015年，陕西省现代服务业完成投资92444658万元，其中房地产业，水利、环境和公共设施管理业方面的固定资产投资占现代服务业固定资产投资总额的比重最高，分别为48.30%和32.55%。而与2011年相比，现代服务业固定投资总额同比增长231.87%，年均增长率为34.97%。同时，除公共管理、社会保障和社会组织这一行业的固定资产投资情况实现了负增长外，其余各行业投资增速明显，尤其在房地产业，文化、体育和娱乐业，金融业，科学研究、技术服务和地质勘查业等方面（见表10-4）。这种高投入水平极大地提升了现代服务业的整体规模水平，增强了现代服务业的持续发展能力，有效地改善了现代服务业基础设施的建设，较好地拉动了整体经济的增长。

表10-4 2015年陕西省现代服务业固定资产投资情况同比2011年数据

	2015年固定资产投资/万元	各行业固定资产投资额占现代服务业固定资产投资总额比重	2011年固定资产投资/万元	同比增长率
现代服务业	92444658	100%	27855552	231.87%
信息传输、计算机服务和软件业	1888162	2.04%	625043	202.09%
金融业	144159	0.16%	28988	397.31%
房地产业	44654061	48.30%	6655898	570.89%
租赁和商务服务业	1702306	1.84%	1105080	54.04%

续表

	2015年固定资产投资/万元	各行业固定资产投资额占现代服务业固定资产投资总额比重	2011年固定资产投资/万元	同比增长率
科学研究、技术服务和地质勘查业	1918042	2.07%	560286	242.33%
水利、环境和公共设施管理业	30088501	32.55%	10304529	191.99%
居民服务和其他服务业	821299	0.89%	254434	222.79%
教育	2993108	3.24%	1553510	92.67%
卫生和社会工作	2434679	2.63%	1193129	104.06%
文化、体育和娱乐业	2735826	2.96%	546902	400.24%
公共管理、社会保障和社会组织	3064515	3.31%	5027753	-39.05%

数据来源：根据《陕西省统计年鉴》（2012、2016）整理计算而得。

(2) 现代服务业固定资产投资规模与结构的横向比较分析

在与全国及浙江、广东两个发达省份的比较中，可以看出无论是在固定资产投资总额方面还是在各行业固定资产投资额所占比重方面，陕西省都处在明显的劣势状态。2015年，陕西省现代服务业固定投资总额为9244.47亿元，仅为全国水平的3.83%，而且也几乎只有浙江省和广东省固定资产投资总额的3/5之多，可见陕西省在现代服务业方面的固定资产投资力度与全国及发达省份相比还不够大。而从现代服务业各行业固定资产投资额比重来看，陕西省在房地产业的固定资产投资总额占现代服务业固定资产投资额比重最大，为48.3%，但也低于浙江省14.22个百分点、广东省19.89个百分点、全国7.36个百分点。金融业、居民服务业方面的固定资产投资额占比都很低，陕西省的这两个行业分别为0.16%和0.89%，与全国及浙江和广东相比差异不大。另外，陕西省在水利、环境和公共设施管理业这一行业中的固资投资比重也较大，为32.55%，且明显高于全国（23.08%）及浙江省（21.22%）和广东省（16.46%）水平，说明陕西省较注重水利及环保方面的投资力度。

表10-5 2015年陕西省与浙江省、广东省及全国现代服务业固定投资情况

行业	全国 固资投资额/亿元	陕西		浙江 固资投资额/亿元	广东	
		各行业固定资产投资占现代服务业固定资产投资总额比重			各行业固定资产投资占现代服务业固定资产投资总额比重	
现代服务业	9244.47	100%	14568.54	100%	14841.64	100%	241265	100%
信息传输、计算机服务和软件业	188.82	2.04%	275.18	1.89%	486.81	3.28%	5521.9	2.29%
金融业	14.42	0.16%	102.16	0.70%	113.21	0.76%	1367.2	0.57%
房地产业	4465.41	48.30%	9107.54	62.52%	10120.53	68.19%	134284.3	55.66%
租赁和商务服务业	170.23	1.84%	571.70	3.92%	315.35	2.12%	9447.9	3.92%
科学研究、技术服务、和地质勘查业	191.80	2.07%	99.90	0.69%	218.14	1.47%	4752.0	1.97%
水利、环境和公共设施管理业	3008.85	32.55%	3092.03	21.22%	2443.42	16.46%	55679.6	23.08%
居民服务和其他服务业	82.13	0.89%	67.61	0.46%	48.03	0.32%	2730.3	1.13%
教育	299.31	3.24%	400.91	2.75%	415.29	2.80%	7726.8	3.20%
卫生和社会工作	243.47	2.63%	219.45	1.51%	254.75	1.72%	5175.6	2.15%
文化、体育和娱乐业	273.58	2.96%	311.45	2.14%	292.56	1.97%	6728.3	2.79%
公共管理、社会保障和社会组织	306.45	3.31%	320.61	2.20%	133.55	0.90%	7851.1	3.25%

数据来源：根据《陕西省统计年鉴》（2012、2016）、《浙江省统计年鉴》（2012、2016）、《广东省统计年鉴》（2012、2016）、《中国统计年鉴》（2012、2016）整理计算而得。

10.2.4 部分新兴行业的现状分析

伴随着新技术的突破和信息化的推进、居民消费结构升级、服务业专业化分工程度深化，陕西省现代服务业中涌现出了一批快速发展的新兴行业，具有代表性的是大数据信息服务业、电子商务、旅游业等。这些新兴行业有着巨大的发展潜力和广阔的市场空间，成为支撑陕西省经济发展的新动能。

（1）大数据信息服务业。陕西省把大数据作为引领全省经济社会发展的战略引擎，积极推进数字经济的快速发展。2017年1月7日，陕西省政府与华为技术有限公司在西安签署战略合作协议，双方将在大数据及云计算产业、新型智慧城市建设、企业管理与文化等方面加强合作，共同打造陕西国家大数据高地，推进陕西大数据及云计算产业发展，为陕西追赶超越发展奠定坚实的产业基础。除华为以外，三星、美光、微软等国际知名电子信息企业以及中兴、比亚迪等国内大型的电子通信企业，都在不断加大在陕西省的投资和发展，预计到"十三五"末，陕西省的电子信息制造业和软件服务业总产值将超过6000亿元。同时，互联

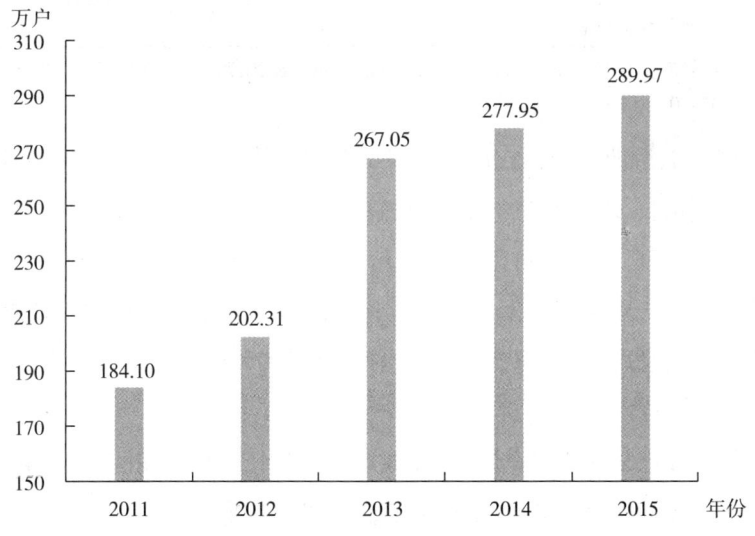

图10-5 2011—2015年西安市电信互联网用户

网的跨越式发展也适应了大数据信息服务业的迅速发展,以西安市为例,截至 2015 年年底,电信互联网用户已达到 289.97 万户,较 2010 年增加 143.79 万户,增长近 1 倍。

(2)电子商务。"十二五"期间,陕西省在电子商务方面实现了快速发展,广泛应用到服务业各个领域,并快速向农业生产、工业制造领域渗透。目前,陕西全省已建成县级电子商务服务中心 126 个,覆盖 86 个县。电子商务交易规模显著提升,据陕西省统计局发布的数据,2016 年陕西网上零售额达到 1016.8 亿元,总量列全国第 11 位、西部第 2 位。同时,许多地区和企业都先后被认定为示范区或示范企业,具体数据如表 10-6 所示。

表 10-6 陕西省电子商务发展现状

县级电子商务服务中心	126 个
国家电子商务进农村综合示范县	30 个
电子商务示范基地(商务部认定)	2 个
电子商务示范企业(商务部认定)	6 家
省级电商示范县	15 个
电子商务示范园区	5 个
省级电子商务示范企业	40 家

数据来源:中国经济网 http://district.ce.cn/zg/201707/03/t20170703_23992589.shtml (2017-07-03)。

(3)旅游业。"十二五"期间,全省接待境内外游客和旅游业总收入年均分别增长 21% 和 25%,累计接待境内外游客 14.14 亿人次,旅游业总收入 1.07 万亿元,分别比"十一五"期间增长了 180% 和 226%,全省旅游业进入了历史最好的发展时期。其中,2015 年全年接待境内外游客 3.86 亿人次,同比增长 16.1%;旅游总收入 3005.8 亿元,同比增长 19.2%(见图 10-6)。

旅游业已成为拉动经济的重要力量,"十二五"期间,陕西省旅游业取得了可观的发展成果,具体内容如表 10-7 所示。

| 10 新时代陕西奋力追赶超越中现代服务业的发展 |

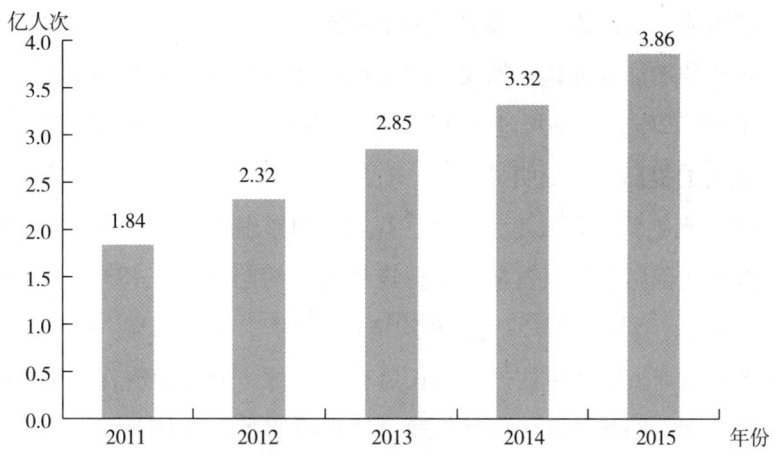

图 10-6 2011—2015 年全省接待境内外旅游者人数

表 10-7 "十二五"期间陕西省旅游业发展成果

旅游项目	2100 个	观光休闲度假产品比例	53.5%
旅游项目投资额	1721.04 亿元	A 级景区	288 家
招商引资项目	656 个	5A 级景区	7 家
招商引资项目投资额	1689.54 亿元	4A 级景区	69 家
乡村旅游总收入	500.8 亿元	国家级休闲农业和乡村旅游示范县	6 个
农家乐经营户	2 万户	国家级休闲农业和乡村旅游示范点	20 个
乡村旅游从业人数	24 万人	中国乡村旅游模范村	27 个
陕西旅游业发展基金	5 亿元	中国乡村旅游金牌农家乐	300 家
旅游企业	3000 余家	省级旅游示范县	17 个
旅游商品研发基地	4 个	省级旅游度假区	5 个

数据来源：陕西传媒网-陕西日报 http：//www.sxdaily.com.cn/n/2016/0105/c266-5782978.html（2016-01-05）。

10.2.5 陕西省现代服务业发展水平特点

本书在对现代服务业的内涵和统计范围进行概述的基础上，从总量规模、就业、固定资产投资以及部分新兴行业 4 个方面对陕西省现代服务业进行总体现状和对比分析，主要得出以下发展特点：

（1）现代服务业总体上取得长足进步。近 10 年来，陕西省现代服务业发展迅速，现代服务业增加值保持连年增加的趋势，尤其从 2011 年开始，每年的增加幅度越来越大，增加值从 2500 亿元增加到 4693.02 亿元，增加了 87.72%，年均增速为 17.05%，说明现代服务业增加值在"十二五"期间的提高程度更明显。

（2）吸纳就业人数逐年增加，就业结构较理想。2005 年以来，陕西省现代服务业部门就业人数基本保持连年增加的趋势，从 183.5 万人增加到 307.5 万人，增加了 67.57%，年均增加 5.3%，增幅明显。尽管就业人数占服务业就业人数比重在连续增长后有所降低，但其创造就业机会的作用仍不容忽视。而且教育，信息传输、计算机服务和软件业等知识、技术密集型行业吸纳了大量的就业人员，学历层次高、知识面广、技能型人才的不断涌入，以及从业人员的良性互动和融合发展极大地优化了整个就业市场的就业人员结构，提高了整个就业市场从业人员的素质。

（3）固定资产投资总额增长明显，不同行业存在差异。2015 年，陕西省现代服务业完成投资 92444658 万元，与 2011 年相比，现代服务业固定投资总额同比增长 231.87%，年均增长率为 34.97%，这种高投入水平有效地改善了现代服务业基础设施的建设，极大地提升了现代服务业的整体规模水平，增强了现代服务业的持续发展能力。分行业来看，由于不同行业特点不同，固定资产投资额存在差异，其中房地产业，水利、环境和公共设施管理业等行业的固定资产投资占现代服务业固定资产投资总额的比重较高，而金融业，居民服务和其他服务业等行业较低。

（4）部分新兴行业发展劲头大。随着新技术的突破和信息化的推进，陕西省现代服务业中涌现出了一批快速发展的新兴行业，具有代表性的是大数据信息服务业、电子商务、旅游业等，这些新兴行业有着巨大的发展潜力和广阔的市场空间，成为支撑陕西省经济发展的新动能。

（5）与全国及发达省份差距仍明显。虽然陕西省的现代服务业在近 10 年间取得了很好的发展成果，但与全国水平以及现代服务业发达的浙江省和广东省相比仍存在明显差距。首先，在总体规模方面，2015 年，陕西省现代服务业增加值总量仅占浙江省现代服务业增加值总量的 1/3，而不及广东省的 1/5。而且在现代服务业增加值占 GDP 比重、占服务业增加值比重方面，都与全国水平及浙江和广东省差距较大。其次，在现代服务业就业方面，不仅在就业人数上远远落后，而且相关岗位需求量较少，就业吸纳能力较弱。

10.3 新时代陕西现代服务业发展对追赶超越的重要作用

追赶超越已成为陕西发展的时代任务，是今后 5～10 年乃至 20 年较长一段时间的中心工作。实现更高质量的增长、更有效率的供给、更加包容的开放、更高收入的民生福祉，是陕西省实现自我超越，也包括追赶全国综合实力和水平在陕西前面的省份，并迈向现代化的发达省份的过程中的关键一步。

10.3.1 促进经济增长，实现经济可持续发展

现代服务业是具有高技术、高知识和高附加值等特征的新型经济。国内外经验显示，现代服务业的发展对国民经济和社会发展具有明显的促进作用。

在陕西省经济结构中，第二产业比重明显高于第三产业，尤其是现代服务业发展较为滞后。这不但制约了陕西省现代服务业的发展，而且将进一步对服务业市场的扩大和竞争力的提高产生负面影响。因此，大力推动陕西省现代服务业的快速发展已是时代的呼唤。陕西省是资源大省，特别是石油和煤炭等能源产业为陕西省的经济发展做出了重大贡献，但同时也带来了环境破坏和资源浪费等问题。而现代服务业是以知识经济和技术服务为主的产业，资源消耗低，环境污染小。因此，加大现代服务业的经济比重，对缓解经济和资源的矛盾、建设资源节约型社会和生态保护型社会具有重大意义。

10.3.2 提升对外开放进入新的历史阶段

现代服务业的对外开放是提升行业整体素质和国际竞争力的必由之路，也是陕西省下一步对外开放的重中之重。作为知识、技术密集型产业

的典型，现代服务业不仅在广泛运用现代信息技术和人力资源等方面占据领先地位，而且已成为服务经济时代的支柱产业。首先，外资企业的进入不仅提供了经济发展的动力，使得政府和市场在运作上逐步与国际接轨，而且可以带动内资企业共同发展，促使本土企业积极引进先进管理经验与运作方式，积极开展创新活动，提高经营管理水平。其次，现代服务业中的许多具体行业都是"可贸易的"，通过对外开放，服务贸易的渠道不断拓展，现代服务业企业能力得以提升。最后，随着现代服务业开放进程的加快，许多与制造业相关性不大的现代服务业企业逐步转为自主扩张型，逐渐告别传统的发展模式，有利于在国际竞争中更具优势。

10.3.3 推进城镇化发展进程和质量

发展现代服务业和推动城镇化发展是密切相关的。由于现代服务业具有集聚的特性，现代服务业空间上的集聚是规模经济和范围经济的必然选择。现代服务业集聚发展是提升区域竞争力和产业竞争力的重要手段，也是实施新型城镇化道路、走产城镇融合的有力支撑。相关产业尤其是那些知识、信息密集型产业，如金融业、信息技术与服务业、软件业、房地产等行业的紧密联系，吸引了人才和技术在城镇集聚，加上城乡统筹规划的加快推进，从而实现以城镇为中心推动现代服务业的集聚，进而带动城镇经济的全面发展。

10.3.4 推动新技术的持续发展

信息传输、计算机服务和软件业是经济增长的倍增器，对于拉动经济增长、调整产业结构、转变发展方式具有重要作用。陕西省应大力扶持信息服务业，加大对信息产业的投资力度，强化自主创新，使信息产业渗透到三大产业的各部门、各领域中。优化信息产业结构，巩固信息产业规模，鼓励科技创新，不断实现信息产业技术突破，以新的应用推动产业的快速发展。实现信息产业化和产业信息化，拓展内需，保持电子信息产业平稳较快增长。提高陕西省软件业核心技术的自主发展能力，推动陕西省软件产业进入工程化、规模化开发，实现产业持续、健康发展。

10.4 新时代陕西现代服务业发展的制约因素分析

10.4.1 地区经济发展水平低

近年来，陕西省作为西部经济大省，在经济发展上取得了可观的进步，并呈现出良好态势，但在经济总体发展水平上，与全国其他发达省份相比仍有较大差距。2015年，陕西省的区域生产总值为18021.86亿元，仅为国内生产总值的2.62%，与浙江、广东等发达省份相比，仅占浙江省区域生产总值的42.02%，以及广东省的24.75%。而现代服务业的发展一定是依托于整体经济发展的，良好的经济发展环境会促进对现代服务业的有效需求，扩大中间商品的供给，推动现代服务业的优化升级。因此，陕西省的整体经济发展水平较低，在向现代服务业提供经济发展环境方面能力不足，使得现代服务业的有效供给和多样化需求都难以实现新的提高，进而制约了现代服务业的进一步发展。

10.4.2 城镇化水平落后于现代服务业发展

从国内外发展经验来看，现代服务业的发展水平与城镇化水平密切相关，随着经济发展水平和收入水平的提高，新的消费理念和消费方式创造了多样化的需求，促使新的现代服务业行业不断出现，进而促进了现代服务业内涵的丰富和优化。另外，城镇化水平的不断提高，也为现代服务业的发展创造了产业规模化的市场基础，提供了现代服务业各种生产要素特别是先进要素聚集的环境条件。而2015年，陕西省城镇化率为53.92%，与2013年全国城镇化率水平（53.73%）持平，也就是说，陕西省的城镇化水平虽与全国总体水平差距不大，但也相当于陕西省的城镇化进度落后于全国平均水平2年之多。"十二五"期间，陕西省城镇化水平增长率约为5.52%，同期现代服务业增长率为17.05%，可见城镇化进程远远落后于现代服务业发展，不利于现代服务业集聚效应的产生，难以实现规模经济，从而限制了现代服务业的发展速度和发展规模。

10.4.3 人力资源水平和结构不够优化

现代服务业是高技术和知识密集型的新兴产业,不可否认,人力资源是现代服务业发展的第一资源,但陕西省的人力资源在培养水平和结构上亟待优化。一是现代服务业从业人员虽然规模宏大,但却存在传统行业就业比重大于新兴产业比重、劳动密集型行业多于知识技术密集型行业等不利现状。从业人员多集中在教育,居民服务和其他服务业以及公共管理、社会保障和社会组织等传统或偏重劳动密集型的行业里,而信息传输、计算机服务和软件业,金融业,科学研究、技术服务和地质勘查业等智力、技能性行业的从业人员人数占比还不够高,以2015年数据为例,其占比分别为5%、6%、7%。二是就业人员的素质跟不上现代服务业发展的要求。信息传输、计算机服务和软件业,金融业,科学研究、技术服务和地质勘查业,教育,文化、体育和娱乐业等行业都在不同程度地要求从业人员具有相对高的知识、技能和素养,市场的各人力资源使用主体也希望尽可能增加从业人员的培训时间,但目前陕西省现代服务业人才培养的机制与现状尚不能适应这些要求。

10.4.4 对外开放程度低

开放的市场环境有利于现代服务业的发展。目前,与东部发达地区相比,陕西省的对外开放水平还比较低。一方面,外贸依存度相对较低,对经济增长拉动较弱。"十二五"期间,陕西省除2014年以9.7%的增速增长以外,其余年份均以高于10%的增速飙升。而全省出口依存度发展平稳,变化幅度很弱,始终位于3.4%~4.8%。可见,受陕西省产品竞争力较弱、外贸市场集中度高、外商投资规模小等因素影响,"十二五"期间贸易依存度虽然呈上升发展趋势,但只保持在平均7.7%左右的较低水平上。另一方面,外贸发展地区差异大,以点带面特点明显。受历史等多种因素的综合作用,全省对外贸易主要集中在关中地区。以2014年数据为例,关中地区进出口额、出口和进口额分别占到全省的97.5%、95.5%和99.2%。进一步分市(区)来看,全省的11个省(区)中,又集中在西安市,其进出口额、出口额和进口额分别占到全省的91.1%、85.9%和96.6%。同时,陕西外资引进也主要是靠西安市拉动,全省利用外资水平有待提升,外资在陕西投资领域发挥的作用仍非常微弱。因此,现代服务业贸易的发展基础仍然薄弱,严重影响了陕西省现代服务业的大规模发展。

10.5　新时代陕西现代服务业发展的模式和对策

10.5.1　构建现代服务业发展新机制

为进一步激发现代服务业发展活力,构建现代服务业发展新机制,必须进一步深化体制机制改革。一要以"三公"为标准严格市场准入。公开、公平、公正的市场准入标准要求各类投资主体平等参与市场竞争,可以有效制止一切形式的市场垄断行为,保证公平竞争、平等准入的市场环境,只有这样才能促进现代服务业的良好发展。二要进一步改革公共服务领域。要以不断满足人民日益增长的多层次、个性化的物质和文化需求为出发点,认真履行政府公共服务职责,加快发展公共服务产业,以增强活力、扩大供给。三要加快推进现代服务业综合改革试点。在政府引导和市场调节相结合的基础上,坚持市场优先,要大胆实践,积极探索,加强制度设计和系统安排,尽快形成一批服务产业特色明显、优势突出的现代服务业中心,为服务主导型现代产业结构的形成积累经验。

10.5.2　科学设置相关人才配置体系

必须树立加快现代服务业发展人力资源是第一资源的认识,进一步调整优化人才结构,为现代服务业发展提供有利的人才环境。一是发挥高等院校、科研院所及职业学校的作用,注重对信息技术、计算机及软件、金融、科学研究等技术性、应用型人才的培养,更加有效地提供符合现代市场需求的多元化、多层次现代服务业人力资源。二是以加大高端人才的培养与引进力度为着眼点推进国际交流与合作,创新人才服务机制与体系,培养一批熟悉和掌握国际现代服务业技术体系的开放性人才,为陕西加快发展现代服务业提供高质素的人力资源队伍。

10.5.3 深化落实相关优惠产业政策

政策环境是现代服务业加快发展的软实力。陕西省要根据新形势、新情况，不断完善和修订促进现代服务业发展的政策和制度，积极引导和促进现代服务业的发展。一是支持重点行业发展。有针对性地制定现代服务业重点发展的产业目录，为现代金融业的集群、集聚发展提供政策支持。二是加大对重点企业的帮扶力度。支持重点陕西省本土现代服务业企业上市融资，对新办的服务外包、软件和信息服务、科技服务企业给予支持。三是创造良好的发展环境。为调动地方发展现代服务业的积极性，省级政府可通过财政奖补机制进行激励。另外，政府可通过调低市场准入的门槛、放开投资领域的身份限制等来创造现代服务业的政策环境。

10.5.4 提升现代服务业的国际化水平

一要立足陕西省现代服务业发展现状和发展趋势，加强对重点现代服务业和领域的引商引资，吸引高端企业和优质项目，优化现代服务业投融资结构。二要引进世界先进的管理技术和服务理念。陕西作为丝绸之路经济带的重要节点，是国家向西开放的前沿和交通枢纽。陕西应发挥这一优势，推进与"一带一路"沿线国家和地区在现代服务业上的多方合作，拓展发展新空间，打造全方位开放新格局。三要走出去参与国际竞争，通过对外直接投资，拓展国际市场份额，积累国际化经验与能力，从而在全球范围内整合各种资源要素来提升与加强现代服务业的能力建设。

11 新时代陕西奋力追赶超越中的产业融合发展

20世纪90年代中期以来,伴随着信息技术革命和高技术产业的迅猛发展,产业发展出现了融合的新特点和新趋势。产业融合是指不同产业或同一产业不同行业相互渗透、相互交叉,最终融为一体,逐步形成新产业的动态发展过程。产业融合表现为产业之间的渗透发展,产业界限趋于模糊,新兴产业不断涌现。产业融合打破了传统产业的边界,拓展了产业间的关联,出现了横向产业间的联系,逐渐成为传统产业成长的动力和新的经济增长点。因此,产业融合可以助力陕西追赶超越目标的实现。

本章首先阐述了陕西产业融合对追赶超越的重要作用,接着利用相关指标从4个方面对陕西省产业融合进行了分析与评价:一是应用赫芬达尔指数法对陕西省第一、第二、第三产业的市场融合度进行分析评价;二是应用投入产出法对信息产业与三次产业的融合度进行分析评价;三是应用投入产出法对陕西省服务业分别与制造业和农业的融合度进行分析评价;四是应用描述性统计方法对陕西省军民产业的融合进行分析评价;五是对文化产业与旅游产业融合进行分析评价,从而对陕西产业融合有全面的了解,据此找出陕西省追赶超越中产业融合存在的问题,最后针对这些问题提出了当前陕西省产业融合发展的主要路径与对策。

11.1 新时代陕西产业融合对追赶超越的重要作用

产业融合在信息经济时代成为提高生产率和竞争力的一种新发展模式和新的产业组织形式,成为国家竞争力的重要标志,成为推动经济社会文化更好更快发展的战略选择。随着产业融合在整个经济系统中越来越具有普遍性，它将导致产业发展基础、产业之间关联、产业结构演变、产业组织形态和产业区域布局等方面的根本变化，最终改变整个经济和社会的面貌。因此，无论是在相关部门本身还是在总体经济，都将感受到产业融合带来的新服务的影响。

产业融合对社会发展也将产生巨大的影响。产业融合将为人们的生活提供许多新的机会，不仅是经济方面，而且包括社会和文化方面。因为融合并不仅是技术上的，也关系到服务以及从事商业活动与社会互动的新方式。例如，互联网这种全球范围内互动的新通信媒体，已经向人们展示了新的前景，即超越传统、国别的媒体。在此基础上，将导致新兴服务业的兴起和传统服务业的进一步发展，使所有的信息市场得以扩张，从而为人们构造丰富的文化传统，以及发挥其创新潜力和创造性能力提供新的途径。从这一意义上讲，产业融合的发展含义是深远的。因此，产业融合在陕西追赶超越中也发挥着重要作用。

（1）产业融合促进陕西商业模式变革

产业融合蕴含着新的商业模式的诞生。在信息技术快速发展应用的今天，由于产业融合的基础是信息数字化以及信息技术的融合和互联网信息平台，这种技术上的变化不仅提供了传送服务的新途径，还创造了新的市场、新的信息系统以及新的配送与通信工具。这样，产业融合就意味着信息革命在整个产业体系内展开，并开始真正成为与产业关联的主导力量。特别是厂商和互联网企业运用大数据、4G和智能终端等技术开发提供了一个无处不在的智能互联网电视跨屏业务，它把一种从来没有过的有关生产要素和生产条件的新组合移入了生产体系，使产业价值链发生了根本性变化，对企业原来的商业模式产生了创造性的革命。这样，企业一方面通过价值链来调整与供应商、分销商、合作伙伴的关系，形成新的价值网络体系；另一方面通过企业创新，增强核心竞争力，提高企业差异化竞争力，以个性化的服务创造价值。陕西省的"互联网+现代农业"项目，使农村电商迅速兴起，新型业态逐渐形成，改变了农村的商业模式。2015年，陕西农产品淘宝（天猫）平台销售额达11.1亿元，销售增速66.7%，农产品电商卖家从2013年的0.68万家增加到2015年的2.05万家，增幅为全国第一。白水县元亨商贸公司搭建的白水智慧三农公众信息平台，实现手机客户端、微信公众号、微官网全媒体共享共通，实现大数据分析和互联网与农民全面对接，使农民在田间地头随时可以享受到便捷的信息服务。同时组建了村镇信息推广点及电子商务服务站，及时为农民提供农业气象和农业生产技术等信息服务，还在互联网上代购农村生活物资和生产资料，代销农副产品。

（2）产业融合促进陕西相关产业的溢出效应

产业融合的影响对经济的带动作用主要体现在融合过程对相关产业的溢出效应上。一是围绕新产品的开发、服务就会形成一系列的相关部门。这些相关部门都将受到这一融合产品（服务）溢出效应的影响，产生巨大的"相关收益"。二是带动相关部门的人才需求，在产业融合中，由于市场扩张及随之而来的对内容和服务需求的增加，对相关部门的就业产生了积极的影响，对创造性人才产生了强烈的需求。三是对整个经济体系形成产业之间的延伸型融合，延伸融合是通过产业之间的功能互补和延伸实现产业之间的相互融合。这种类型的产业融合主要是通过赋予原有产业新的附加功能和更强的竞争力，形成融合型的产业新体系。延伸型融合更多表现为服务业向第一产业和第二产业的延伸。近年来，城里人到农村休闲度假、旅游观光已成为时尚，发展势头锐不可当。据不完全统计，2015年全省农业休闲旅游接待达8000多万人次，营业收入61亿多元，从事休闲农业主体1.1万个，从业人员11.6万人，带动农户9.6万户，从业人员年平均劳动报酬1.8万元。宝鸡市休闲农业产业人员年平均劳动报酬达3.2万元，是全市农民人均纯收入的3.1倍。大荔县确立了城区、景区和园区"三区融合"理念，把城区当景区去建设，把景区当园区去经营，把园区当城区去管理，发展"农家乐""渔家乐"180多家，手织布、皮影等特产店30多家，打造的11个美丽乡村和同州湖景区已成为旅游热点，冠名开通了"美丽大荔号"高铁旅游专列。2016年上半年，全县接待游客260

多万人次，旅游综合收入 13 多亿元。目前世界上兴起的工业旅游、观光农业、体育旅游、康复旅游、科技旅游等专项旅游代表着旅游产业发展的一种趋势，其实质也是旅游业与其他产业广泛的融合发展。

(3) 产业融合促进陕西文化产业的发展

文化产业的内涵是文化，外在形态是产业，本质特征是产业融合。在信息化进程中，文化产业是一种综合性、渗透性、关联性强的产业，既与多个产业存在天然的联系，又具有融合其他产业的广阔空间。具体来讲，一是企业间产品的竞争成为品牌之争。在产品的价值链构成中，原材料和劳动成本的含量逐渐减少，产品所承载的文化特质，如服务、管理、创意、创新、品牌等文化知识要素逐渐增加。文化产业与其他产业融合，可以发挥文化创意产业的引领作用，有利于提升其他产业的文化内涵，打造具有自主知识产权的知名品牌，提高企业核心竞争力。二是推动了其他产业改变传统的生产和消费模式，减少对能源资源的过度依赖，促进产业结构转型升级。陕西省文化产业与制造业融合，形成了文化制造业，主要分布在印刷复制服务、工艺美术品的制造、文化用纸的制造等 3 个行业。2014 年，这 3 个行业工业总产值合计占到规模以上制造业企业总产值的 80.6%。文化产业与服务业融合，形成了景区游览服务、出版服务、电影和影视录音服务、广告服务等行业。"十二五"期间，陕西省文化产业规模继续扩大，产值不断提高，GDP 占比稳步提高。文化产业年均增长速度在 30% 以上，比同期 GDP 增速高 16.7%。这些新型的行业绝大部分属于现代服务业的范畴，发展速度快、潜力大，对于推动经济结构战略性调整具有重要作用。

(4) 军民融合给陕西省经济发展注入活力

军民融合就是把国防和军队现代化建设深深融入经济社会发展体系之中，全面推进经济、科技、教育、人才等各个领域的军民融合，在更广范围、更高层次、更深程度上把国防和军队现代化建设与经济社会发展结合起来，为实现国防和军队现代化提供丰厚的资源和可持续发展的后劲。军民融合发展，既是兴国之举，也是强军之策。和平时期，军民融合步伐越快，越能赢得发展先机；未来战争，军民融合程度越深，越能赢得战争胜利。习近平总书记明确把军民融合发展上升为国家战略，充分体现了对实现中国梦强军梦的深谋远虑，体现了对富国强军的整体设计布局。据统计，西安光机所产业化团队目前已经累计孵化了180余家"硬科技"企业，4家企业挂牌新三板，实现新增就业5000多人，形成了科研创造价值并反哺科研与社会的良性循环科研价值链。西安航空、航天、兵器基地和汉中航空产业基地等军民融合基地园区形成了特色鲜明、配套条件较为完善、集群效应凸显的发展态势，4个基地均被批准为国家级军民融合产业示范基地。其中西安航空基地已形成涵盖整机制造、机载装备、新材料、改装维修、飞行培训和旅游的全产业链体系，2016年实现工业总产值360亿元，2016年全省军民融合产业实现总收入2476亿元，为陕西省的发展做出了重大贡献。

11.2 对新时代陕西产业融合的评价

11.2.1 对产业融合的度量

产业融合的途径有技术融合、业务融合和市场融合，至今还没有形成一个综合性的指标能够反映产业融合的全过程。目前学者根据不同的研究对象和内容，基于数据的可获得性，采用了不同的融合度计量方法，如赫芬达尔指数法、熵指数方法、投入产出方法以及专利系数法。

（1）赫芬达尔指数测算法：

$$HHI = \sum \left(\frac{X_i}{X}\right)^2 \ (i=1, 2, \cdots, n)$$

式中，X表示技术专利总数，X_i表示各行业的技术专利个数。若X_i表示陕西省对某产业的投资额，X代表陕西省对所有产业的投资额，则HHI就代表该产业在陕西省内的业务融合程度；若X_i表示陕西省某一产业的市场需求量，X代表陕西省所有产业领域的市场需求总量，则HHI代表市场融合程度。

(2) 熵指数，计算公式为

$$DT = \sum p_i \ln\left(\frac{1}{p_i}\right)$$

式中，p_i 为企业在四位行业代码的销售收入占总销售收入的比重，DT 表示熵指数，当企业在各行业的销售收入均等时，DT 的值达到最大。

(3) 专利系数法，首先分别对两种产业的技术正向融合系数和技术反向融合系数进行测算，再通过计算两者的相关系数来衡量产业间的融合程度。

(4) 投入产出法，其计算公式可表示为：

$$x_{it} = \frac{g_{ai}}{g_i} \times 100\%$$

式中，x_{it} 表示产业融合度，g_{ai} 表示 i 产业生产过程中 a 行业的产出，g_i 表示 i 产业总产出。x_{it} 在 0 到 1 之间取值，0 表示两个产业相互独立，1 表示两个产业完全融合，取值越大，融合程度越深。

以上 4 种方法均能从不同的角度测算产业融合度，但又都存在着自身无法避免的缺陷。赫芬达尔指数法的优点是数据处理过程简单方便，而且相应的数据也容易获得，但不足之处是无法解决多元化线性回归时可能存在的多重共线性问题。熵指数与 HHI 指数类似，而且熵的可分解特性可以有效地解决多元化回归分析时可能存在的多重共线性问题，但是计算量很大、数据处理困难，并且其有效性较大程度地依赖于行业分类的合理性。专利系数法是通过企业专利数据测算产业间的技术融合来近似产业间的融合度，存在一定的片面性，且各产业的专利数据较难得到。投入产出法主要衡量的是产业渗透形成的产业融合，无法衡量产业交叉和产业重组形成的产业融合。

本章主要采用赫芬达尔指数法和投入产出法对陕西省产业融合进行度量。由于投入产出表每 5 年编制一次，目前只有 2012 年及以前的投入产出数据。据陕西省统计局发布的信息，2017 年的投入产出表在 2019 年 12 月底前完成编制。

11.2.2 对陕西省三次产业融合的评价

本节用赫芬达尔指数法对陕西省三次产业市场融合度进行测算。HHI值分为5个区间，分别是 0.2~0.36、0.36~0.52、0.52~0.68、0.68~0.84、0.84~1.0，从小到大对应的融合度依次为：高度融合、中高度融合、中度融合、中低度融合和低度融合。HHI值越小，表明融合程度越高；反之则越低。

（1）陕西省第一产业内部各产业市场融合度分析

本节选取了1998—2015年陕西省第一产业中的农业、林业、畜牧业、渔业和农林牧渔服务业5个行业的相关数据，对第一产业内部各产业的融合度进行具体测算，测算结果如图11-1所示。

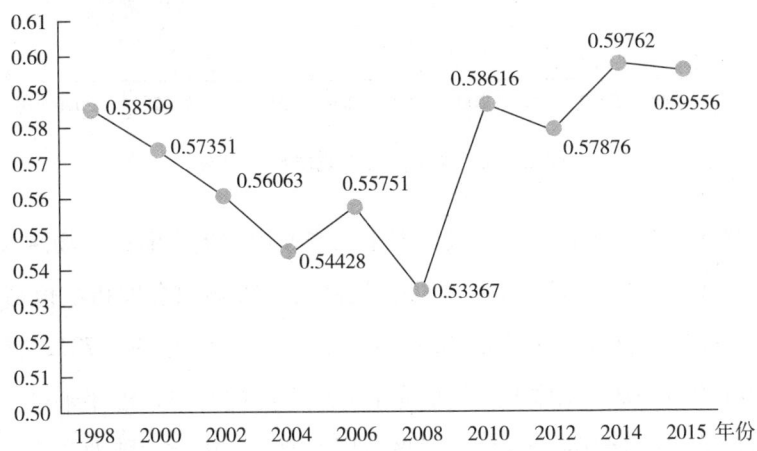

图11-1 第一产业市场融合度指数

从图11-1中可以看出，第一产业内部各产业的市场融合度指数的值在0.53~0.60，属于中度融合。市场融合度指数的值比较稳定，变化幅度较小，从1998年的0.58509先下降到2008年的0.53367，之后上升到2015年的0.59556，总体呈小幅上升趋势，表明陕西省第一产业内部各产业的市场融合度近年来呈下降趋势，融合状况有恶化趋势。因此，第一产业内部各产业的市场融合程度有待提高。

(2) 陕西省第二产业内部各产业市场融合度分析

本节选取了采矿业、制造业、电力燃气及水的生产和供应业、建筑业四大行业 1998—2016 年的相关数据对其融合度进行具体测算，测算结果如图 11-2 所示。

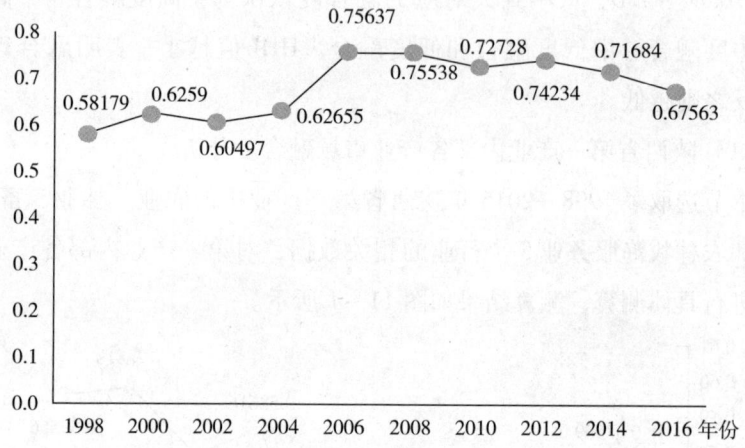

图 11-2　第二产业市场融合度指数

从图 11-2 中可以看出，陕西省第二产业内部各产业的市场融合度指数值在 0.58~0.76，属于中度和中低度融合。市场融合度指数值从 1998 年的 0.58179 上升到 2006 年的 0.75637，之后从 2010 年的 0.72728 下降到 2016 年的 0.67563，总体上看，呈先上升后下降的趋势，近年来呈下降趋势，说明第二产业内部产业的市场融合度在改善。因此，陕西省第二产业市场融合度不容乐观，不仅融合程度低，而且改善缓慢，提高第二产业市场融合度迫在眉睫。

(3) 陕西省第三产业内部各产业市场融合度分析

本节选取了陕西省交通运输、仓储和邮政业、批发和零售业、住宿和餐饮业、金融业、房地产业和其他产业 1998—2016 年的相关数据对其产业融合度进行分析。

从图 11-3 中可以看出，陕西省第三产业内部各产业的市场融合度指数的值在 0.2~0.32，属于高度融合。市场融合度指数的值从 1998 年的

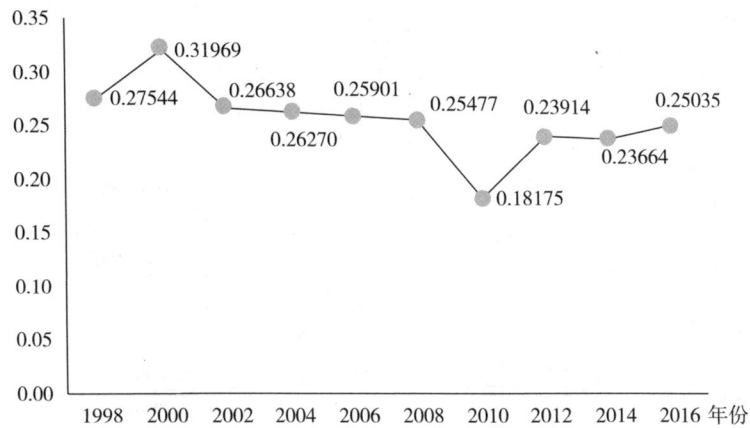

图 11-3 第三产业市场融合度指数

注：2004 年市场融合度数据缺失，此处取 2002 年和 2006 年市场融合度指数的平均数。

0.27544 下降到 2010 年的 0.18175，之后从 2010 年的 0.18175 上升到 2016 年的 0.25035，总体呈先下降后上升趋势，说明陕西省第三产业内各产业市场融合度近年来不容乐观。因此，第三产业内部各产业市场融合度虽然较高，但对呈上升趋势的融合度应引起关注。

11.2.3 对陕西省信息产业与三次产业融合的评价

产业融合是伴随着技术创新和信息产业的发展而发展起来的，因此，本节利用投入产出法针对信息产业与三次产业的融合进行分析。以信息技术产出占总产出的比重来表示信息产业与各产业的融合度。这一方法将产业生产过程中的信息技术投入近似地等同于最终产品中的信息技术产出，虽然在一定程度上低估了信息技术的实际产出数值，但在判断信息产业与其他产业的融合趋势上不会有较大影响。x_{it} 在 0 到 1 之间取值，0 表示两个产业相互独立，1 表示两个产业完全融合，取值越大，融合程度越深。此处，信息产业的具体部门是通信设备、计算机和其他电子设备制造业，信息传输、软件和信息技术服务。

根据图 11-4 中可以看出，信息产业与第三产业的融合度最高，这是

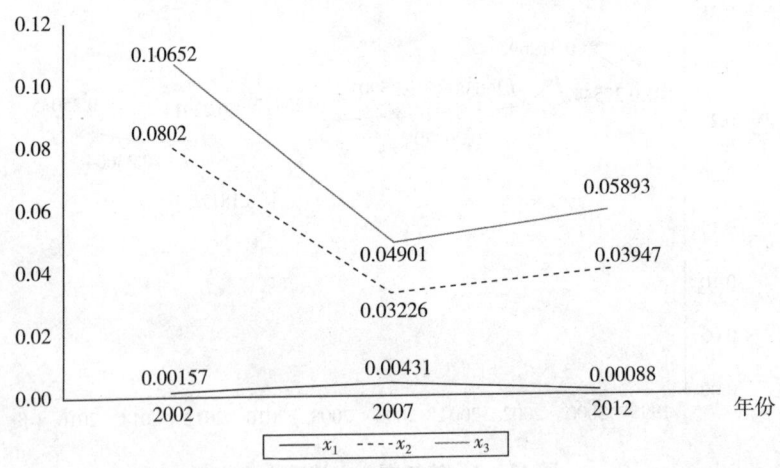

图 11-4　信息产业与三次产业融合度

注：x_1 为信息产业与第一产业融合度；x_2 为信息产业与第二产业融合度；x_3 为信息产业与第三产业融合度。

由第三产业的行业性质造成的，第三产业对信息产业的依赖性较强；与第一产业的融合度最低；2002 年信息产业与第二产业、第三产业的融合度高于 2007 年与 2012 年，说明陕西省经济发展速度快于信息产业及其产业融合发展速度，但 2012 年信息产业与第二产业、第三产业的融合度超过了 2007 年，说明近年来产业融合的发展速度正在努力追赶经济发展速度。总体来说，信息产业与三次产业的融合度正在改善，但融合度始终不高。

11.2.4　对陕西省服务业与制造业及农业融合的评价

本节根据 2002 年、2007 年和 2012 年陕西省的投入产出表，用投入产出法计算服务业与制造业及农业的融合度。以服务业产出占制造业总产出的比重来表示服务业与制造业的融合度，以服务业的产出占农业总产出的比重表示服务业与农业的融合度。这一方法将产业生产过程中服务业的投入近似地等同于最终产品中的服务业产出，虽然在一定程度上低估了服务业的实际产出数值，但在判断服务业与其他产业的融合趋势上不会有较大影响。x_{it} 在 0 到 1 之间取值，0 表示两个产业相互独立，1 表示两个产业完全融合，取值越大，融合程度越深。

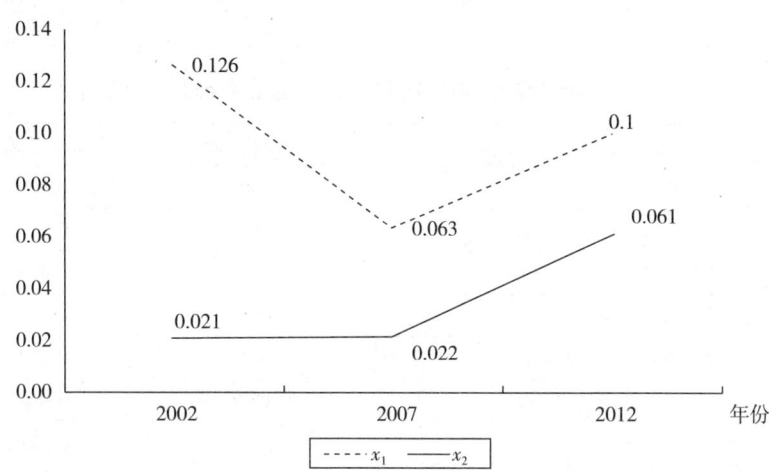

图 11-5 服务业与制造业及农业的融合度

注：x_1 为服务业与制造业的融合度；x_2 为服务业与农业的融合度。

从图 11-5 中可以看出，服务业与制造业的融合度高于服务业与农业的融合度，但是服务业与农业的融合度一直在上升，说明近年来服务业与农业的融合正在加深。服务业与制造业的融合度从 2002 年的 0.126 下降到 2007 年的 0.063，在 2012 年又上升到 0.1，波动较大，但近年来融合度逐渐恢复，不断加深。总体上，服务业与制造业及农业的融合度偏低。

表 11-1 是用投入产出法计算出的陕西省 2007 年和 2012 年服务业与制造业各行业的产业融合度。从表 11-1 中可以看出，融合度提高的有食品制造和烟草加工业、纺织服装鞋帽皮革羽绒及其制品业、木材加工及家具制造业、石油、炼焦产品和核燃料加工业、化学工业、交通运输设备制造业、电气机械和器材制造业、通信设备、计算机及其他电子设备制造业，其余行业均有不同程度的降低。2007 年，服务业与石油、炼焦产品和核燃料加工业的融合度最低，与非金属矿物制品业的融合度最高；2012 年，服务业与纺织业的融合度最低，与纺织服装鞋帽皮革羽绒及其制品业的融合度最高。总体上看，2012 年服务业与各行业间融合度发展较 2007

年差别更大,各行业融合度发展状况参差不齐,整体融合度偏低且发展缓慢。

表 11-1 2007 年及 2012 年服务业与制造业各行业产业融合度

行 业	2007 年融合度	2012 年融合度
食品制造和烟草加工业	0.090	0.109
纺织业	0.063	0.058
纺织服装鞋帽皮革羽绒及其制品	0.087	0.150
木材加工及家具制造业	0.090	0.093
造纸印刷和文教体育用品制造业	0.084	0.072
石油、炼焦产品和核燃料加工业	0.062	0.066
化学工业	0.087	0.121
非金属矿物制品业	0.110	0.071
金属冶炼和压延加工业	0.071	0.068
金属制品业	0.076	0.069
通用、专用设备制造业	0.089	0.080
交通运输设备制造业	0.084	0.103
电气机械和器材制造业	0.091	0.102
通信设备、计算机和其他电子设备制造业	0.095	0.109
仪器仪表制造业	0.083	0.077
其他制造业	0.084	0.080

11.2.5 对陕西省军民产业融合的评价

"十二五"时期,陕西军工民品产值持续保持增长态势,生产规模不断扩大,涌现出一批有规模、有水平、有效益、有影响的军转民产品,成为支撑军工经济持续健康发展的重要力量,如图 11-6 所示。

从图 11-6 可以看出,"十五"到"十二五"期间,军工民品产值与军工产品产值的差距逐渐缩小,2011—2014 年军工民品产值甚至超过了军工产值,说明军民融合发展势头迅猛。

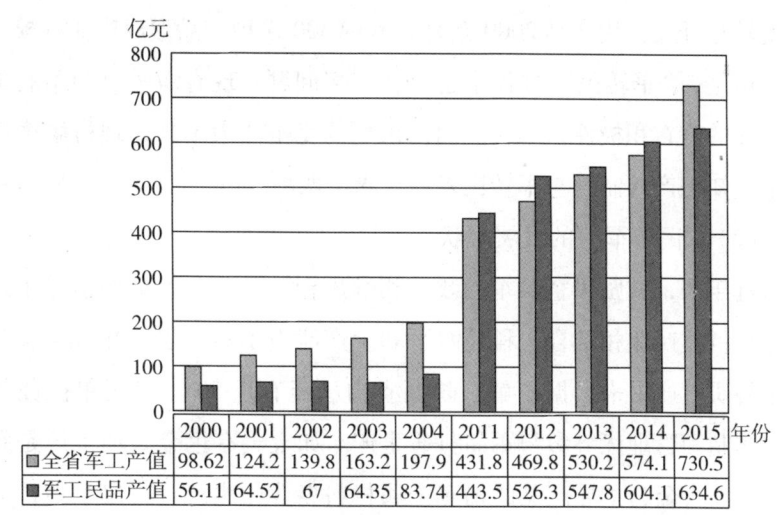

图 11-6　2000—2015 年全省军工及民品产值对比

(1)"军转民"的发展现状

"十二五"时期，陕西的军工企业在实行了军民分立、主辅分离、军民品分线的运行模式后，具有民品研发生产管理的单位明显增多，投资规模不断加大。例如，在航天领域，截至 2015 年年底，航天科技集团在西安航天基地内累计完成投资 58.34 亿元。西安航天基地发起成立了省级卫星应用产业联盟，与政府合作设立 1000 万元专项资金，用于加强企业合作和支持技术创新。在兵器领域，截至目前，中国兵器工业集团在陕单位原值 7.93 亿元的大型仪器设备共 292 台套，23 个重点实验室纳入陕西省科技资源统筹西安兵器基地军民融合中心。截至目前，陕西军工企业事业单位中，具有民品开发能力的单位近七成，其中，航空占 36%；兵器占 26%；航天占 18%；核工业、船舶等占 20%。

军工民用产品已由原来的一般消费品转变为充分体现军工科技优势和特色的高技术产品，逐步形成了民用航空、民用航天、专用设备制造、电子信息、特种化工、新材料、新能源等七大特色主导产业。此外，陕西国防科技工业系统科技创新能力不断提升，"十二五"期间，承担各类军民品科研项目 16500 多项，累计申请专利 29000 多项，获得授权 9300 项。全系统转化开发民用产品2000余种,其中300多种产品形成产业规模。

但是,"军转民"过程中也存在许多问题:现有激励机制不利于激发军转民的内在积极性;军转民面向市场的竞争能力不强;现行解密制度不健全;知识产权制度与军转民发展要求不匹配。

(2)"民参军"的发展现状

近年来,鼓励民企参军的政策相继出台,在这些政策的引导下,民用企业与科技产业相结合,科技水平和生产能力不断增强,并且逐步参与到军品科研生产中来。据了解,陕西省内已经有近50家民用单位凭借其技术、体制和管理优势参与军品科研生产。如宝鸡有色金属加工厂是我国最大的以钛合金为主导产品的稀有金属材料专业化生产、科研基地,承担了数十项国家重大军工工程用材研制生产任务;陕西华特玻纤材料集团有限公司为军工企业提供了大量耐高温、耐腐蚀的无机非金属材料;某科技照明电器有限公司是国家军用灯泡的定点研制生产单位,承担着全国60%以上的军用灯泡的生产任务;西安微电机研究院、西北橡胶塑料研究设计院、某航空航天橡胶制品有限公司等为国防建设和军工工程提供了有力的技术和生产支持。此外,"民参军"企业和项目阵容还在不断壮大,如西安恒达微波、西安希德电子、陕西诺维信息、陕西天策科技、陕西航晶微电子、陕西航泰电气等迅速崛起,为陕西军民融合的发展注入了新鲜血液。

同时,"民参军"过程中也存在许多问题:市场准入制度不完善,进入的程序烦琐,相关政策落实不力;信息不对称,军民融合平台和渠道欠缺,需求对接相对困难;进入比例低,分层次竞争性装备采购推行难;知识产权管理保护难,纠纷解决困难多;军民竞争不公,民企财政资金配套不足,税收减免扶持有限。

11.2.6 对陕西省文化产业与旅游产业融合的评价

产业间的融合发展是经济结构调整和消费需求改变的必然产物,可以在产业间产生叠加效应,实现互利共赢。旅游产业的融合发展在当前更具现实意义，无论是发达地区的产业转型，还是欠发达地区的产业突破，都需要发挥旅游业的关联带动作用和融合功能。而旅游产业与文化产业具有天然的耦合性和共同的现实需求基础，符合产业融合发展的趋势，将旅游产业置于文化产业的框架下发展，意味着旅游产业的发展将得到一个全面的提升过程。

陕西是中华文明的重要发祥地之一，拥有厚重的历史文化底蕴，缔造了以周、秦、汉、唐为代表的灿烂古代文化。陕西是中国革命的摇篮，集聚了极具革命性和先进性的丰富红色文化资源，孕育了光照千秋的延安精神。陕西拥有特色鲜明的民俗文化，关中、陕北、陕南三大区域民俗各异，民间文化异彩纷呈。

陕西还是旅游资源大省，在全国旅游格局中具有重要地位。近年来，旅游产业规模不断扩大，"十二五"时期全省接待境内外游客14.14亿人次，旅游业总收入达1.07万亿元，旅游人数年均增长21%，旅游收入年均增长25%。

近年来，陕西省不断深入挖掘景区的文化内涵，以文化旅游跨界融合的方式，推出了一批特色鲜明的产品，形成了以枣园文化广场、《延安保育院》《延安保卫战》等为代表的红色文化与旅游融合项目，以《长恨歌》为代表的历史文化与旅游融合项目，以礼泉县袁家村为代表的民俗文化与旅游融合项目，以《道·梦空间》为代表的宗教文化与旅游融合项目，以青木川古镇为代表的文化艺术作品与旅游融合项目，以"大华1935"为代表的工业文化与旅游融合项目。同时，着力加强以文化为主题打造旅游景区。"十二五"期间，注重以文化旅游景区为抓手推动区域发展，按照特色化、差异化思路，策划包装了两汉三国文化景区、白鹿原影视基地等一批优秀文化旅游项目，较好地推动了文化与旅游资源的深度融合。以文化旅游龙头企业为代表的一批大型文化企业集团，通过多种方式联合推动文化与旅游融合，建成了大明宫国家遗址公园、大唐西市文化旅游综合体、铜川照金红色旅游景区、楼观道文化旅游度假区等一批大型文化旅游融合项目。大力支持省内文化旅游企业发掘历史文化、丝路文化、秦岭文化、红色文化等文化资源，推动文化资源利用和产业发展。

11.3 新时代陕西产业融合发展中面临的问题

根据前文的分析，我们得出了陕西省产业融合整体水平较低的结论，其中存在的问题有如下几个方面：

（1）第一产业和第二产业内部各行业融合度偏低。第一产业属于中度融合，第二产业属于中度和中低度融合，且融合度均有下降趋势。

（2）信息产业与第一、第二、第三产业融合度极低，融合的广度和深度还不够。一是投融资政策不完善，国家关于加快信息化建设的鼓励政策在陕西还没有落实到位。陕西省对推进信息化产业与其他产业的融合工作的资金扶持力度不足，尚未形成多元化投融资体系；对能起到示范标杆作用的龙头企业政策支持不够；对能够争取国家重点项目及专项资金支持的企业缺乏鼓励政策。二是缺少拥有高技术的复合型人才。一些企业员工的整体IT素养不高，在信息化基本知识、创新思维能力、技术掌握能力等方面存在明显差距，还不能满足企业发展的需要。面向行业应用信息技术的培训及认证体系不健全，具有行业应用背景的专业信息技术人才和掌握信息技术的管理人才、复合型人才匮乏。三是信息资源比较分散，基本上各自为战，信息孤岛、信息鸿沟的现象比较明显，资源没有得到充分整合，出现了一些重复。

（3）服务业与制造业及农业的融合度整体偏低。陕西省部分企业产品仍处于初级加工阶段，主要集中在劳动密集型的生产或装配活动，处于初级加工阶段的制造业企业对服务业需求程度低，产业链较短，产品附加值较低，缺乏高端增值服务，对生产性服务需求不高。服务业要素与资源主要集聚在大中城市，资本的逐利行为注定了各种服务要素更愿意供给人口密度高、经济发达的城市地区，而不愿意走向人口密度低、缺乏规模经济和效率的传统农业。农业是国民经济的基础，实现农业现代化尤为重要，而建立农业产业化服务体系、促进现代服务业与农业的深度融合，是改造和提升传统农业、实现农业现代化的必由之路。

(4) 军民融合过程中，主要存在以下问题：一是军工产业分布不均匀，陕西省90%的军工企业都在西安，形成了地域分布上的不均匀。二是军工产业面临相类似产品的激烈竞争，贵州省在民用航空领域也有着很大的发展，四川的民用航天产业也在高速发展，都为陕西省的军民融合产业带来巨大挑战。三是由于现行解密制度及保密分级制度尚未健全，军工单位的资源基本没有开放共享，资源共享度低，解密工作并未有效开展。军工系统虽然制定了军工技术解密的办法和流程，但还存在着解密责任主体不明确、解密标准不统一等问题，造成许多具有很好市场应用前景的军工技术没有及时解密，影响了军工技术向民用领域转移。现有激励机制不利于激发军转民的内在积极性。四是军转民面向市场的竞争能力不强，军品开发的思维惯性影响了军工企业民品的市场竞争力。为了适应军事任务的要求，军品开发更强调产品的可靠性、环境适应性等指标，对成本控制、节能降耗等方面要求相对较低；而民品开发则更注重产品的制造成本、节能降耗乃至美学设计、用户体验等因素。因此，对于习惯了生产武器装备的军工企业而言，对于民品的这些要求比较陌生，更缺乏应对办法，导致开发出的产品与市场同类型产品相比缺乏竞争力。五是在民转军过程中，市场准入制度不完善，进入程序烦琐，相关政策落实不力；信息不对称，军民融合平台和渠道欠缺，需求对接相对困难；进入比例低，分层次竞争性装备采购推行难；知识产权管理保护难，纠纷解决困难多；军民竞争不公，民企财政资金配套不足，税收减免扶持有限。

(5) 文化产业与旅游产业融合发展过程中主要存在以下问题：一是文化旅游融合体制机制不健全。从资源整合上推进融合发展的力度不够，缺乏总体规划布局及顶层设计、统一运作。二是融合发展水平不高。文化资源的产品化、市场化开发不足，旅游的文化内涵提炼不足，文化的旅游价值提升不高。三是融合发展模式创新不足。陕西省在文化和旅游融合发展模式上，多复制、少创新，特色化、差异化体现不强。四是融合发展的支撑体系尚不完善。带动融合发展的市场主体培育不足，金融政策支撑不够，专业人才相对缺乏。

11.4 新时代陕西三次产业融合发展的路径与对策

产业融合是信息化、产品数字化、经济全球化发展的必然要求,它促进了产业的协同创新和产业结构优化升级,推动了经济的快速发展。在今后陕西省还必须创新制度保障措施,加快创新市场培育,促进产业融合顺利发展。

本节根据前面的分析,针对陕西省产业融合过程中存在的问题,提出了以下陕西省产业融合发展的路径与对策。

(1) 进入信息化时代,谁掌握了技术变迁的主动权,谁就可能抢占未来发展的战略制高点

互联网的最大特点就是去中心化、去层级化,弱化了时空制约,减小了区位影响,为落后和偏远地区提供了跨越发展的契机。信息技术是经济增长的倍增器,其广泛应用可大幅度提高经济效益。一些地区通过信息化应用,推动了当地经济发展。陕西省应该充分利用信息化和网络提供的各种机会,大力发展物联网、电子商务,以信息化带动产业发展。目前,陕西省农村信息技术应用总体水平显著落后于城市,城乡"数字鸿沟"是制约农业农村发展的一道"坎"。因此,应从软硬件薄弱环节入手,完善信息化基础设施和信息网络,推动宽带进村入户,增强人才技术支撑,将云计算、大数据、物联网等技术应用尽快向农村及贫困地区延伸,夯实现代农业发展的物质基础。

信息技术的发展离不开资本要素的投入,资本的投入促进了产业链的渗透。在产业融合过程中,充足的资本投入可保障产业顺利融合,有益于提升产业竞争力、孵化产业耦联系统、增加产业技术创新含金量,最终促成产业链渗透,加深产业融合。

产业创新制度是信息产业与三次产业融合的核心因素。产业创新制度涵盖了技术创新嘉奖制度、政府政策支持制度等,这些制度直接影响了产业制度的有效实施,产业制度因素是创新活动顺利开展的灵魂。通过教育制度、文化积淀和产业集聚度在区域间的吸收转变,提升产业改造集聚区

的技术创新能力，而传统产业的集聚效应使得产业效率进一步提升，通过产业重组逐渐改善产业形态，从产业重组角度实现信息产业与三次产业的融合。陕西省高校众多，应充分利用其得天独厚的教育条件，培养创新人才，积极推动信息产业的发展，从而推动信息产业与三次产业的融合。

信息技术与三次产业深度融合，能培育出大量新的经济增长点。要运用互联网思维对消费者、产品、市场进行重新审视，推动三次产业生产、组织、管理和商业模式的全方位创新。

(2) 积极推动陕西省文化产业与旅游产业的融合

高举中国特色社会主义伟大旗帜，坚持创新、协调、绿色、开放、共享发展理念，落实"培育新动能、构筑新高地、激发新活力、共建新生活、彰显新形象"的"五新"战略任务，发挥陕西丝绸之路新起点的优势，积极融入"一带一路"国家发展战略，以文强旅、以旅兴文，推动资源聚合、区域整合、项目结合、产业融合。以核心景区、重大项目、重点村镇、优秀作品为载体，加快形成融合发展新举措、新机制、新业态、新模式。顺应大众旅游新趋势，创建全域旅游示范省，凸显中华文明精神标识，坚定中华民族文化自信。

一是统筹协调，重点突破。加强文化和旅游资源统筹，强化部门、区域、行业、企业的协调配合，夯实融合发展基础，聚焦重点实现突破。二是改革引领，创新驱动。坚持问题导向，深化体制机制改革，强化制度政策创新，推动模式创新、技术业态创新，激发各领域的发展活力，推动文化和旅游转型升级。三是市场主导，实体支撑。坚持市场导向，以市场化手段推进融合发展。以园区、基地、企业等实体为支撑，增强融合发展竞争力。四是突出特色，差异发展。充分发挥文化资源优势，通过挖掘内涵、突出特色，以增量盘活存量，提升旅游发展层次。充分发挥旅游资源禀赋，强化差异发展，特色多元拓展增量，增强文化支撑力。

(3) 抓好军民融合

第一，创新军民融合发展体制机制，健全军民融合发展的政策和标准体系，加快构建有利于强化开放竞争、强化资源共享、强化创新激励的制度机制。要从省级层面破除体制机制障碍，以企业为主体，形成政府推动、市场主导的军民结合产业发展格局，使军地资源得到更好的配置和应用；要建立省级军民融合产业发展融合联席会议制度，创新激励约束机制，对军转民、民参军项目制定人、财、物优惠政策，加强政策引导和环境建设，鼓励央企、省企、民企发展混合经济；扩大对民企的开放领域，相关部门可以通过简化申请程序，降低办事手续，加快"四证"审批和发放的速度，降低民企的进入成本。重点领域、重点地区的军民融合先行先试，充分发挥产业集群效应。

第二，搭建信息服务交流平台，整合军队、政府、行业和企业现有的信息平台，打造军地一体、权威高效、层次分明的军民融合公共信息服务平台，分领域、分密级设置发布权限，确保各类信息发布的及时准确、真实可靠。搭建军民技术双向转移平台，开展军民科技资源开放共享；加强军地科研院所、高校、企业和军队使用单位之间的密切联系，形成产、学、研、用一体化的军民融合产业链；搭建产业扶持平台，新建或依托政府和社会现有平台，如科技大市场、成果孵化中心和"众包众创众筹众扶"平台等，扶持一批掌握前沿技术的中小微企业，选择一批具有广泛两用前景的颠覆性技术进行孵化培育和应用推广，打造各具特色、充满活力的军民融合创新创业实践基地。

第三，加强科技创新，成立创新基金，支持军民两用科技项目。以政府和企业为主体，充分吸收社会资金，建立军民融合创新和成果转化基金。加速军工科技成果转化，引导和推动军民结合科技成果尽快转化为现实生产力，为新阶段陕西军民融合发展提供强有力的科技支撑。创新和成果转化资金充分考虑军民融合科技成果转化风险大的特点，以支持有望达到批量生产的新技术、有广泛应用前景的共性技术等为重点。创新和成果转化资金优先支持落户特色军民融合产业基地和园区的科技人员和军民两用科技项目，鼓励产、学、研结合，鼓励科技成果持有单位以技术入股等多种方式参与成果转化和市场竞争。

第四，充分发挥投资的引导作用，解决民企资金困难。要改革完善税收政策，加大税收优惠力度，建立民营企业参与国防建设尤其是国防科技工业发展的风险补偿和扶持机制，实现长效激励；要探索建立军民融合项目资金机制，设立军品投资风险基金，解决民参军产品长期售后服务难题，制定行业规范，遏制逐利性恶性竞争等相关风险；要对符合国家产业政策、具有良好市场前景和效益的军民融合项目，采取转移支付、财政补贴和政府采购等优惠政策，确保相关主体参与国防建设的积极性；要充分发挥政府的投资引导作用和资本市场的融资功能，根据项目的可市场化程度，有计划地实行投资主体多元化，为军民融合发展提供可靠的资金来源。

第五，给力项目牵引+政策扶持，发挥带动效应。以特色军民结合型基地和园区为平台，培育和发展新材料、新能源、效益型、规模型项目，突出重大项目推进。同时给予政策扶持，将军民融合发展规划列入政府长远发展战略和经济社会发展规划。同时，积极借鉴其他军工大省的成功经验，对所扶持的重点产业制定精准、定向的优惠政策。

(4) 积极推动服务业与制造业的融合，大力发展生产性服务业

生产性服务业是增加制造业附加值的关键。无论是服务于制造业前端的咨询、研发、设计、采购，还是服务于中端的财务、物流、计量、检测，以及服务于后端的营销、集成、安装、调试等，生产性服务都是制造业提升附加值、降低投资和运营成本的一个重要途径。而正是由于在"产前""产中""产后"服务业领域的发展不足，在很大程度上影响了制造业再上一个台阶。从全局来看，现代服务业发展滞后已成为转型升级的突出矛盾。制造业的转型升级离不开现代服务业的发展。陕西省制造业的转型升级应该更多地依赖服务业的补强机制以及制造业对服务业的需求响应机制，制造业的发展方向将更多地体现为在向客户提供产品的同时也提供更多更好的集成服务，即向服务型制造业转型升级。一方面，运用互联网、云计算、大数据、研发设计和金融保险等现代服务手段提高制造业的生产效率和交易效率，通过大力发展互联网加柔性制造，从供给侧促进制造业附加价值的提升和结构优化；另一方面，在产业融合的过程中，还要

重视制造业对服务业的需求响应，制造业要大力发展支持服务业效率提升的先进技术装备，在助力服务业现代化的同时，自身也将获得更大的市场和更好的服务。

（5）积极推动服务业与农业的融合

农业是国民经济的基础，实现农业现代化尤为重要，而建立农业产业化服务体系、促进服务业与农业的深度融合，是改造和提升传统农业、实现农业现代化的必由之路。

第一，积极推动城市服务下乡，主动对接农业产业的服务需求。建议运用"政府推动、市场牵动、龙头带动"的手段，探索"城市延伸、农村靠拢、专业组织衔接"的农业与城市服务业融合发展的创新模式。

第二，找准服务业与农业融合的重点领域。服务业覆盖面很广泛，必须把准农业对服务业的需求，有的放矢，才能提高服务业与农业深度融合的效率和成效。

一是推进农业科技服务。科技服务与农业深度融合是传统农业走向现代农业的根本出路。要鼓励高校和科研机构参与都市农业建设，建立农业科技联盟。二是创新农产品市场流通体系。加强以批发市场为中心的农产品市场载体建设，重点发展鲜活农产品物流。依托蔬菜批发市场、农产品配送中心、水产大市场、中冷物流配送中心等鲜活产品市场，重点支持蔬菜、水果、肉禽、蛋奶、水产品等鲜活农产品物流发展，加快实施冷链物流标准化，营造公平的冷链物流环境，逐步解决鲜活农产品"最后一公里"瓶颈问题。三是打造各类公共服务平台，探索促进资源集聚和共享的有效方式。农村服务业具有较强的公益性，而服务对象的特点是量大、面广，通过构建各类公共服务平台，如人才服务网络平台、科技资讯平台、信息服务平台、装备服务平台等，可以有效获得集成资源，提高资源的使用效率。在各类公共服务平台建设中，各级政府部门责无旁贷，应主动发力，做好引导和推动作用。

12 新时代陕西奋力追赶超越中大西安的建设

12.1 新时代陕西大西安建设对追赶超越的重要作用

12.1.1 大西安的"大"之内涵

"大西安",首先,要有大视野,发展应具有国际性、战略性、系统性、前瞻性,要解放思想,敢为人先,敢想敢干。其次,要有大胸怀,要进一步破除官本位思想,深化行政效能革命,以改革的精神革除落后的思想观念和体制机制,系统梳理行政系统内部影响西安发展、降低办事效率的具体制度政策和长期形成的工作习惯,并下决心清除和纠正。再次,要有大辐射。大西安要有大带动,从经济社会发展规律和国家发展战略部署来看,发展城市群、经济带无疑是带有方向性的趋势。无论是关中城市群、关中—天水经济区、西北的龙头,还是"一带一路"新起点,都要求西安发挥更大的辐射带动作用。要学习和借鉴国内外一切好的经验和做法,开拓思路,创新方法,把西安在金融、交通、通信、物流、贸易、文化、教育、体育、卫生、旅游等领域的比较优势充分发挥出来,实现西安与域内其他城市的联动发展,面向西北、西部,推动共同加快发展,在"一带一路"中发挥自身优势,促进沿线国家、城市一起发展。最后,要有大影响。在大西安的建设过程中,要更加注重对现代西安建设成就的宣传,不断扩大西安的影响力。这需要加大研究把握现代传播发展规律和特点的力度,适应快速发展的新媒体时代,主动引领城市文明形象塑造,大力宣扬大西安建设发展中的正能量，向世界传达西安健康发展、蓬勃向上、文明和谐、宜居安宁的形象，传达西安在发展中坚持以人民为主体，实践创新、协调、绿色、开放、共享新发展理念的好的做法和成功经验。"大西安"大的内涵更应该指文化经济的影响力。历史积淀赋予了大西安机遇，大西安建设应该在发挥周秦汉唐文化的基础上，展现现阶段的大西安特色，成为文化、经济引路人。大西安应具有国际视野、全球眼光，放眼未来，做好10年、20年的战略布局，为西北五省的文化、经济发展起到引领示范作用。

12.1.2 大西安在追赶超越中的新发展

首先，作为中国西部地区最重要的中心城市之一，"大西安"的区位和体量优势进一步提升。

西安在科教、文化、先进制造业、航空等方面都具备先天优势，西安要大发展，关键要提高西安的定位，由具有历史文化特色的国际化大都市提升为亚欧合作交流的国际化大都市，这样才能抓住"一带一路"建设机遇，实现追赶超越发展。大西安不仅是大空间、大体量、大规划，更应该具有大视野、大气魄、大格局。同时，西安作为古代丝绸之路的起点和"一带一路"国内重要节点城市，应该紧紧抓住"一带一路"这个重要发展机遇，结合历史和地理优势，结合内陆型城市的特点，发挥好西安在西部区域经济、科技、交通、教育等领域的自身优势，争当"一带一路"沿线城市群的"火车头"和"中转站"，成为连通东西区域、横跨陆海丝路的"一带一路"核心城市。

大西安是西北地区的龙头城市和关中城市群的核心，西安铁路枢纽作为全国铁路六大枢纽之一，在构建"一带一路"交通走廊、支撑内陆改革开放新高地建设中意义重大。大西安当然也体现在"大交通"上，在国家综合交通枢纽建设中，将布局8个国家级、19个区域级、34个都市级"三级综合枢纽"，形成铁路、高铁、航空、公路、城市轨道交通一体化的立体交通体系。由此，大西安应充分发挥连通国内东西区域的枢纽作用，大力发展高速公路、高等级铁路和航空港建设,充分发挥丝绸之路对经济贸易的促进作用。

"大西安"在"一带一路"建设中也具有很重要的地位,作为新一轮的对外开放,"一带一路"建设的空间指向重点是"西向开放",构建亚欧非大通道,从而使中国西部地区从过去的开放末梢转变为开放前沿,缩短了西部地区与国际市场尤其是欧亚中心市场的距离,使西部地区获取国际要素资源更加容易、便捷,西安地处关中平原,是"丝绸之路"上连接中西部的天然纽带,起到了承东启西的作用,为西安实现历史性跨越创造了条件和机遇。

其次,积极推进"三大革命",提升城市竞争力,在招商引资、引进人才、创新创业方面取得新进展。

(1) 推行"三大革命"。2017年,西安市以"烟头革命、厕所革命、行政效能革命"三大革命为破题之举,从细节着手,直击城市治理短板,破除工作作风中的"城墙思维",以"店小二"式的五星级服务优化营商和投资环境,提升城市竞争力。一年来,西安以捡烟头这样的"小事"作为工作抓手和发展新起点,陆续推出了一系列有力举措,提高了城市管理水平,前来旅游、定居、创业的人也越来越多。这些变化会进一步带来效率的提升和社会综合成本的降低,从而充分激活西安具有的科技、人才、资源方面的众多优势,形成西安的后发优势,同时也成为企业家们追逐的商机。"三大革命"催生了城市发展质的飞跃。行政效能和商业环境上的不断改革与发展,正带动大西安加速追赶超越。大西安正成为宜居宜业之城、创新创业的沃土。

(2) 积极招商引资。一年来,西安市把招商引资作为"一号工程",围绕"五资"抓招商,组建了投资促进委员会和系列专业招商分局,成功召开了丝博会、首届世界西商大会、首届全球硬科技创新大会、首届全球程序员节等活动,阿里巴巴、华侨城、海航、京东、京东方、开沃、吉利汽车等一大批项目签约落地,实现"井喷式"增长。2017年1—10月全市实际引进内资2047亿元,完成全年指标的115%;实际利用外资41.89亿元，同比增长20.23%。从各种招商成绩单上频繁出现的"创新高"来看，西安已成为"五资"投向的热点区域。截至11月底，西安市场主体超过100万户，成为继武汉之后第7个市场主体破百万的副省级城市。其中，2017年新增26.6万户（日均超过1000户，达到1066户），同比增长106%。知名大企业在西安抢滩布局，不仅增加了大西安追赶超越的新动能，而且为其扩大就业、吸引人才提供了有力支撑。

（3）大力吸引人才。2017年，西安实施了人才户籍、创新创业新政，吸引优秀人才在西安落户。从2017年3月出台8项户籍新政以来，西安在全国同等城市中实现了落户门槛最低、流程最优、限制最少、效率最高，共迁入18.6万人，同比增长408.9%。其中学历落户人数合计98724人，占新政落户的80.64%。其中，博士727人，占学历落户的0.75%；硕士8798人，占学历落户的8.91%；本科46316人，占学历落户的46.91%；大专36066人，占学历落户的36.53%；其中，本科以上56081人，占学历落户的56.81%；大专以上92147人，占学历落户的93.34%，占新政落户的75.27%。大西安对人才释放出的强劲"西引力"，彰显了城市治理者跳出"城墙思维"的魄力和勇气。

（4）推动创新创业。截至2017年9月底，全市累计建成众创空间、孵化器、小企业创业基地等各类众创载体342家，载体总面积达1079万平方米。中科院光机所、西安电子科技大学获批国家第二批"双创"示范基地。全市众创载体固定资产投入187.29亿元；累计入孵企业9251家，企业总人数56276人，入孵企业累计融资19.79亿元。一批创意街区、智慧街区、科技街区、宜居社区、特色社区也如雨后春笋般涌现。同时，西安市以"区块整合+科教资源"模式，打造了一批没有围墙的创新创业院区、校区、园区。同时，大力发展"大学生创业经济""校友经济""院士经济""院所经济""教师经济"等五大经济，创新创业活力进一步迸发。

12.2 新时代陕西大西安建设的机遇和挑战

12.2.1 "一带一路"建设

"一带一路"建设为大西安大发展带来了诸多新机遇。其一，为西安文化国际影响力的提升搭建了重要平台。西安是中国传统制度文化的创新之地，也是举世瞩目的文明古都，但目前西安文化的国际影响力却十分微弱。"一带一路"倡议是经济交往与文化交往的辩证统一，为西安文化国际影响力的提升搭建了重要平台。其二，"一带一路"建设为西安国际物流大通道的建设提供了发展契机。"一带一路"倡议，在国家战略层面是期望在互联互通基础上实现国家经济发展空间的拓展和格局的调整。要实现这一目标，就必须发展出一批具有一体化特征的国际、国内高效物流平台。西安作为中国内陆通往欧亚地区的交通节点城市，也应该努力将自己打造成亚欧物流网络体系的节点性城市。所以说，"一带一路"为西安物流服务业的跨国、跨区域发展提供了新的发展契机。

西安历史悠久，文化积淀厚重，是中华文明最重要、最集中的发源地之一，在中华文明传承的漫长历史中扮演着极其重要的角色。西安见证并推动了古丝绸之路的发展繁荣，成为欧亚大陆多元文化汇聚交融的中心，也因此形成了开放包容的中华文化特质和兼容并蓄的大国气度。国家提出"一带一路"建设，是西安建设国际化大都市的重要历史机遇，是未来西安发展经济的重要引擎和强大动力。面对机遇和挑战，西安应全面提高基础设施建设，促进西安的国际化大都市建设。针对各区域的产业结构和发展方向制定全市的交通发展目标，打造中心城市的交通发展格局。

西安是西北龙头和关中城市群的核心，大西安在"一带一路"中具有核心地位，是丝绸之路的起点，在关中城市群中具有较强的辐射带动作用，大西安的建设发展在"一带一路"中起着巨大的作用。自"一带一路"倡议提出以来，西安抢抓历史机遇，发挥独特优势，高效、务实开展一系列工作，推进丝绸之路经济带建设，开启了西安转型与发展的新征程。要把大西安打造成"一带一路"的重要交通枢纽,并争取"一带一路"国家多在西安设立领事馆、办事处等外事机构。同时,西安要加强与西北地区的合作,不断增强以西安为核心的关中城市群辐射带动作用,把大西安的辐射范围由关中地区放大到整个西北。加强与中亚国际次区域的合作,把西安建成亚欧大陆桥的国际性现代化大都市。要不断深化国际旅游合作,积极创建国家级旅游业改革创新先行区。积极开展与丝绸之路沿线国家和周边城市的旅游合作,打造精品线路,不断扩大西安旅游"版图"。

"一带一路"是西安市建设国际化大都市的重要历史机遇。由于发展基础和发展条件的限制,西安在国际化建设方面的任务仍然繁重,距离国际化的标准仍有较大距离,特别是市政基础设施建设距离国际化大都市还有一定的距离,西安应抓住这次历史机遇,大力发展市政基础设施建设。应充分利用社会资本,以"PPP"模式大力建设高架桥梁、综合管廊、海绵城市等重点项目,不断完善西安市政基础设施,为西安的经济腾飞创造良好的基础条件。

"一带一路"倡议的提出,对于大西安来说既是机遇又是挑战,是西安经济实力、城市功能、创新活力及生态环境提升的重要机遇。西安的科技文化将加强、社会治理水平将提升,更将延伸出多样化国际交往新空间、东西部资源转移新通道。西安作为中国西部文化中心、交通枢纽、经济重镇,借着"一带一路"的机遇,城市人口吸附力会随之增加,高端产业、高端人才会聚集西安,会推动经济发展,有利于创新创业,在航天航空、电子信息、汽车制造、生物医药等方面的核心地位将进一步突出。而通过加速构建铁路网络、搭建多层次交流平台,也推动了西安经济、文化与外界的交流合作。面对这些机遇,西安可以依托历史文化优势,推动与沿线国家的交流,带来多样化的国际交往,在经济、文化、旅游、艺术领域拓展更大的发展空间。

12.2.2 西咸新区的发展

西咸一体化发展,以社会经济共同发展为目标,以产业调整、互补链接为主体,以整体利益、协调发展为纽带,推进西安向西拓展,打破行政对城市空间的束缚。加速建设中的大西安,将使西安市、咸阳市和西咸新区在空间布局上更加合理,人民生活更加舒适,强化对关中城市群的带动作用。

作为现代化大西安新中心,西咸新区在招商引资、产业培育、城市发展、文化传承等方面不断探索创新,取得了丰硕成果。自2017年上半年实现托管、代管后,西咸新区以追赶超越为主线,以"五新"战略任务为引领,全力加快现代化大西安新中心建设步伐,已经成为全省新的经济增长点。据统计,2017年上半年,西咸新区新登记企业数同比增长74.9%,增速位居全省第一;上半年西咸新区财政收入同比增长34.17%,增速位居全省第一。

2017年7月20日,全国首个由起落架原厂制造商投资的维修项目——"中国东方航空—赛峰"飞机起落架深度维修基地在西咸新区空港新城开工建设,这将成为国内最大的商用飞机起落架维修项目。东航与赛峰的合作,是依托赛峰在起落架制造维修方面的全球领先优势,对东航维修产业链进行深度补充。落地空港新城也是东航响应"一带一路"倡议、支持陕西经济建设的重要举措。该项目落地,证明西咸新区已经具备了承接国际高科技、高附加值产业落地的条件,也为吸引更多航空公司在此聚集打下基础,对陕西打造"中国孟菲斯"具有重大意义。要以构建现代产业体系为核心,打造培育新动能的示范引领区。针对产业基础相对薄弱的现状,新区把发展重心由基础建设为主转向发展现代产业为主,把产业立区作为第一战略,把招商引资作为"一号工程",集中人力、物力、财力和精力,依靠招商和"双创",加快构建现代产业体系。

从2016年开始,西咸新区始终把招商引资作为"一号工程"来抓,健全招商机制,整合优势资源,积极参加丝博会、陕粤港澳活动周、农高会、西博会等招商推介活动,瞄准世界和中国500强等龙头企业进行招商。海航集团、360公司、西工大无人机产业化基地等一批项目成功签约,秦汉新能源汽车城、长安航空等67个招商项目先后开工,国药集团、深圳宝能等招商项目取得突破性进展。上述项目投资体量大、带动辐射能力强，对区域发展引领作用明显，为新区发展注入了源源不断的新动能，明确了西咸新区战略性新兴产业和现代服务业的发展方向，对西咸新区补全产业短板、加速培育现代产业体系具有重要意义。

西咸新区设立了670亿元的产业发展引导资金和创业（风险）投资基金，发起省内首支航空产业投资基金和"关天"产业发展扶持基金等，配套出台多项扶持政策，积极培育西咸新区现代产业体系。作为首批国家"双创"示范基地，西咸新区结合新区产业发展特点，规划建设了以沣西新城为主的"双创"核心区，包括沣西新城信息产业园、总部经济园、中国西部科技创新港、西工大科学城等。核心区内聚集了西部云谷创新创业发展中心、微软创新中心、武汉光谷咖啡等近10家创业孵化机构，并与美国硅谷plug&play公司签署了创业孵化方面的合作协议，从信息技术、互联网、物联网、工业设计、电子商务等不同角度聚合孵化资源，健全双创孵化体系，营造浓厚的创新创业氛围。

西咸新区在迎来重大机遇的同时，也得到了空前的发展优势。未来，西咸新区则按照国际化、现代化的定位进行发展。西咸新区将为西安的发展拓展空间、延伸腹地，为西安综合经济实力的提升找到新的着力点。

12.2.3 关中城市群的发展

大西安引领关中城市群的发展，推动西部地区经济腾飞。关中城市群是国家"两横三纵"城市化格局陆桥通道与包昆通道的交会区，集中了陕西62%的城市和近一半的小城镇，担负着丝绸之路经济带新起点的重任。而关中城市群发展的核心就在西安，西安要更好地发挥其辐射带动作用。

西安，自古是丝绸之路上一座重要的城市。如今，作为丝绸之路经济建设的中心城市，西安既拥有产业发展的力量，又有传统文化的深厚底蕴，最终会生成核心动力，引领未来以西安为核心的关中城市群的发展，提升关中城市群的核心竞争力。在西安、咸阳、宝鸡、渭南等传统区域经济增长极的基础上，陕西正在通过区域一体化发展，积极培育新的区域经济增长极。此外，陕西省"米"字形骨干交通沿线的区域经济相互促进，共同推动着关中城市群的发展。单从工业角度定位，关中城市群地区经济业态势头良好，特别是在先进装备制造业的孵化基地、先进的科教产业基地、电子信息以及其他高端的新兴产业方面，城市集群所带来的效应正在明显增强。三星等知名企业在陕落户，形成产业链的延伸和互补，带动了关中城市群的经济发展。

12.2.4 枢纽经济、门户经济、流动经济迈出重要一步

陕西一直是东西方交通的枢纽、对外开放的门户、生产要素的流动站点，要建设富有地方特色的现代化经济体系，而这个体系的骨架就是"枢纽经济、门户经济、流动经济"。大西安将系统发展物联网和现代综合交通物流体系，吸引国际资金、商品、物资、人员、技术等经济要素自由流动。西成高铁的开通也进一步形成了区域经济协调发展的新战略平台，将更加有效地推动区域均衡协同发展。

(1) 物流业的飞速发展

2017年以来，圆通、海航、京东等多个大型物流企业开始在西安布局，促进了西安的发展。大力发展现代物流业，可以实现商流和人流的空间集聚，推动大西安经济贸易的投资合作，在更大的范围内促进国内外产业的对接及整合，有利于加快新的比较优势的形成，对实现追赶超越的发展战略目标具有重要的现实意义。

大西安建设必须以大物流为引领，充分发挥现代物流业的集聚、扩散功能。明确物流业在大西安发展中的战略定位，出台西安市物流业发展促进条例。政府组织建立铁路、公路、航空等运输方式信息共享的平台，建立物流园区现代化、智能化的信息集成系统，统筹协调运输业务，避免无序竞争，促进新型物流业发展，使全省物流业更好地融入国家"一带一路"建设。应重点发展物流园区，在重要的物流节点城市加快整合，合理布局物流园区，推进物流园区水、电、路、通信设施和多式联运设施建设，加快现代化立体仓库和信息平台建设，完善周边公路、铁路配套，推

广使用甩挂运输等先进运输方式和智能化管理技术，完善物流园区管理体制，提升管理和服务水平。结合区位特点和物流需求，发展货运枢纽型、生产服务型等专业类物流园区，发挥示范带动作用。应充分发挥省、市两级物流与采购联合会的作用，协助政府解决物流业发展过程中政府顾不上、企业做不了、物流业发展离不了的一些问题，在诸如产业调研、专业培训、人才招募、招商引资、政策落实等领域充分发挥作用。政府应尽快从 A 级物流企业中选择一批进行培育，以带动物流业转型升级，促进大西安物流业健康、快速和可持续发展。

西安市物流人才队伍建设依然存在着培养体系不健全、高级人才缺乏等问题。应在物流人才的流动、教育、培训、配置、引进和使用上，制定一个具有宏观政策导向的规划方案；建立科学、系统的物流人才培养、管理、使用体系，构建"产、学、研"结合的物流人才教育培养模式；完善物流人才薪酬制度和奖励制度，营造物流业尊重人才的良好氛围；发展省内农村物流，满足广大农村物流市场的需要，既是当前农村脱贫攻坚的重要抓手，也是拓展物流业发展空间的重要途径。当前西安物流业发展存在市场主体偏弱、服务网络体系相对滞后等问题，应当引导物流企业通过合作、合并重组等方式进行转型升级；落实国家对中小企业发展专项资金支持的政策，帮扶中小物流企业做专做优，提升其市场竞争力；加大对物流业信息化项目的支持力度，引导和支持物流企业参与物流信息化项目建设。

(2) 西成高铁的开通

西成高铁开通后，西安与成都这两座城市打破了地理空间的阻隔。除了旅游，两地的人才流、资金流、技术流往来将更加频繁，西部城市之间开始形成"城市群"效应的深度融合发展，在不久的未来，将形成以成都、重庆、西安为核心的"西三角"辐射中心。高铁往往能加速人流、物流的交换和流通，但高铁的红利远不止于此。将西部地区最发达的西安、重庆、成都整合在一起，完全可以形成一个新的经济区，而经过整合的"西三角"经济区必定会成为西部大开发的龙头。

西安和成都，同为老工业基地，在产业门类和结构上具有高度的相似性。西成高铁将"关天"和"成渝"两个城市圈连通，形成"川陕三小时经济圈"，打造出媲美长三角、珠三角、京津冀的中国第四增长极，其基础就在于"西三角"之间的经济互补性。由此可见，西成高铁的开通，不仅意味着西部大开发即将进入城市集群发展阶段，更预示着一个全新时代以及巨大挑战的到来。

西安和成都两市直线距离约 600 千米，散落于沿线的数座城市都将受益于西成高铁的开通。其中，"关中城市群"将成为高铁城市扩围效应的最大受益者。以汉中为例，虽然与西安的距离为 200 多千米，却由于秦岭的阻隔，并未纳入关中城市群。随着包括西成高铁在内的西安"米"字形高铁骨架的不断成型，"关中城市群"也将不断得以扩围升级，西安周边 200~300 千米范围的城市都将有望纳入。同时，得益于西成高铁的开通，汉中、广元、绵阳、德阳等城市都有望在"关天"与"成渝"城市群扩围过程中占据优势。

西成高铁的开通有效汇聚了川渝地区与西北地区的人力、信息、资源、科技等多方面优势，形成区域经济协调发展的新战略平台，将更加有效地推动区域均衡协同发展，陕、川、渝三地将形成新的大型经济圈，竞争会带来新活力。短期看，高铁开通后，双方必定会围绕人才、产业、资本和市场等展开竞争。高铁提供了机遇，也带来了挑战。对于大西安建设来说，应对挑战就得不断加强自身发展，这不仅会形成倒逼，也促使政府加速行动。西成高铁的开通，不仅是大关中城市群与成渝城市群的一次整合，也是"西三角"板块形成的历史性契机。对于追赶超越中的大西安来说，唯有不断发展，增强自身竞争力，方能以更加从容的姿态"走西南"。

12.2.5　大西安地区目前发展存在的困难与挑战

西安位于中国西北部，地处内陆，经济发展水平同国际大都市相比、同沿海发达城市相比存在一定差距。如何更好地融入"一带一路"发展，需要解决大西安在"一带一路"发展中的地位和作用问题。目前，大西安建设面临的困难和挑战如下：

（1）思想观念有待进一步提升

面对经济全球化和区域一体化发展，西安有夜郎自大、盲目乐观的现象。20世纪80年代，市场化的脚步伴随改革开放的春风吹拂神州大地，但地处西北内陆的西安人却沉浸在历史的辉煌中不能自拔，因循守旧，保持计划经济吃"大锅饭"的思想，安于现状，不思进取。工厂设备更新缓慢，管理制度落后，无法冲破"城墙思维"的壁垒。缺乏宏观视野，没有跟上市场化的脚步，丧失了经济发展的绝佳机遇，经济总量排位逐年下滑。

（2）工业有待进一步发展

西安原有的制造业优势风光不再。"一五计划""二五计划""三五计划"时期，国家在西安重点布局了大量的先进性工业企业，奠定了西安全国重要的工业基础地位。但改革开放后，随着信息技术产业和新兴产业的崛起，西安传统的制造业优势已风光不再。曾经繁荣的纺织业，也只剩破旧的厂房，一步步走向凋零。引以为傲的军工企业，因为企业的特殊性，造成军工垄断，市场相对封闭，军地协调、供需机制不完善，"军转民""民参军"的融合度不够，军工利用率较低，军工对地方经济的带动作用还有待发挥。

（3）高校优势资源对外辐射带动作用不大

西安的高校资源呈内循环状态，对西安当地经济社会发展的辐射带动作用不大。西安的高校数量在全国名列前茅，但富集的科教资源优势并没有完全转化为经济发展优势，与全国其他科技实力较发达的城市相比，西安的经济总量还是相形见绌。这是由于科教资源分属于不同部门，中央和地方、军用和民用，不同管理部门形成了制度的壁垒，致使科教资源内循环，利用分散，不能充分分享，综合配置能力低，辐射带动作用不大，难以提高企业的创新能力，制约了区域整体科技资源的利用效率。

12.3 新时代陕西大西安建设的动力机制

12.3.1 在"一带一路"建设中发挥引领作用

西安要在"一带一路"大格局中扮演引领角色，首先，要有全球思维、国际视野，不被"城墙"禁锢，西安不仅要做西安人的西安，还要做陕西的西安、西北地区的西安、中国的西安、"一带一路"的西安乃至世界的西安。西安要在"一带一路"大格局中扮演引领角色，不仅要连通内外，还要做到贯通古今。一方面，我们要借助科教和人才资源优势、战略区位优势、军民融合发展等资源禀赋，坚持让更多的西安企业"走出去"发展壮大，同时把更多的海外企业"引进来"投资兴业。深化关中—天水经济区内的城市合作，发挥核心引领作用。加强与"一带一路"沿线国家和地区的互联互通、全方位合作。另一方面，还要将这座城市所拥有的历史文化资源盘活。西安市世界文化遗产总数已达到6处，要发挥这些历史文化资源的优势，最好的做法就是将其与"互联网+"相结合，与大数据结合起来，让西安这座历史名城焕发新的生机与活力。最后，还可以与"一带一路"沿线其他历史底蕴深厚的城市一起，组建"一带一路古都联盟"，共同激活沿线国家的丝路记忆，提升文化认同感。

作为古丝绸之路的起点，大西安在丝绸之路经济带建设中要充分发挥"桥头堡"的作用，在关中—天水经济带中，西安要利用高校众多的科技优势，发展城市基础设施事业，因地制宜地利用地热能、太阳能、水源热泵、分布式能源等一系列清洁、能耗小、污染少的能源，服务群众、工商业用户，带动整个丝绸之路的能源消费结构的调整，提高清洁能源利用水平。大西安应不断完善市政基础设施的配套，根据打造国家中心城市这一目标，市政相应部门和开发区应制定出在一定时间内各领域的发展建设目标，逐项安排落实。同时运用系统性思维搞好大西安规划，把西安建设为历史与现代交相辉映、传统与时尚完美融合的国际化大都市，与整个关中城市群规划有机衔接起来，努力推动大西安多轴线、多中心发展。以系统化思维统筹推进山水林田湖一体治理,综合谋划城市生态绿地、湿地水系等布局,生态恢复"八水绕长安"历史胜景,展示大西安山水城融合之美。

12.3.2 高校院所正成为大西安创新驱动发展的新引擎

2017年以来,交大创新港、西工大无人机基地、西电军民融合科创港、兵器基地军民融合聚集区、大学城科技小镇、翱翔小镇、硬科技小镇等各类高校院所与西安市各区县、开发区共建的科技产业园区不断涌现,高校院所与地方、企业和社会资本,在这些特色园区的建设中找到了相互融合、共赢发展的契机。这是自2016年以来,西安市被国家列入系统推进全面创新改革试验区,先后出台《系统推进西安市全面创新改革试验实施方案》和《系统推进全面创新改革试验打造"一带一路"创新中心的实施意见》等政策文件,围绕统筹科技资源改革,西安市扎实推进国家全面创新改革试验区建设、国家现代服务业综合试点城市建设和国家大众创业万众创新示范基地建设等改革任务出现的新气象。

(1) 与高校院所共创科技金融新模式

自2016年1月成立至今,西科天使三期基金已到账4.7亿元,已投资项目68个,累计投资约3.53亿元。2017年12月,5亿元规模的西科天使三期基金全部募投完毕。光电子集成先导基金——资金募集工作有序推进,已与农银国际等多家机构达成合作意向,已投资项目19个。而取得这些成绩都离不开市科技局的大力支持。加强和试点与高校院所合作、创新科技金融模式是西安市全面创改工作的亮点之一。政府发挥财政资金引导作用,成立科技企业创业风险投资基金。由政府、投资机构、高校院所共同设立支持其深化创新改革之子基金,因"院(校)"制宜,支持引领院所高校创新改革,支持院校科技成果转化,支持研发人员创新创业,支持资源融入创新驱动发展之中。定期公布需求成果转化指南,集中支持领域,吸收社会资本和金融资本,形成多元投资支持创新转化局面。西安市已完成与交大、光机所、石化院、陕西科控集团共同设立科技成果转化基金。分别与交大、光机所两家筹划设立创业投资公司，助力高校院所高端人才和科技人员、大学生创新创业。加强与园区合作，联合研发园、盈峰资本等设立基金，联合环大学产业带管委会及社会资本成立投资初创期科技企业基金。目前，试点单位设立的西北大微种子基金、西科天使基金、光电先导基金、西交种子基金、西交科创基金、西部质量创新发展基金等各类基金，总规模已经超过40亿元。

(2) 共建孵化平台，助力科技创业

在科教资源丰富的西安，高校学生、科研院所研究人员获得各种创业大赛大奖屡见不鲜，而且各种高校院所创办的创业孵化器，也是西安市"双创"最为活跃的热点区域。在孵化平台搭建上，西安市大力支持高校院所结合自身发展实际，搭建专业化的众创空间和孵化器。截至目前，西安市高校院所设立众创空间12个，总面积6.4万平方米，主要包括中科创星&万科云、光电子集成众创空间、西安交大1896科技双创基地、理工大工程汇、西工大飞天众创空间、西北大学三创空间等，其中"西安光机所光电子国家专业化众创空间"入选科技部首批17家专业化众创空间。市级认定并支持科技企业孵化器13个，总面积11万平方米，主要包括理工大孵化器、西安初创孵化器、陕科大科技孵化器等。2017年6月，西安光机所又成功入选第二批国家双创示范基地，截至2017年6月，西安光机所累计投资孵化初创期硬科技企业190家。高校院所各众创空间和孵化器通过不断提升专业化服务，开展国际创业节、成果对接会等活动，大大提高了西安市的创业创新氛围。

(3) 共建技术转移机构，加快科技成果转化

高校作为科技成果的重要生产者，又是技术转移转化的实施主体，肩负着重要的创新改革任务，集聚各方智慧、促进高校院所技术转移转化是西安市推进全面创新改革试点工作的重要内容之一。在政府的大力支持下，各高校院所也积极响应，通过建立机构、出台政策、设立基金等措施，促进高校院所技术成果转移转化。

西安市大力支持院所经济、大学生经济、院士经济、教师经济、校友

经济等创业经济发展。高校院所也积极融入大西安发展，参与大西安建设，交大创新港、西工大无人机基地、西电军民融合科创港、兵器基地军民融合聚集区、大学城科技小镇、翱翔小镇、硬科技小镇等各类高校院所与西安市各区县、开发区共建的科技产业园区不断涌现，发展迅速，高校院所与地方融合也在不断发展。

12.4 新时代陕西大西安建设的对策

12.4.1 找准突破口，确保大西安的战略地位

(1) 夯实大西安发展的稳固根基

首先，要抢抓"一带一路"、国家创新改革试验区、国家自由贸易试验区等历史发展机遇，利用政策的叠加优势，加快政策的落地，做"一带一路"沿线城市的"政策高地"。其次，推进基础设施互联互通，加快西安咸阳国际机场门户枢纽建设，加快建设"一带一路"铁路物流集散中心，推进重点区域的铁路改造，构建辐射四面八方的现代立体交通网。最后，加大在医疗卫生和基础教育方面的投资，提升公共服务能力，吸引更多的企业投资西安，吸引更多的人才留在西安，全身心投入到大西安的建设中。

(2) 助力大西安经济的追赶超越

首先，要立足国家对西安打造内陆型改革开放新高地的战略定位，坚持制度创新为核心，转变政府职能，加快自贸区建设，积极搭建国际交易合作平台，实现投资方式从吸引外资为主逐步过渡到"引进来"和"走出去"双向开放。其次，认识和遵循工业结构演变的一般规律，引导工业的转型升级、结构优化，引导企业用先进科学技术改造和提升传统产业，进一步提升高新技术产业在制造业中的比重，利用西安军民融合的比较优势，进一步消除军民融合的制度性障碍，促进制造业军民融合项目的发展，奠定"制造业高地"的扎实基础。最后，金融是实体经济的命脉，也是西安发展的短板之一，应该重点发展能源金融、互联网金融、绿色金

融、金融类资本运营、融资租赁保险等新型业态,提升金融创新服务功能,构筑"现代金融高地"。

(3) 释放大西安蕴含的潜在动能

首先,大力实施创新驱动发展,加强省、市和各大科研院所的沟通交流,努力破除体制和机制障碍,统筹科技资源改革,引导"大众创业、万众创新",支持中小微企业创业创新发展。通过破解制约体制机制障碍,催生一大批高新技术企业,培育支撑和引领产业创新发展的核心力量。继续做好科技资源统筹共享平台,为企业和科研院所、科研人士搭建沟通的桥梁,通过技术交易、设备共享、减免税收等扶持设施,让这些资源优势转化为相应的产业优势,成为西部"科技创新高地"。其次,西安作为历史文化名城,要树立大遗址保护的理念,制定大遗址保护规划,整体连片保护历史文化遗址。用文化的、历史的眼光去建设西安,加强西安的文化整合,打造西安本土的文化名家、文化品牌,宣传西安的文化研究和文艺创作。最后,传承弘扬大西安悠久的历史文化,用大旅游的思维整合西安的旅游资源,合理开发多样化的旅游产品,形成大旅游产业链,打造具有世界影响力的特色旅游品牌,开启历史文化传承的新篇章。

12.4.2 大胆创新,充分发挥大西安的引领带动作用

为了实现"一带一路"赋予大西安建设丝绸之路经济带"核心区"和"桥头堡"的时代使命,实现国际化大都市建设目标,应发挥比较优势,充分发挥大西安在"一带一路"中应有的作用。

(1) 发挥全域先行先试的作用

作为内陆改革开放的新高地,先试先行是大西安的重要使命,制度创新是大西安建设的核心要务。发挥自贸区建设的倒逼效应,深化行政体制改革,深入推进简政放权,提高行政效能,对接国际贸易规则,构建内陆开放型经济新体制的综合改革区。实践告诉我们,改革是把"双刃剑",会影响部分人的利益,也会带来新的发展机遇和巨大红利。要忍痛下刀,率先改革才能赢得先机,走在前列才能走向未来。因此,在改革的问题

上,西安要坚定信心,勇于担当;要不畏困苦,攻坚克难;要勇往直前,敢为人先。要勇于冲破思想观念的障碍和利益固化的藩篱,尊重市场规律,发挥政府的作用,以开放的最大优势谋求更大的发展空间,才能闯过"深水区",走过"攻坚期",实现国家赋予西安的责任。

（2）发挥全域大开放的作用

按照中央对西安的定位,实施双向开放战略。由于地理环境因素,西安的开放程度远低于东部沿海地区,也加大了地区经济发展的差距,所以要重点做好习近平总书记提出的"五通",持续办好丝博会暨西洽会,构建多层次、多渠道的沟通协商平台,全面提升开放水平,发展外向型经济,对接国际贸易合作标准,整合传统资源要素,融入国际分工体系,拓展国际经贸合作,搭建国际交流平台,提高城市竞争力,缩短与东部沿海地区的差距,真正发挥"一带一路"的重要节点作用,承担起提高内陆开放水平的重要使命。

（3）发挥全域大合作的作用

从国家发展战略来看,西安作为西部地区的增长极,应进一步强化其发展"极核"作用,从而更有力地带动整个区域的发展。因此,西安应联合省内城市,打造以大西安为中心的大关中城市群;同时联合周边省市城市,形成区域融合、经济互补、资源共享的合作发展格局,打造大西安核心城市。要不断增强西安作为中心城市的辐射作用,带动西咸新区和关天经济区地区乃至整个西北地区共同发展。联合"一带一路"沿线地区与国家在基础设施、能源金融、商贸物流、科技教育、文化旅游、现代农业等领域展开全面合作,特别是和中亚、南亚和东欧国家的合作交流,实现西安和"一带一路"沿线地区的共同发展,重现丝绸之路的辉煌。

（4）发挥全域科技大创新的作用

发挥西安的科技教育优势,积极对接沿线国家的发展战略,共同参与"一带一路"科技创新合作,共享科技成果和科技发展经验,搭建信息化的"网上丝绸之路",邀请沿线地区和国家的政府部门、有关机构、企业,在西安举办高新技术产业年会、峰会、论坛等系列活动,打造高新技术交流、产业合作、投资洽谈的对接平台。

(5) 发挥全域文化交流的作用

丝绸之路已经成为世界文化遗产，西安作为丝绸之路的起点，是世界人民向往的文化圣地。要传承西安作为千年历史古都、丝绸之路起点、华夏文明之源的历史文化遗产，加强对大遗址的保护与利用，搭建国际文化交流平台，促进与沿线地区和国家在历史遗产保护、科教文化方面的对话和合作，加强文化资源整合，积极发展文化创意产业，推进文化贸易、文化产品的出口，实施"文化+""旅游+"战略，推动旅游产业、文化产业的融合发展，做东西方文化交流的中心。

(6) 发挥互联网信息金融商贸全域中心的作用

要打造西安区域性金融中心，站位必须要高，站在全域金融中心的角度考虑，才能建设好区域金融中心。要充分利用已有基础和条件，积极打造新型金融中心、能源金融中心，继续推进浐灞金融商务区、西咸新区能源金融贸易区等金融中心的建设，争取建立西部能源金融交易平台。加强与沿线地区和国家的金融合作，推动金融创新，提高金融区域资源配置，促进国家形成全方位开放的新格局。

(7) 立足发挥"一带一路"先进制造业心脏作用

当今世界，一个地区有无竞争力，取决于该地区的战略性制造业、先进性制造业以及现代服务业的吸引力。西安要积极发挥先进制造业基地在"一带一路"中的带动作用，要在高新技术、装备制造、电子信息、国防科技等方面加大创新力度，要优化产业布局、培育高端产业、升级传统产业。尤其是重视对航空航天、电子信息产业的培育，对农业、纺织业等传统产业的改造升级。大力促进军民融合，重点推进"军民融合+双创"，破除体制机制障碍，努力使军民资源开放共享、军工科技成果转化、军民融合产业探索形成可复制、可推广的经验。

(8) 充分发挥政府在"一带一路"城市间的协调中心作用

"一带一路"建设，汇集了欧亚非沿线众多国家和城市，民族众多，文化的差异性较大，政策法律方面也不尽相同，再加之沿线国家宗教信仰和部分地方民间风俗的差异性,都需要政府间的及时沟通与协调。同时,由于存在社会制度的不同,也需要建立一个区域协调中心。既充分尊重和发挥"市场决定作用",又"更好发挥政府管理与协调作用"。区域发展的一般规律表明,政府间的协作机制是区域合作与发展的重要环节。因此,大西安应积极推进和运用省内外、国内外区域合作协调机制,主动发挥应有的作用。

13 发展"三个经济",开启陕西奋力追赶超越的新时代

2015年2月13日至16日,习近平总书记回陕视察工作。在陕西视察期间,习近平总书记从"四个全面"战略布局的高度,深刻阐述了关系陕西现代化建设全局和长远发展的一系列重大问题,做出了陕西正处在追赶超越阶段的重要论断,这是对陕西发展的科学定位和殷切期望。同时提出了扎实推进经济持续健康发展、扎实推进农业现代化建设、扎实加强文化建设、扎实做好保障和改善民生工作、扎实落实全面从严治党的"五个扎实"。"追赶超越"已成为陕西全省干部群众最大的思想共识,十三次党代会制定了陕西奋力追赶超越的培育新动能、构筑新高地、激发新活力、共建新生活、彰显新形象的"五新"战略。3年来,"追赶超越""五个扎实"的奋力推进,"五新"战略的有效落实开启了陕西发展的新时代。进入新时代,更加需要把"追赶超越""五个扎实"和"五新"战略相结合,开启陕西高质量发展的新时代。

13.1 奋力追赶超越和"五个扎实"推动陕西发展进入新阶段

3年多来,全省上下奋力追赶超越、积极落实"五个扎实",并且积极推进"五新战略",使陕西经济社会发展进入了新的时代。

一是经济发展实现跨越,进入新的发展阶段。2017年,实现生产总值21898.81亿元,增长8%,突破2万亿元大关,完成地方财政收入2006.39亿元,同比增长11.9%,城乡居民人均收入分别达到30810元和

10265元，分别增长8.3%和9.2%，全部迈上了新台阶，进入新的发展方阵，成为中等收入省份。全省追赶超越的步伐明显加快，经济社会发展进入了新时代。

二是供给侧结构性改革顺利推进。3年来，下气力推进去产能、去库存、去杠杆、降成本、补短板，加快实施农业供给侧结构性改革，供给体系质量进一步提升。煤炭去产能、化解钢铁过剩产能、商品房去库存都取得积极进展。农村集体产权制度改革加快推进，"三变"改革示范村逐步扩大。结构调整持续深入，以采掘为主的能源型经济结构正在向能源精深加工、非能产业多元支撑转型，优质增量规模化递增，存量效益不断提高。科技创新成果居全国前列，大型运输机、新能源汽车、闪存芯片、高端液晶面板等成为"陕西智造"新名片，全省经济正在步入高质量发展轨道。

三是培育发展新动能的步伐不断加快。3年来，深入实施创新驱动发展战略，扎实推进创新型省份建设，大力促进军民融合、部省融合、央地融合，加快建设各类创新平台，创新供给能力进一步提高。实施民营企业创新发展工程和民营经济转型示范工程，全力推动大众创业、万众创新。在继续推进陕北转型持续发展和陕南绿色循环发展的同时，全面启动关中协同创新发展，全省呈现出三大区域协调共进、大中小城市协调发展的良好局面。

四是生态环境与民生建设持续推进。3年来，在追赶超越中，把生态环境建设和民生建设作为重点，取得了积极效果。坚持科学治霾，全省特别是关中地区空气质量明显好转。3年来，持之以恒落实各项民生政策，把脱贫攻坚作为头等大事和第一民生工程，深入实施产业脱贫、易地扶贫搬迁等八大工程，加大对深度贫困地区的投入力度。推动社会保障扩面提标，企业退休人员基本养老金实现"十三连涨"，城乡居民医疗保险政府补助高于全国。

五是改革开放新高地建设不断推进。国企国资等关键性改革，国有林场、盐业、电力、安全生产、价格等重点领域改革不断深入。"一带一路"

五大中心建设步伐加快，西安至欧洲、美国的客运航线、中欧班列开通运营，丝博会、欧亚经济论坛、杨凌农高会、陕粤港澳合作周、首届世界西商大会等活动成果丰硕。2017年招商引资不断增长，增速位居全国第2位，西部第1位。

13.2 "三个经济"是进一步实现追赶超越、推动陕西高质量发展的空间组织形式

2017年11月29日，陕西省委胡和平书记在全省领导干部学习贯彻党的十九大精神专题研讨班上首次提出，陕西要加快发展枢纽经济、门户经济、流动经济，大力发展金融、物流等现代服务业，构建具有竞争力的现代产业体系。在省委十三届二次全会上胡和平书记再次强调，要以发展枢纽经济、门户经济、流动经济为突破口，着力打造新高地、拓展新空间，努力使对外开放成为新时代追赶超越的新优势。发展枢纽经济、门户经济、流动经济"三个经济"为陕西高质量发展、建立具有陕西特色的现代化经济体系和构建改革开放新高地提供了新的思路。

"三个经济"是依据十九大精神建立现代化经济体系，并结合陕西自身特点而进行的战略部署，从经济学原理来看，"三个经济"是一个空间经济问题，其核心是要素的集聚、配置和流动。陕西发展三个经济的依据在于：一是从历史来看，陕西是东西方交通的枢纽、对外开放的门户、生产要素的流动点。二是从地理位置上来看，与8个省份连接，四通八达。三是从交通条件来看，公路、高速公路、高铁、航空条件发达。十九大报告提出要建立现代化的经济体系，实现高质量的发展，陕西也要建立现代化的经济体系，而陕西建立现代化经济体系和融入"一带一路"开放战略骨架就是三个经济。

枢纽经济就是以航空、铁路、高铁等交通方式为龙头，实现多种交通方式配套的经济体系，通过这些交通枢纽与全球供应链相连接。例如，西安的航空，1小时可以覆盖中西部主要城市，2小时可覆盖我国70%的领土和85%的经济资源，3小时可覆盖我国所有省会城市和旅游城市。门户

经济是指陕西、西安是在"一带一路"中走向世界门户,是古代丝绸之路的起点,是内陆改革开放新高地先行先试的城市,所有沿海港口都要在这里汇聚通往中亚和欧洲,承接着"一带一路"的重要门口和东西互济的门户。流动性经济是指在经济领域中依据生产要素与产品流动而带来经济效益与经济发展的经济形式。陕西可以利用交通枢纽、物联网使经济要素实现活跃流动。枢纽经济、门户经济、流动经济是建设具有陕西特色现代化经济体系的骨架,高质量发展的空间组织形式,通过这个骨架发挥向西开放、向东集聚、辐射全国的门户作用,描绘的是开放、国际化的经济空间架构。

"三个经济"解决的是要素的集聚、配置和流动,枢纽是指生产要素的集聚中心,门户是生产要素的配置平台,流动是生产要素的供需通道。"三个经济"可以促进生产要素更快更好地集聚、配置、流动,从而提高要素配置效率,实现效率变革和动力变革,实现高质量的发展。一是"三个经济"是陕西高质量产业发展空间组织形式。大力发展枢纽经济、门户经济、流动经济既是陕西对自身定位的准确把握,同时也是构建具有陕西特色现代化经济体系的骨架。二是"三个经济"是陕西高质量开放发展空间组织形式。通过大力发展"三个经济",让陕西更加主动地融入"一带一路"大格局。对外开放,形成陕西开放新格局的一个重要抓手。三是"三个经济"是构建陕西特色的现代化经济体系的骨架。发展枢纽经济,以"国际运输走廊"和"国际航空枢纽"为目标,加快发展综合交通、枢纽交通,尽快形成航空高端带动、高铁与地铁等交通无缝衔接的现代化交通体系,增强丝绸之路经济带乃至全球资源的配置能力。发展门户经济,推进"一带一路"五大中心建设,高标准建设自由贸易试验区,实行高水平的贸易和投资自由化便利化政策,加强国际营销网络建设,吸引大型企业、金融机构、国内外客商聚集,切实发挥向西开放、向东集散、辐射全国的门户作用。

13.3 以"三个经济"开启奋力追赶超越和陕西高质量发展的新时代

十九大报告做出了我国处于中国特色社会主义新时代的重大判断,意味着中国经济开始进入全面现代化的新时代。同时,我国经济开始从高速增长阶段转向高质量的发展阶段,2018年中央经济工作会议进一步强调高质量的发展,并把2018年作为质量元年,高质量发展成为未来中国经济发展的新指向。2017年,陕西实现生产总值21898.81亿元,人均收入超过8000美元,开始进入中等收入省份,开始进入转型升级的新阶段和全面现代化建设的新时代。在新的阶段,仍然需要继续奋力追赶超越,把"追赶超越""五个扎实"和"五新战略"相结合,努力开启陕西高质量发展的新时代。

13.3.1 发展"三个经济",加快构建富有陕西特色的现代化经济体系

十九大报告提出了建立现代化经济体系的新任务,在新时代陕西追赶超越中,必须把建立富有陕西特色的现代化经济体系作为首要任务。一是发展枢纽经济、门户经济、流动经济"三个经济",构建陕西特色的现代化经济体系的骨架。发展枢纽经济,以"国际运输走廊"和"国际航空枢纽"为目标,加快发展综合交通、枢纽交通,尽快形成航空高端带动、高铁与地铁等交通无缝衔接的现代化交通体系,增强丝绸之路经济带乃至全球资源的配置能力。发展门户经济,推进"一带一路"五大中心建设,高标准建设自由贸易试验区,实行高水平的贸易和投资自由化便利化政策,加强国际营销网络建设,吸引大型企业、金融机构、国内外客商聚集,切实发挥向西开放、向东集散、辐射全国的门户作用。发展流动经济,用好物流中心、保税区、出口加工区、高新综合保税区等平台,增强国际高端资源要素的吸附力和整合力,促进人流、物流、信息流、资金流既畅通其流,又汇聚融合,为陕西省发展提供强大的助力。二是坚持质量第一、效

益优先。要坚持把供给侧结构性改革作为建设现代化经济体系的战略举措，以振兴实体经济为着力点，推进"三去一降一补"，优化产业结构，加快新旧动能转换，不断提高供给体系质量；要把创新作为建设现代化经济体系的战略支撑，充分发挥陕西省科教、军工、产业等优势，大力推进创新型省份建设，加快建立以企业为主体、市场为导向、产学研深度融合的技术创新体系。三是大力推进"三大变革"，加快陕西追赶超越的质量变革，把提高供给体系质量作为主攻方向，深入推进质量强省战略，加快推动重大科技创新、智能制造等工业高质量发展工程，努力扩大中高端供给；加快陕西追赶超越的变革，围绕使市场在资源配置中起决定性作用和更好发挥政府作用，健全陕西市场经济体系。降低陕西省实体经济的运行成本，不断提高劳动效率、资本效率、土地效率、资源效率、环境效率，不断提高陕西经济发展中的全要素生产率；加快陕西追赶超越的动力变革，统筹推动新型工业化、信息化、城镇化、农业现代化同步发展，形成新时代陕西经济发展的新动力结构，推动互联网、大数据、人工智能和实体经济深度融合，培育陕西追赶超越的新增长点。

13.3.2 实现"三个经济"的五方面结合

"三个经济"解决了陕西现代经济体系建设的骨架，还需要通过"三个经济"与现代经济体系、创新驱动相、新动能培育相结合，实现陕西高质量的发展。一是实现"三新"经济与"三个经济"的结合。新产品、新产业新业态"三新"经济是经济发展的新方向，是衡量供给侧结构性改革效果的主要方面。为此需要准确理解供给侧结构改革，在"三去一降一补"的基础上做"加法"和"乘法"，发展新产品、新产业、新业态"三新"经济。把"三个经济"与"三新经济"相结合，努力保持在价值链上处于高端位置，使陕西成为向西开放的高地，实施科技强省战略，加强创新方面的投入，实现产、学、研相结合，促进新产业的成长。二是把"三个经济"与三大变革结合起来。在"三个经济"发展中，大力推进"三大变革"，一是加快陕西追赶超越的质量变革，把提高供给体系质量作

13 发展"三个经济",开启陕西奋力追赶超越的新时代

为主攻方向,深入推进质量强省战略,加快推动重大科技创新、智能制造等工业高质量发展工程,努力扩大中高端供给;二是加快陕西追赶超越的效率变革,围绕使市场在资源配置中起决定性作用和更好地发挥政府作用,健全陕西市场经济体系。降低陕西省实体经济的运行成本,不断提高劳动效率、资本效率、土地效率、资源效率、环境效率,不断提高陕西经济发展中的全要素生产率;加快陕西追赶超越的动力变革,统筹推动新型工业化、信息化、城镇化、农业现代化同步发展,形成新时代陕西经济发展的新动力结构。推动互联网、大数据、人工智能和实体经济深度融合,培育陕西追赶超越的新增长点。三是把"三个经济"与战略性新兴产业相结合。在"三个经济"发展中培育具有陕西特色的战略性新兴产业。以陕西省战略性新兴产业、资源主导型产业的骨干龙头企业为主导,以产业技术创新需求和转型升级为目标,围绕产业技术创新链,组建产学研用联合、技术标准构建和应用推广的各类产业技术创新战略联盟。大力实施"中国制造2025"陕西方案,实施"互联网+"带动战略,发展分享经济,培育壮大基于互联网的新业态,提升产业创新力和竞争力。推进工业化与信息化深度融合,实施品牌和质量战略,加快向产业链两端延伸、价值链高端攀升,提高产业竞争力和产品附加值。四是把"三个经济"与新高地建设相结合。在"三个经济"发展中重点在于拓展海外发展新空间,培育开放竞争新优势。围绕"一带一路"实施,抓住全球产业链布局新机遇,拓展"海外陕西"发展空间,深化对外经贸交流,积极参与国际产能合作,努力打造内陆改革开放新高地。做好陕西自贸区建设,加快培育外贸竞争新优势,拓展"陕货"境外市场,使自贸区成为带动陕西经济全面深度开放和国际化水平大幅度提升的新平台。五是把"三个经济"与培育新动能结合起来。培育新动能就是要给经济增长带来新的活力、新的动力、新的能量。"三个经济"发展的关键在于新动能的培育。培育经济发展的新动能,是"五新"战略的重要内容之一,已在陕西各个层面、各个领域达成共识。培育新动能的路径在于:一是培育有竞争力的陕西创新型主体。努力培育创新型领军企业、创新型个人、创新型区域、创新型科研

院所和高等院校、创新型国家平台、创新型政府等新的经济主体。特别要实施企业研发机构培育建设工程，支持打造一批集技术研发、人才集聚、成果转化为一体的综合性企业创新主体。二是完善新动能培育的协同创新机制。新动能培育需要政府、企业各方面的协同创新。协同创新是实现创新资源与生产要素有效聚合，促进科技与经济紧密结合，解决好创新驱动问题的根本举措。三是造就新的经济增长极，使西安以外的其他城市得到迅速发展，使渭南、宝鸡、榆林、安康、汉中二级城市东西南北四大门户得到发展，把陕西建设成为流动性经济中心。

13.3.3 积极培育新时代陕西追赶超越的新动能

培育新动能就是要给经济增长带来新的活力、新的动力和新的能量。新时代陕西追赶超越的关键在于新动能的培育。培育经济发展的新动能，是"五新"战略的重要内容之一，已在陕西各个层面、各个领域达成共识。新时代培育新动能的路径在于：一是培育具有陕西特色的战略性新兴产业。以陕西省战略性新兴产业、资源主导型产业的骨干龙头企业为主导，以产业技术创新需求和转型升级为目标，围绕产业技术创新链，组建产学研用联合、技术标准构建和应用推广的各类产业技术创新战略联盟。大力实施"中国制造2025"陕西方案，实施"互联网+"带动战略，发展分享经济，培育壮大基于互联网的新业态，提升产业创新力和竞争力。推进工业化与信息化深度融合，实施品牌和质量战略，加快向产业链两端延伸、价值链高端攀升，提高产业竞争力和产品附加值。二是培育有竞争力的陕西创新型主体。努力培育创新型领军企业、创新型个人、创新型区域、创新型科研院所和高等院校、创新型国家平台、创新型政府等新的经济主体。特别要实施企业研发机构培育建设工程，支持打造一批集技术研发、人才集聚、成果转化为一体的综合性企业创新主体。支持国内外组织来陕设立研发机构。依托省内各类科技园区，大力引进世界500强企业和知名创新型企业来陕建设研发机构，吸引中央企业、军工企业、跨国公司的研发总部或区域性研发中心落户陕西。三是完善新动能培育的协同创新机制。新动能培育需要政府、企业各方面的协同创新。协同创新是实现创新资源与生产要素有效聚合，促进科技与经济紧密结合，解决好创新驱动问题的根本举措。新动能培育重点要发挥好企业主体、高校院所主力军作用和政府部门的协同引导作用。企业主体方面，要主动对接和依靠科学家、科技人员，加强与高校院所的紧密合作，更好地掌握和利用前沿技术。政府方面要强化科技创新政策、经济政策与产业政策的衔接，真正把科技创新融入经济社会发展的各个领域、各个方面，落实到具体规划、具体部署、具体政策、具体行动中。

13.3.4 以全面深化改革构筑新时代陕西追赶超越的新高地

新时代的陕西追赶超越要向创新要红利、向改革要红利。进入新时代，陕西进一步追赶超越的关键在于创新型经济发展，而让创新发挥作用的关键是改革。因此，构筑新高地的关键路径在于深化改革，需要在深化改革上实现追赶超越。一是深化经济体制改革方面的追赶超越。重点是加快国有企业改革，促进非公经济发展，造就具有活力的微观经济主体。围绕抓转变、调结构、促发展，不断提高企业经济运行的水平和质量。二是深化供给侧结构性改革的追赶超越。重点在于加速传统产业升级，提升新兴产业比重，在做好"减法"和"除法"的基础上，重点加强"加法"和"乘法"。积极发展新产业、新业态、新商业模式等，推动经济转型升级。三是深化科技体制改革的追赶超越。重点推进创新型省份建设，推进军民融合深度发展。把创新强省作为推动发展的新战略，紧紧抓住和用好新一轮科技革命和产业变革重大机遇，加快形成促进创新的体制机制。加速推进军民融合和战略性新兴产业发展，实现全省科技资源大统筹，在建立高效、完备军民融合服务体系等方面取得新突破。四是深化教育体制改革的追赶超越。重点解决教育和陕西经济发展的结合，实现教育强省和教育富民。以从教育大省向教育强省转变为改革目标，让科教资源转变为促进陕西追赶超越的先进生产力。五是深化对外开放体制改革的追赶超越。重点在于拓展海外发展新空间，培育开放竞争新优势。围绕"一带一路"

实施，抓住全球产业链布局新机遇，拓展"海外陕西"发展空间，深化对外经贸交流，积极参与国际产能合作，努力打造内陆改革开放新高地。做好陕西自贸区建设，加快培育外贸竞争新优势，拓展"陕货"境外市场，使自贸区成为带动陕西经济全面深度开放和国际化水平大幅度提升的新平台。

参考文献

[1] 陈龙.陕西省供给侧结构性改革的问题与路径研究[J].西安财经学院学报,2017(6).

[2] 陈丽珍,赵美玲,肖明珍.基于层次分析法的江苏现代服务业主导产业选择[J].商业研究,2011(6).

[3] 陈添珍.基于"故宫模式"引发的对陕西历史博物馆旅游文创产品开发的思考[J].旅游纵览(下半月),2017(10).

[4] 程俊杰.制度变迁、企业家精神与民营经济发展[J].经济管理,2016(8).

[5] 杜琦,姚波.陕西省民营经济发展的度量及路径选择[J].经济纵横,2008(7).

[6] 樊馥榕,沈映春.陕西省军民融合产业发展现状与对策研究[J].商业研究,2013(12).

[7] 付宏,毛蕴诗,宋来胜.创新对产业结构高级化影响的实证研究——基于2000—2011年的省际面板数据[J].中国工业经济,2013(9).

[8] 高宏彬.县域经济发展及其评价研究[M].北京:中国财政经济出版社,2007.

[9] 高天成.陕西文化产业发展与城市品牌形象的双向提升策略[J].西安文理学院学报(社会科学版),2017,20(1).

[10] 贺渊迪,樊怡囡.陕西省旅游业发展与经济增长的实证研究[J].纳税,2017(14).

[11] 洪银兴.论创新驱动经济发展战略[J].经济学家,2013(1).

［12］胡红安,仪少娜.生产性服务业集聚对西部军民融合深度发展的影响——以西部装备制造业升级为例[J].科技进步与对策,2017（8）.

［13］黄剑.论创新驱动理念下的供给侧改革[J].中国流通经济,2016,30(5).

［14］黄林.旅游产业与文化产业融合理论与实证分析[J].发展战略,2016（5）.

［15］贾玉巧.生产性服务业与制造业如何融合发展[J].财经聚焦,2017（11）.

［16］李冬阳.陕西省"十三五"文化和旅游融合发展规划[N].经济日报,2017-08-16.

［17］李锋,陈太政,辛欣.旅游产业融合与旅游产业结构演化关系研究——以西安旅游产业为例[J].旅游学刊,2013（1）.

［18］李生伟.榆林绿色发展赢得加分[N].中国环境报,2016-06-30.

［19］李扬,王军.西咸新区发展报告[M].北京:社会科学文献出版社,2016.

［20］李喆.西安高新区探索军民融合深度发展的路径与策略研究[J].现代经济信息,2017(18).

［21］连涛.高点谋定位,细化措施落实,加快推动新旧动能转换重大工程[N].威海日报,2017-07-28.

［22］凌飞鸿.关于全域旅游助推县域经济发展的思考[J].经济研究导刊,2017(8).

［23］刘冰.准确把握新旧动能转换的关键任务和重要举措[J].理论学习,2017(8).

［24］刘佳."四新"促"四化"助力新旧动能转换[J].理论学习,2017(8).

［25］刘军.城市人才活力评价与实证研究——以深圳为例[J].中国人力资源开发,2006(1).

[26] 刘先春,王小鹏. 十八届三中全会以来关于全面深化改革研究的综述[J]. 探索,2014(6).

[27] 陆岷峰,吴建平. 供给侧改革背景下区域经济发展的机遇和对策[J]. 华北金融,2016(6).

[28] 马俊静,张杏梅. 县域经济综合竞争力时空演变分析——以陕西省为例[J]. 山西师范大学学报(自然科学版),2016(6).

[29] 牟国桃,刘焕武,李文韬,王帆,王奕潇. 西安城北地区秋季PM2.5中的矿尘颗粒污染特征[J]. 环境监控与预警,2017(2).

[30] 潘海岚. 现代服务业部门统计分类的概述与构想[J]. 理论新探,2008(3).

[31] 彭波,邹蓉. 学区制改革:困惑与厘清——基于义务教育优质均衡发展的视角[J]. 当代教育论坛,2016(6).

[32] 屈晓娟. 陕西省县域经济发展的现状及对策研究[J]. 价值工程,2011(1)

[33] 任保平,李辉,茹少锋,高煜. 陕西宏观经济发展报告2017[M]. 北京:中国经济出版社,2017.

[34] 任保平. 加快追赶超越必须在创新上下功夫[N]. 陕西日报,2017-05-25.

[35] 任保平. 城乡发展一体化的新格局:制度、激励、组织和能力视角的分析[J]. 西北大学学报(哲学社会科学版),2009(1).

[36] 任保平. 新常态要素禀赋结构变化背景下中国经济增长潜力开发的动力转换[J]. 经济学家,2015(5).

[37] 任保平. 在追赶超越中培育陕西发展新动能[N]. 陕西日报,2017-09-01.

[38] 任莉莉,许项发. 陕西文化产业核心竞争力指标构建研究[J]. 西安财经学院学报,2017,30(4).

[39] 任宗哲,白宽犁,裴成荣. 陕西经济发展报告[M]. 北京:社会科学文献出版社,2016.

[40] 邵帅,范美婷,杨莉莉. 资源产业依赖如何影响经济发展效率?——有条件资源诅咒假说的检验及解释[J]. 管理世界,2013(2).

[41] 邵帅,齐中英. 西部地区的能源开发与经济增长——基于"资源诅咒"假说的实证分析[J]. 经济研究,2008(4).

[42] 孙根紧,丁志帆. 落后地区自我发展能力培育的国际经验与启示[J]. 区域经济评论,2014(1).

[43] 汪芳,潘毛毛. 产业融合、绩效提升与制造业成长——基于1998—2011年面板数据的实证[J]. 科学学研究,2015 (4).

[44] 汪曼莉,蒙少华. "三新"经济:陕西未来可期[N]. 陕西日报,2017-02-09.

[45] 汪燕. 迈出新旧动能转换的坚实步伐[J]. 浙江经济,2016 (20).

[46] 王巧玲. 河南省产业融合度分析[J]. 经济论坛,2015(6).

[47] 王艺霏. 西安市旅游业发展及与其经济增长关系的分析[J]. 时代金融,2017(6).

[48] 卫思宇,李承明. 陕西县域经济发展形势分析与对策——访陕西省统计局副局长张晓光[J]. 西部大开发,2010(1).

[49] 魏森淼. 信息化与工业化融合过程中存在的问题及对策分析[J]. 市场研究,2015(4).

[50] 吴玺玫. 我国民营经济的发展现状、动力机制及其策略分析和研究[J]. 改革与战略,2011(5).

[51] 夏杰长. 现代服务业与农业深度融合发展的着力点[J]. 经济参考报,2015 (7).

[52] 鲜祖德. 做好"三新"和新经济统计这篇大文章[J]. 中国统计,2016(12).

[53] 肖文舸,苏倩怡. 创新驱动振兴实体经济[N]. 南方日报,2016-12-28.

[54] 辛国斌. 推进制造强国建设,加快新旧动能接续转换[J]. 行政管理改革,2017 (6).

[55] 徐国祥,常宁. 现代服务业统计标准的设计[J]. 统计研究,2004(12).

[56] 徐康宁,王剑. 自然资源丰裕程度与经济发展水平关系的研究[J]. 经济研究,2006(1).

[57] 鄢莉莉,王一鸣. 金融发展、金融市场冲击与经济波动——基于动态随机一般均衡模型的分析[J]. 金融研究,2012(12).

[58] 杨嘉懿,李家祥. 以"五大发展理念"把握、适应、引领经济发展新常态[J]. 理论月刊,2016(4).

[59] 尹明波. 山东新旧动能转换不仅仅是"僵尸企业"出清和"混改"——经济学家常修泽的"新旧动能转换"经济学思考[N]. 中国经济导报,2017-07-01.

[60] 于延东. 对发展创新型经济的思考[J]. 求实,2010(5).

[61] 詹诗,金颖若. 国内旅游产业与文化产业融合研究综述[J]. 乐山师范学院学报,2014(11).

[62] 张海燕,王忠云. 旅游产业与文化产业融合发展研究[J]. 资源开发与市场,2010(4).

[63] 张鸿,董伟. 陕西县域电子商务发展启示与趋势[J]. 新西部,2017(11).

[64] 张建刚,王新华,段治平. 产业融合理论研究评述[J]. 社会科学,2010(1).

[65] 张捷,陈田. 产业融合对制造业绩效影响的实证研究——制造业与服务业双向融合的视角[J]. 产经评论,2016(2).

[66] 张权伟. 退出机制:逼退百家企业[N]. 陕西日报,2016-04-25.

[67] 张媛,汪玉磊."互联网+"创新思维与陕西县域电子商务突破发展研究[J]. 新西部,2017(10).

[68] 赵新亮,张彦通. 学区制推动区域教育优质均衡发展的理论与机制[J]. 教育理论与实践,2015(28).

[69] 郑少武. 论我国民营经济对国民经济的重要性[J]. 特区经济,

2012(11).

[70] 钟云燕. 现代服务业的界定方法[J]. 知识丛林,2009(6).

[71] 朱茜,陈丽珍. 长三角一体化背景下江苏省现代服务业发展对策研究[J]. 特区经济,2011(11).

后　记

《陕西宏观经济发展报告（2018）：新时代的"五新"战略与奋力追赶超越》在各位领导的亲切关怀和各位同人的大力支持下，终于如约和各位读者见面了。这是《陕西宏观经济发展报告》年度系列报告的第 2 本，是陕西省宏观经济研究院的重要成果，也是西北大学经济管理学院"理论经济学"学科建设的重要成果，更是西北大学"双一流"建设项目的重要成果。

在《陕西宏观经济发展报告（2017）：新常态、新格局》中，我们提出，从过去 15 年的发展状况来看，陕西省已经实现了"两大超越"和"两大转变"。"两大超越"，一是 GDP 总量在全国所处位次从"九五"末期的第 21 位上升到"十二五"末期的第 15 位；二是人均 GDP 在全国所处位次从"九五"末期的第 23 位上升到"十二五"末期的第 14 位。"两大转变"，一是从国内水平来看，陕西已完成了从落后省份向中等发达省份的转变；二是从国际水平来看，已完成从低收入经济体向中高收入经济体的转变。基于上述判断，下一阶段陕西省的追赶超越需要以动力转换求质量超越、以质量超越促进数量追赶，实现陕西省经济发展"从数量追赶向质量超越转型""从资源依赖型走向创新型""从汗水型走向智慧型"。值得欣慰的是，我们的观点与党的十九大报告和 2017 年中央经济工作会议的精神高度一致，即我国经济已由高速增长阶段转向高质量发展阶段，高质量发展是当前和今后一个时期确定发展思路、制定经济政策、实施宏观调控的根本要求。这也成为我们把《陕西宏观经济发展报告》持续、认真做下去的重要动力之一。

|陕西宏观经济发展报告（2018）：新时代的"五新"战略与奋力追赶超越|

西北大学经济管理学院长期秉承服务社会经济发展的办学理念，除了做好教学和科研等本职工作外，我们扎根大地，关注社会，很好地发挥了高校的"智库"作用。2017年，陕西省第十三次党代会提出了"培育新动能、构筑新高地、激发新活力、共建新生活、彰显新形象"的"五新"战略任务，为今后陕西的发展指明了方向，提供了思路。"五新"战略提出后，全省上下各界掀起了学习讨论的热潮，我也曾受邀做过两次演讲。2017年8月18日，在省社科联主办的"'五新'战略与陕西追赶超越"高层论坛上，以"追赶超越的关键是培育新动能"为题，我从"培育新动能是陕西奋力追赶超越的根本支撑""培育陕西经济发展新动能的动力""培育陕西经济发展新动能的路径"等3个方面进行了阐述。2017年8月23日，在省委宣传部与省发改委组织的"构筑新高地的追赶超越和'五新'战略论坛"上，我以"以改革层面的追赶超越构筑新高地，助推'五新'战略的实现"为题，从"陕西经济社会发展阶段性特征的判断""构筑新高地的定位及其路径选择""构筑新高地中的改革层面的追赶超越"等3个方面进行了解读，强调构筑新高地的关键是全面深化改革。本报告是对新时代"五新"战略的进一步深入解读。报告从新时代"五新"战略的内涵入手，进一步对"五新"战略的影响因素、实现路径等进行了全面分析，并提出在"五新"战略背景下陕西未来经济发展的具体对策，以期对陕西未来紧紧围绕"五位一体"总体布局和"四个全面"战略布局、践行新时代新发展理念、决胜全面小康提供一定的借鉴。

《陕西宏观经济发展报告（2018）：新时代的"五新"战略与奋力追赶超越》是集体智慧的结晶。由我选定报告主题，拟定报告大纲初稿，之后由陕西省宏观经济研究院副院长李辉进一步讨论完善大纲。报告大纲确定后，经过多次务虚讨论，形成各章节的基本研究内容，之后由西北大学经济管理学院数理经济与统计学系主任茹少峰教授组织系内部分师生分工进行撰写。

《陕西宏观经济发展报告（2018）：新时代的"五新"战略与奋力追赶超越》的具体分工如下：第1章，李禹墨、任保平；第2章，金琳、林建华；第3章，王英、茹少峰；第4章，周子锴、茹少峰；第5章，张翰禹、师博；第6章，王思琛、任保平；第7章，杨芳灿、王莉；第8章，陈琳、郭俊华；第9章，李丹、茹少峰；第10章，闫骥瑞、王莉；第11章，张诗琦、张龙；第12章，谢敏娜、宋宇；第13章，任保平。各章初稿完成后，李辉副教授进行了最初的统稿，最后统一由我加工润色。

在《陕西宏观经济发展报告（2018）：新时代的"五新"战略与奋力追赶超越》的写作过程中，西北大学校长郭立宏教授经常关心本报告的进度，在百忙之中为本书作序。同时感谢陕西省发展和改革委员会卢建军主任、刘迎军副主任，陕西省人民政府研究室杨三省主任，陕西省社会科学院院长任宗哲教授，陕西省发展和改革委员会规划处李雄斌处长、徐田江副处长，陕西省社科联学会部梁亚娟部长，陕西省社科规划办何军处长，西北大学社科处吴振磊处长、教务处曹明明处长、社科处李丰庆副处长的关心和支持。学术界的一些师长和朋友也经常给予鼓励和支持。

《陕西宏观经济发展报告（2018）：新时代的"五新"战略与奋力追赶超越》凝聚了西北大学经济管理学院数理经济与统计学系师生的心血和努力，是西北大学经济管理学院以"大问题"意识为导向、实现"顶天"与"立地"紧密结合的科研精神的体现。当然，报告在研究框架和研究内容方面可能存在尚需完善之处，恳请学术界和实际工作部门不吝指教，以使我们研究报告的质量得到进一步提升。

任保平
2018年1月15日于西北大学长安校区